Deutsch als Fremdsprache

Dorothea Stein-Bassler

Lerngrammatik zur Studienvorbereitung

Handbuch

Verlag Liebaug-Dartmann

1. Auflage 2008, Meckenheim
Druckerei Carthaus
ISBN 978-3-922989-73-8

Inhaltsverzeichnis

Handbuch in 3 Teilen:
Teil I: Lösungen (Lehrbuch Kapitel 1–6)
Teil II: Abschlusstests Kapitel 2–5 mit Lösungen
Zusätzliche Texte mit Lösungen
Teil III: Zusatzkapitel
Lösungen

Teil I

Kapitel 1 – Bitte, wo finde ich hier das Subjekt?

1.1 **Seite 9–10**

Pos. 1	**Verb$_1$**	**MITTELFELD**							**Verb$_2$**
		Kasusergänzungen (Subj./Dat./Akk.)					Angabe „nicht“	alle anderen Ergänzungen	
		Pronomen Subj./E$_{Akk./Dat.}$	Angabe	**Nomen** Subj./E$_{Dat./Akk.}$					
				definit und possessiv	Angabe	indefinit und possessiv			
Ich	gebe	ihm	(heute)	(sein Buch)	(heute)	(sein Buch)	noch nicht		zurück.
Heute	gebe	ich ihm		(sein Buch)		(sein Buch)	noch nicht		zurück.
Er	will		morgen mit der Bahn					nach Stuttgart	fahren.
Morgen	will	er	mit der Bahn					nach Stuttgart	fahren.
Nach Stuttgart	will	er	morgen mit der Bahn						fahren.
Das Wetter	soll		nächste Woche in Süddeutschland					besser	werden.
Nächste Woche	soll			das Wetter	in Süddeutschland			besser	werden.
In Süddeutschland	soll			das Wetter	nächste Woche			besser	werden.

Pos. 1	$Verb_1$	MITTELFELD							$Verb_2$
		Kasusergänzungen (Subj./Dat./Akk.)					Angabe „nicht“	alle anderen Ergänzungen	
		Pronomen Subj./$E_{Akk./Dat.}$	Angabe	**Nomen** Subj./$E_{Dat./Akk.}$					
				definit und possessiv	Angabe	indefinit und possessiv			
Er	wird		demnächst vor dem Landgericht Freiburg					des schweren Diebstahls	angeklagt.
Demnächst	wird	er	vor dem Landgericht Freiburg					des schweren Diebstahls	angeklagt.
Wir	hatten		seit Wochen vergeblich					auf die Erteilung unseres Visums	gewartet.
Seit Wochen	hatten	wir	vergeblich					auf die Erteilung unseres Visums	gewartet.
Auf die Erteilung unseres Visums	hatten	wir	seit Wochen vergeblich						gewartet.
Der Boxer	lag		nach der dritten Runde besiegt					am Boden.	
Nach der dritten Runde	lag			der Boxer	besiegt			am Boden.	
Besiegt	lag			der Boxer	nach der dritten Runde			am Boden.	

Dies sind die Varianten, die ohne weiteren Kontext sprachlich „normal“ erscheinen. Darüber hinaus kann der Kontext eventuell noch weitere Varianten erlauben, denn die Pos. 1 stellt meistens den Bezug zum vorhergehenden Satz her.

1.2	Seite 13

Personalien

Im September 2005 haben Petra Vogel, Diplom-Soziologin, Sonja Roth, Magistra der Politikwissenschaften, Philip Berg, Diplom-Soziologe und Klaus Gerke, Diplom-Politologe, als wissenschaftliche Mitarbeiter in der Abteilung „Arbeitsmarkt und Beschäftigungspolitik" (Direktor: Prof. Tobias März) in dem vom Bundesministerium für Wissenschaft und Arbeit geförderten Projekt „Evaluation der Maßnahmen zur Umsetzung der Vorschläge im Bereich der Arbeitsvermittlung" (Projektleitung: Dr. Grant Rigley) ihre Arbeit begonnen.

Verb – Subjekt – $E_{Akk.}$

Aufgabe 1	Seite 14

Gebiss im Garten führt zu großem Einsatz der Polizei

KASSEL (dpa). Rätselhafte Fundstücke in ihrem Vorgarten deuteten für eine 85-jährige Frau aus Kassel ganz klar auf einen Mord hin: Für Gebiss, Brillenglas, Armbanduhr und Brieftasche konnte die Polizei hingegen einen quicklebendigen Besitzer finden. Ein 70-Jähriger war nachts stark betrunken über den Gartenzaun gefallen, konnte sich aber später an nichts mehr erinnern. Der Rentner bedankte sich und erklärte, die letzten Tage ohne Gebiss und mit nur einem Brillenglas seien „die Hölle" gewesen.

Aufgabe 4	Seite 15

Synonym im 1. Text	**Wort im Originaltext**
führen zu (Dat.)	auslösen (Akk.)
r große Einsatz Verb: *einsetzen* (Akk.) = *etwas benutzen* **für Menschen:** *zur Arbeit schicken*	r Großeinsatz, ¨-e
e Frau aus Kassel	e Kasselerin
r Mord, -e Verb: *ermorden* (Akk.)	e Bluttat, -en
finden (Akk.)	ausfindig machen (Akk.)

Aufgabe 5	Seite 15

r Vorgarten → der Garten vor dem Haus
quicklebendig → ganz lebendig, nicht tot

Text 3: Kluge Pistolen sollen Gewalt eindämmen — Seite 16–17

Die Regierung der Vereinigten Staaten	will	mit einem groß angelegten Forschungsprojekt
Subjekt (mit Genitivattribut)	**Verb**$_1$	**Angabe** (modal)

„kluge Schusswaffen“	entwickeln,	die	nur bei Gebrauch durch ihre Eigentümer
E$_{Akk.}$	**Verb**$_2$	**Relativpron.** (Subjekt)	**Angabe** (konditional)

funktionieren.	Wie	der Stabschef des Weißen Hauses, John Podesta,
Verb$_1$	*Subjunktor* *Fragewort*	**Subjekt** (mit Genitivattribut und Apposition)

dem amerikanischen Fernsehsender CBS	sagte,	sieht	ein Vorschlag der Regierung	für den nächsten Haushalt
E$_{Dat.}$	**Verb**$_1$	**Verb**$_1$	**Subjekt** (mit Genitivattribut)	**Angabe** (temporal)

vor,	dafür	zehn Millionen Dollar	zur Verfügung zu stellen.	Denkbar
Verb$_2$	*E*$_{präp.}$	**E**$_{Akk.}$	**Funktionsvergefüge** Infinitiv + *zu*	**E**$_{Adj.}$

ist,	dass	die neue Technologie	mit Fingerabdrücken oder Radiowellen	arbeitet.
Verb$_1$	**Subjunktor**	**Subjekt**	**Angabe** (modal)	**Verb**$_1$

Damit	könne	verhindert	werden,	dass	Waffen überwältigter Polizisten
Angabe (modal)	**Verb**$_1$	**Verb**$_3$	**Verb**$_2$	**Subjunktor**	**Subjekt** (mit Genitivattibut)

verwendet	werden	oder	dass	Kinder	Zugang
Verb$_2$	**Verb**$_1$	**Konjunktor**	**Subjunktor**	**Subjekt**	**E**$_{Akk.}$

zu den Waffen Erwachsener	bekommen,	hieß	es.
E$_{Präp.}$ (mit Genitivattibut)	**Verb**$_1$ (Funktionsverbgefüge)	**Verb**$_1$	**Subjekt**

Text 4: Mehr Fernseher im deutschen Kinderzimmer — Seite 17–18

Die Medien	dringen	immer stärker	in die Kinderzimmer	ein.	In Westdeutschland
Subjekt	**Verb**$_1$	**Angabe** (modal)	**E**$_{Dir.}$	**Verb**$_2$	**Angabe** (lokal)

hat	heute	jedes vierte Kind	einen eigenen Fernseher,	im Osten der Republik	sogar
Verb$_1$	**Angabe** (temporal)	**Subjekt**	**E**$_{Akk.}$	**Angabe** (lokal)	*Angabe* *Partikel*

jedes zweite.	Fernsehen	ist	hinter Hausaufgabenmachen	die zweithäufigste Freizeitbeschäftigung.
Subjekt	**Subjekt**	**Verb$_1$**	**Angabe** (lokal)	**$E_{Nom.}$**

Dies	geht	aus einer umfassenden Untersuchung	hervor,	bei der	im Frühjahr 99
Subjekt	**Verb$_1$**	**$E_{Präp.}$**	**Verb$_2$**	**Relativpron.**	**Angabe** (temporal)

über 1000 Kinder und ihre Mütter oder andere Erziehungspersonen	zur Mediennutzung	befragt	wurden.
Subjekt	**$E_{Präp.}$**	**Verb$_2$**	**Verb$_1$**

Bei der Vergleichsstudie	im Jahr 1990	hatten
Angabe (lokal)	**Angabe** (temporal)	**Verb$_1$**

lediglich 17 % (Westen) sowie 25 % der Kinder im Osten	ein eigenes TV-Gerät.
Subjekt (mit Genitivattribut)	**$E_{Akk.}$**

Kapitel 2 – Täter oder Opfer?

2.1 **Seite 20**

Bei der Demonstration wurden 7 Personen verletzt.	Zeitungsbericht
Heute wurde zum ersten Mal nach dem Streik wieder gearbeitet.	Zeitungsbericht
Bei der Textwiedergabe wird der Text zweimal vorgelesen und dann schriftlich wiedergegeben.	Beschreibung eines Vorgangs
Jetzt wird aber geschlafen!	Befehl
Meistens werden die Waren online bestellt.	Beschreibung eines Vorgangs
Hier wird nicht geraucht!	Befehl
Zuerst werden die Zwiebeln im heißen Öl angebraten. Dann …	Gebrauchsanleitung

2.2.3 **Seite 24**

Hier wird Ihnen geholfen.

2.2.4 **Seite 25**

Typ 1 transitive Verben

Hier wird ein Haus gebaut.
Der 1. FC Köln wird (vom Hamburger HSV) geschlagen.
Die Autobahn ist fertiggestellt worden.

Typ 2 intransitive Verben

2a) Verb (ohne weitere Ergänzung)

In Deutschland wird wie verrückt auf der Autobahn gerast.
(Es wird in Deutschland wie verrückt auf der Autobahn gerast.)
Im Schwarzwald wird viel gewandert.
(Es wird im Schwarzwald viel gewandert.)
In der Disco wird jeden Samstagabend getanzt.
(Es wird in der Disco jeden Samstagabend getanzt.)

2b) Verb + $E_{Dat.}$

Ihm wurde herzlich gedankt. (Es wurde ihm herzlich gedankt.)
Ihm ist gedroht worden. (Es ist ihm gedroht worden.)
Diesem komischen Typen wird nicht/von niemandem getraut.
(Es wird diesem komischen Typen nicht/von niemandem getraut.)

2c) Verb + $E_{Präp.}$

Bei der Wahl wurde gegen ihn entschieden.
(Es wurde bei der Wahl gegen ihn entschieden.)
Auf die Schlaglöcher wurde nicht geachtet.
(Es wurde nicht auf die Schlaglöcher geachtet.)
Seit Jahrzehnten wird gegen den Krebs gekämpft.
(Es wird seit Jahrzehnten gegen den Krebs gekämpft.)

Transitive Verben — Seite 26

Aktiv	Passiv
Kürzlich hat man den Manager einer großen deutschen Bank verhaftet.	Kürzlich ist der Manager einer großen deutschen Bank verhaftet worden.
Man wirft ihm Steuerhinterziehung in Höhe von vier Millionen Euro vor.	*Ihm wird Steuerhinterziehung in Höhe von vier Millionen Euro vorgeworfen.*
Noch in diesem Jahr wählen die Amerikaner / die amerikanischen Bürger (o.Ä.) einen neuen Präsidenten.	Noch in diesem Jahr wird ein neuer amerikanischer Präsident gewählt.
Es gibt mehrere Kandidaten, die sich um dieses wichtige Amt bewerben.	*Kein Passiv mit „es gibt“ – Subjekt = kein Agens* *Kein Passiv mit „sich bewerben“ = reflexiv*
Das Parlament beschloss eine Erhöhung der Mehrwertsteuer um 2%.	Vom Parlament wurde eine Erhöhung der Mehrwertsteuer um 2% beschlossen.
In dieser Woche trifft der deutsche Außenminister in Brüssel seine EU-Kollegen.	*Kein Passiv mit „treffen“ – Subjekt = kein Agens*
Die Frage der EU-Mitgliedschaft Serbiens sollte man bald klären.	Die Frage der EU-Mitgliedschaft Serbiens sollte bald geklärt werden.
Dabei muss man die schwierigen wirtschaftlichen Verhältnisse in diesem Land berücksichtigen.	*Dabei müssen die schwierigen wirtschaftlichen Verhältnisse in diesem Land berücksichtigt werden.*
Deshalb erwartet man von der EU eine schnelle Entscheidung darüber.	Deshalb wird von der EU eine schnelle Entscheidung darüber erwartet.

Intransitive Verben

Seite 27

Aktiv	Passiv
Im Parlament berät man in dieser Woche über die Verlängerung des Afghanistan-Einsatzes der Bundeswehr.	*Im Parlament wird in dieser Woche über die Verlängerung des Afghanistan-Einsatzes der Bundeswehr beraten.*
Über dieses Thema hat man auch außerhalb des Parlaments heftig diskutiert.	Über dieses Thema ist auch außerhalb des Parlaments heftig diskutiert worden.
Wahrscheinlich stimmt das Parlament einer Verlängerung des Einsatzes zu.	*Wahrscheinlich wird (vom Parlament) einer Verlängerung des Einsatzes zugestimmt.*
Immer dringlicher fragt man nach den Gründen für den Geburtenrückgang in Deutschland.	Immer dringlicher wird nach den Gründen für den Geburtenrückgang in Deutschland gefragt.
Die Lebenshaltungskosten sind im vergangenen Jahr deutlich gestiegen.	*Kein Passiv mit „steigen“ – Subjekt kein Agens*
Darunter leiden vor allem Familien mit mehreren Kindern.	*Kein Passiv mit „leiden unter“ – Subjekt kein Agens*
Deshalb arbeitet man im Familienministerium an einem Vorschlag zur finanziellen Entlastung für ärmere Familien.	Deshalb wird im Familienministerium an einem Vorschlag zur finanziellen Entlastung für ärmere Familien gearbeitet.
Die EU hat seit vielen Jahren vergeblich über eine Einigung im Kosovo-Konflikt verhandelt.	*Über eine Einigung im Kosovo-Konflikt ist (von der EU) seit vielen Jahren vergeblich verhandelt worden.*
Mit allen Beteiligten sprach man über denkbare Lösungen.	Mit allen Beteiligten wurde über denkbare Lösungen gesprochen.

2.2.5

Seite 29

1. durch starke Regenfälle, 2. von allen Anhängern, 3. von einem Lastwagen, 4. durch eine Gasexplosion, 5. vom Direktor, 6. durch die Finanzämter, 7. von einem Franzosen, 8. durch einen Kompromiss, 9. von einem betrunkenen Polizisten, 10. durch den Austritt von Gas, 11. von einem kleinen Mädchen, 12. durch nichts, 13. von niemandem, 14. durch eine brennende Zigarette, 15. von meinen Kollegen/durch meine Kollegen

„von“ oder „durch“?

Seite 30

1. von, 2. von vielen, 3. Durch heftiges, 4. durch einen, 5. von wem/durch wen, 6. durch, 7. von niemandem, 8. von einem/durch einen, 9. von deutschen

2.2.6

Seite 30

1. Dieses Jahr wird (von allen) als verloren angesehen. **($E_{Akk.}$)**
2. Es wurde den ganzen Tag auf die Nachricht gewartet. / Den ganzen Tag wurde auf die Nachricht gewartet. **(Temporalangabe)**
3. Bei der Lohnabrechnung ist mir dieser Monat wegen meiner Krankheit abgezogen worden. **($E_{Akk.}$)**
4. Die Schulkinder sind von den Psychologen den ganzen Tag beobachtet worden. **(Temporalangabe)**
5. Er durfte die ganze Woche nicht besucht werden. **(Temporalangabe)**

2.3.1 Seite 31–32

1.	Einige Wörter	kann man nur schwer aussprechen.
		können nur schwer ausgesprochen werden.
		sind nur schwer auszusprechen.
2.	Der Schaden	konnte nicht mehr repariert werden.
		ließ sich nicht mehr reparieren.
		war nicht mehr reparabel.
	Den Schaden konnte man nicht mehr reparieren.	
3.	Diese teuren Produkte	konnte man nicht verkaufen.
		waren nicht zu verkaufen.
		konnten nicht verkauft werden.
		ließen sich nicht verkaufen.
4.	Die Straße	muss sofort geräumt werden.
		muss man sofort räumen.
5.	Das Wahlergebnis	kann man erst in vier Jahren korrigieren.
		kann erst in vier Jahren korrigiert werden.
		ist erst in vier Jahren zu korrigieren.
		ist erst in vier Jahren korrigierbar.
6.	Die Miete	muss pünktlich gezahlt werden.
		muss man pünktlich zahlen.
7.	An seinem Vortrag	konnte man nichts kritisieren.
		konnte nichts kritisiert werden.
		war nichts zu kritisieren.
8.	Auch das deutsche Passiv	kann man lernen.
		kann gelernt werden.
		ist zu lernen.
		ist lernbar.
9.	Seine Kritik	konnte man kaum akzeptieren.
		konnte kaum akzeptiert werden.
		war kaum zu akzeptieren.
		ließ sich kaum akzeptieren.
10.	Ihre Arbeit	kann man vielleicht noch etwas verbessern.
		kann vielleicht noch etwas verbessert werden.
		lässt sich vielleicht noch etwas verbessern.
11.	Hier muss man nichts mehr tun.	
	Hier muss nichts mehr getan werden.	

2.3.2 Seite 33

1. etw. wird eingesetzt/angewendet
2. etw. wird korrigiert/verbessert
3. etw. wird abgeschlossen
4. jmd. wird von jmdm. aufgenommen
5. etw. wird diskutiert/debattiert
6. etw. wird beachtet
7. einer Sache (Dativ) wird zugestimmt

1. Adjektive mit *-bar* und *-lich* Seite 34

1. Nicht alle Pilze können gegessen werden.

2. Es gibt bei deutschen Verben Vorsilben, die getrennt (werden können), und Vorsilben, die nicht getrennt werden können.
3. Diese Bilder können (dürfen!) nicht verkauft werden.
4. Das ist ein Plan, der nur schwer realisiert werden kann.
5. Er leidet unter einer Krankheit, die nicht geheilt werden kann.
6. ein unlösbarer Konflikt ist ein Konflikt, der nicht gelöst werden kann.
7. unabsehbare Konsequenzen sind Konsequenzen, die nicht abgesehen werden können.

2. *sein + zu* + Inf.

1. Die Prüfungen müssen bis zum Ende der Semesterferien abgelegt werden.
2. Im Geschäftszimmer kann das Vorlesungsverzeichnis gekauft werden.
3. Die Bescheinigung kann erst nach dem Urlaub abgeholt werden.
4. Vor Semesterende müssen viele Klausuren geschrieben werden.

3. *sich lassen* — Seite 35

1. Wenn man selbst nichts tut, lässt sich leicht Kritik äußern.
2. Das ganze System lässt sich kaum noch überschauen.
3. Diese teuren Sachen lassen sich überhaupt nicht verkaufen.

4. reflexive Verben als Passiversatz — Seite 35

1. Das Problem lässt sich im Laufe der nächsten Woche klären.
   Das Problem kann im Laufe der nächsten Woche geklärt werden.
2. Die Handschrift lässt sich schwer lesen.
   Die Handschrift kann schwer gelesen werden.
3. Das lässt sich so einfach sagen. (Wenn du es tun musst, ist es schwer.)
   (Das kann so einfach gesagt werden.) **ungebräuchlich**

5. *es gilt / es heißt* — Seite 35

1. Hier müssen/sollten schnell Lösungen gefunden werden.
2. Im Dezember muss wieder die Winterkleidung herausgeholt werden.
3. Nach der langen Wirtschaftskrise muss/sollte endlich wieder investiert werden.
4. Um endlich wieder eine höhere Geburtenrate in Deutschland zu erreichen, müssen/sollten umfangreiche Maßnahmen ergriffen werden.
5. Es müssen endlich mehr Krippenplätze geschaffen (werden) und junge Familien (müssen) stärker unterstützt werden.

6. Funktionsverbgefüge (Nomen-Verb-Verbindungen) mit passiver Bedeutung — Seite 36

1. Mit ihrer Rückkehr wurde sein Wunsch erfüllt.
2. Jetzt wird unsere neueste Kleiderkollektion vorgeführt.
3. Ist denn über unsere Themen gesprochen worden?
4. Wann wird denn endlich abgestimmt?
5. Unseren Vorschlägen ist nicht nur zugestimmt worden.
6. Diese katastrophale Politik, meine Damen und Herren, muss beendet werden.
7. Natürlich behaupten Politiker immer wieder, dass Landminen niemals eingesetzt werden.
8. Auf tragische Weise wurde er getötet. (je nach Kontext auch aktivisch: ... ist er gestorben.)
9. Es wird (berechtigterweise) daran gezweifelt, dass seine Forschungsergebnisse richtig sind.
10. Bei der heutigen Besprechung werden einige strittige Fragen diskutiert.

2.4	Seite 38

1. Jetzt ist es geputzt.
2. Jetzt ist er zerbrochen.
3. Jetzt ist er benachrichtigt.
4. Gestern war es repariert.

1. Zustandspassiv	4. Zustandspassiv	7. Zustandspassiv	10. Zustandspassiv
2. Zustandsreflexiv	5. Zustandspassiv	8. Zustandspassiv	11. Perf. Aktiv
3. Perf. Aktiv	6. Perf. Aktiv	9. Zustandsreflexiv	12. Zustandspassiv

	Seite 39

1. ist, worden (wurde)	5. ist	9. ist, worden (wurde)	13. wird
2. ist	6. wird	10. ist	14. wird
3. ist	7. ist, worden (wurde)	11. ist worden (wurde)	
4. ist, worden (wurde)	8. ist	12. wird	

	Seite 40

1. wird	3. ist	5. ist, ist, sind, ist, wird	7. werden	9. wird
2. ist	4. wird	6. wird	8. ist	10. ist/war, wurde

1. Das hat er schon längst erledigt.
2. Meine Geldkarte hat er gestern gesperrt.
3. Das Auto hatte er frisch gewaschen, aber nach dieser Fahrt war es wieder schmutzig.
4. Den Text hat er schon veröffentlicht.
5. Seit 6 Wochen hat er dieses Buch ausgeliehen.
6. Er hatte meinen Platz besetzt, obwohl ich reserviert hatte.
7. So, das hat er geschafft: er hat alle Fenster geputzt.
8. Dieses Problem hat er endlich auch gelöst.
9. Seinen Urlaub hat er schon gebucht.

2.5	Seite 42

Passiv → Aktiv

1. Besonders ertragreich sind die Plantagen Westafrikas, wo man vor allem den so genannten Konsumkakao anbaut.
2. Wie vor 500 Jahren erntet man hier die reifen Früchte noch von Hand und löst die Samen aus der Schale.

Aktiv → Passiv

3. Er wird für die Herstellung feiner Schokoladen verwendet.
4. Nach einigen Tagen Trocknen in der Sonne wird der Rohkakao in Säcke verpackt und in die Länder wie z.B. die Schweiz verschickt, wo er weiterverarbeitet wird.
5. Kein zweites Mal sind von der Natur eine solche Fülle der wertvollsten Nährstoffe auf einem so kleinen Raum zusammengedrängt worden wie gerade bei der Kakaobohne.

Kapitel 3 – Links oder rechts?

3.1	Seite 46

1. Die lang geplante Reise musste leider abgesagt werden. = **Partizipialattribut (Partizip II)**
2. Man muss die Zeugnisse des neuen Studenten, des Koreaners, noch übersetzen lassen. = **Genitivattribut, Apposition**

3. Er besteht auf seinem Recht, sich einen Anwalt nehmen zu können. = **Infinitivsatz**
4. Die leise dahinplätschernde Musik in den Supermärkten unserer Stadt geht mir auf die Nerven. = **Partizipialattribut (Partizip I), Präpositionalattribut, Genitivattribut (für Supermärkte)**
5. Der unverantwortliche und unkontrollierte Umgang mit gefährlichen Substanzen wird von der EU neuerdings härter bestraft. = **Adjektivattribut, Präpositionalattribut**
6. Das ist ein nicht zu beschreibendes Chaos! = **Partizipialattribut (modales Partizip)**
7. Stellen Sie die Kiste in die Ecke hier vorne. = **Adverbialattribut**
8. Sie müssen den Text, der Ihnen vorgelegt wird, übersetzen. = **Relativsatz**

3.2 — Seite 49

	Maskulin	Neutrum	Feminin	Plural
Nom.	der	das	die	die
Akk.	den	das	die	die
Dat.	dem	dem	der	der
Gen.	dessen	dessen	deren	deren

Knastbruder: Ronnie Kray, 1933–1995, Gangster — Seite 50

den, in dem, den, denen, der, denen, die, in die, die, in dem

Duopole: Lech Kaczynski, 56, polnischer Präsident — Seite 51–52

... der dann Lech genannt wurde.
... das im Krieg nicht zerstört worden war.
... in dem er die Rolle eines sehr altklugen Jungen spielte.
... deren Rechtsberater er wurde.
... unter der er Chef der Geheimdienste wurde.
... der das Strafrecht verschärfte und die Todesstrafe forderte.
... der die Homosexuellen bekämpfte.
Der nur 1,64 m große Politiker, der verheiratet ist, eine Tochter und ein Enkelkind hat und Hunde liebt, gewann im Herbst 2005 überraschend die Präsidentschaftswahlen.

3.3 — Seite 54

2. Zeitschriften, die monatlich erscheinen, werden seltener gekauft.
3. Die Freundschaft zwischen den Männern, die seit vielen Jahren bestand, zerbrach, als sich herausstellte, dass einer von ihnen für die Stasi gearbeitet hatte.
4. Das Gutachten, das ihm seit heute Morgen vorliegt, ist außerordentlich positiv.
5. In die Verhandlungen, die zwischen den Bürgerkriegsparteien laufen, kann auch die UNO nicht eingreifen.
6. Er war von dem Arzt (begeistert), der ihn mit Akupunktur behandelte, begeistert.

Seite 56

1. In der Kakaofrucht sind etwa 25 bis 50 bohnenförmige Kakaosamen eingebettet, die von weißem Fruchtfleisch umhüllt sind.
2. Die ostdeutsche Stadt Quedlinburg, die 1994 in die Weltkulturerbeliste der UNO aufgenommen wurde, ist das größte Flächendenkmal Deutschlands.

3. Die 1300 Fachwerkhäuser der Stadt aus acht Jahrhunderten sind eine Attraktion, die von vielen Touristen bestaunt wird.
4. Im 2. Weltkrieg konnte man den Quedlinburger Domschatz, der seit 1000 Jahren aufbewahrt wird, vor der Zerstörung retten.
5. Die Touristenzahlen, die seit der Wiedervereinigung stark gewachsen sind, brachten der Stadt aber nicht genug Geld, um so viele Gebäude instand zu halten.
6. Mit seinen Thesen, die sich später in der ganzen Welt verbreiteten / die später in der ganzen Welt verbreitet wurden, leitete Martin Luther 1517 die Reformation ein, die zur Trennung der protestantischen von der katholischen Kirche führte.
7. Im „Augsburger Religionsfrieden“, der 1555 in Augsburg von den deutschen Fürsten beschlossen wurde, wurde der evangelische Glaube als eigene Konfession anerkannt.
8. Der sogenannte „Dreißigjährige Krieg“, der 1618 ausbrach und erst 1648 beendet wurde, ist eines der schrecklichsten Beispiele europäischer Religionskriege.

Seite 57

	Partizip I	**Partizip II**
s (passen) Kleid	s passende Kleid	passen/itr. – bildet Perfekt mit „haben“
r (verschwinden) Ausweis	abgeschlossen	r verschwundene Ausweis
e (stehlen) Münze	passiv (Münze = $E_{Akk.}$)	e gestohlene Münze
e (untersuchen) Substanz	passiv (Substanz = $E_{Akk.}$)	e untersuchte Substanz
s (sinken) Schiff	s sinkende Schiff	s gesunkene Schiff
s (ändern) Gesetz	passiv (Gesetz = $E_{Akk.}$)	s geänderte Gesetz
r (überarbeiten) Text	passiv (Text = $E_{Akk.}$)	r überarbeitete Text
r (warten) Patient	r wartende Patient	warten/itr. – bildet Perfekt mit „haben“
(erwarten) Gäste	passiv (Gäste = $E_{Akk.}$)	e erwarteten Gäste
e (zunehmen) Gefahr	e zunehmende Gefahr	zunehmen/itr. – bildet Perfekt mit „haben“
r (zufrieren) See	r zufrierende See	r zugefrorene See
e (anstecken) Krankheit	e ansteckende Krankheit	aktiv (Krankheit = Subjekt)
r (beleidigen) Mann	(r beleidigende Mann)	r beleidigte Mann
e (sich spalten) Partei	e sich spaltende Partei	e gespaltene Partei
r (sich betrinken) Gast	r sich betrinkende Gast	r betrunkene Gast
r (sich erkälten) Patient	abgeschlossen	r erkältete Patient
r (eintreten) Besucher	r eintretende Besucher	r eingetretene Besucher

Seite 58

1. die kaum zu lösen ist.
   die kaum gelöst werden kann.
2. der von Ihnen zu zahlen ist,
   der von Ihnen gezahlt werden muss,
3. die mit bloßem Auge kaum zu erkennen ist.
   die mit bloßem Auge kaum erkannt werden kann.
4. die nicht zu durchschauen ist.
   die nicht durchschaut werden kann.
5. die nicht zu vermeiden sind.
   die nicht vermieden werden können.
   unvermeidliche Fehler
   unvermeidbare Fehler
6. die unbedingt zu beachten sind.
   die unbedingt beachtet werden müssen.

Seite 59

Lösung zur Übersicht siehe Seite 53

Seite 59

1. die Verhandlungen, die gestern abgebrochen wurden/worden sind
2. der Termin, der wegen einer Erkrankung ausgefallen ist/ausfiel
3. Meinungsverschiedenheiten, die nicht zu beheben sind
   , die nicht behoben werden können
4. die Reihenfolge der Punkte, die auf jeden Fall zu besprechen sind
   , die auf jeden Fall besprochen werden müssen
5. der Verkehr auf der Autobahn, der seit Stunden ruht/ruhte
6. das Auto eines Touristen, das auf dem Seitenstreifen abgestellt ist/war/wurde
   (ohne Kontext sind hier alle drei Formen möglich)

Seite 60

Verbform im Relativsatz	Form des Attributs
aktiv + gleichzeitig	Partizip I
aktiv + abgeschlossen (nur bei itr. Verb/Perf. sein)	Partizip II
reflexiv + gleichzeitig	Partizip I (+ *sich*)
reflexiv + abgeschlossen	Partizip II
passiv + abgeschlossen	Partizip II
passiv + gleichzeitig (seltener)	Partizip II

1. Endlich fuhr der seit fast einer Stunde erwartete Zug ein.
2. Der Redner ärgerte sich über seine ununterbrochen flüsternden Zuhörer.
3. Die Bundesregierung weist stolz auf die im letzten Jahr unerwartet stark gewachsene Wirtschaftsleistung hin.
4. Man spricht kaum noch über die Folgen des zeitweise verkleinerten Ozonlochs.
5. Die Studenten begannen die ihnen pünktlich ausgeteilten Aufgaben zu bearbeiten.

Seite 61

1. Das Tankschiff „Jessica“, das vor den Galapagos-Inseln auf Grund gelaufen ist, bedroht weiter die ökologisch einzigartigen Inseln.
2. Besonders für Seelöwen und einige Vogelarten ist das Öl, das weiterhin in großen Mengen austritt, eine große Gefahr.

3. Fast 90 % der Treibstoffmenge, die von der Jessica transportiert worden war, ist inzwischen ausgelaufen.
4. Die Helfer wollen versuchen, das Wasser, das in die Tanks eingedrungen ist, herauszupumpen.
5. Niemand weiß, wer die Schäden (bezahlen soll), die noch zu beseitigen sind, (bezahlen soll).
   , die noch beseitigt werden müssen,
6. Zum Glück sind nicht alle Seelöwenkolonien (bedroht), die weiterhin dort leben (bedroht).
7. Das Restöl, das noch auszupumpen ist / das noch ausgepumpt werden muss, soll den Bewohnern der Inseln als Heizöl geschenkt werden.
8. Die Ölklumpen, die an vielen Stränden gefunden werden, muss man mühsam mit der Hand einsammeln.

3.4 **Seite 63**

1. Israel Galvàn tritt in München vor die Kursteilnehmer, die gespannt warten, und beginnt mit seinen Schuhen, die von schwarzem Samt überzogen sind, den Rhythmus vorzugeben.
2. Durch die Absätze an seinen Flamenco-Schuhen, die mit Nägeln beschlagen sind, gewinnt er rund vier Zentimeter an Größe.
3. Er richtet sich im Takt seiner Schritte (auf), die laut knallen, (auf).
4. Israel Galvàn, der in Sevilla geboren ist/wurde, gilt als einer der besten Flamencotänzer Spaniens.

Seite 64

1. Zigeuner, die aus Indien stammten und sich im Mittelalter in Andalusien ansiedelten, gelten als die Urahnen des Flamencos.
2. Eine These, die weit verbreitet ist, lautet, dass der Ursprung des Wortes „Flamenco“ in dem arabischen Ausdruck „Felah-Mengus“ liegt, was so viel bedeutet wie Bauern, die umherziehen.
3. Damit gibt er den 20 Schülern den zu befolgenden Rhythmus vor.
4. Meistens kommt er hier auch ohne die den Tanz normalerweise begleitende Musik aus.

Seite 66

1. durch die Ohrmuschel ins Ohr dringende Schallwellen
2. über die Gehörknöchelchen zur Schnecke geleitete Vibrationen
3. zum Gehirn geleitete und dort verarbeitete elektrische Nervenimpulse
4. dem Gleichgewichtssinn dienende Bogengänge

Kapitel 4 – Möchten Sie es lieber ausführlich?

4.1 **Seite 68**

1. Text 1
2. Text 2
3. Text 1
4. Text 2
5. Text 2
6. Text 1
7. Text 2
8. Text 1

4.2 **Seite 71**

1. der Rat eines Freundes
2. der Rat von Freunden
3. das Weinen von Kindern
4. der Duft der Rose
5. der Ton der Flöte
6. der Schatten der Wolken
7. das Wort des Jahres
8. das Fahrrad von Herrn Müller, Herrn Müllers Fahrrad

9. der Import von Kohle
10. der Anbau von Wein
11. die Interpretation des Textes
12. die Interpretation von Texten
13. die Aufnahmefähigkeit des Gehirns
14. die vielfältigen Aufgaben von Ingenieuren

Seite 72

- erneut überschreiten (tr) – e Geschwindigkeitsgrenze = $E_{Akk.}$
  die Geschwindigkeitsgrenze wird erneut überschritten
  jmd. überschreitet (erneut) die Geschwindigkeitsgrenze (erneut)
- sich unhöflich benehmen (itr) – r Kunde = Subjekt
  der Kunde benimmt sich unhöflich
- e Untersuchung / der Blutprobe
  die Untersuchung der Blutprobe
- behandeln (tr) – chronische Krankheiten = $E_{Akk.}$
  chronische Krankheiten werden erfolgreich behandelt
  man behandelt chronische Krankheiten erfolgreich
- r (schlechte) Stand / der Verhandlungen
  der schlechte Stand der Verhandlungen
- einsetzen (hier tr) – die Feuerwehr = $E_{Akk.}$
  die Feuerwehr wird eingesetzt
  man setzt die Feuerwehr ein
- e (freiwillige) Hilfe / des Kollegen
  die freiwillige Hilfe des Kollegen

Seite 73–74

1. er / jmd. arbeitet an seinem Buch
2. er fährt nach Berlin
3. er unterhält sich mit uns
4. ihre Freude über die Blumen
5. seine Neugier auf die Prüfungsergebnisse
6. sein Flug nach Peking im Dezember

Seite 74

1. die Zigaretten schaden seiner Gesundheit
2. die Eltern stimmen der Reise zu
3. er / jmd. dankte seinen Freunden
4. das Gelingen seines ersten Sprunges
5. die Zuordnung dieses Textes zu den Sachtexten
6. die Hinzufügung eines neuen Wortes zu seiner Liste

4.3 **Seite 77**

1. Man warf dem Politiker vor, dass er bestechlich ist/war. / bestechlich zu sein.
2. Das Schengener Abkommen erlaubt Europäern, dass sie in allen Mitgliedsländern der EU frei reisen. / …, in allen Mitgliedsländern der EU frei zu reisen.
3. Er stellte bei der Arbeit fest, dass der Text fehlerhaft übersetzt war.
4. Der Beamte verlangt immer, dass man den Pass vorlegt. / (, den Pass vorzulegen. → Hier bleibt unklar, wer den Pass vorlegen muss.)
5. Die Opposition fordert, dass die gesamte Regierung sofort zurücktritt.
6. Der Anrufer erfragte, wie hoch der Preis der Reise genau ist/war.
7. Der Wissenschaftler untersucht, welchen Zusammenhang es zwischen Körpergröße und Armut gibt. / …, ob es einen Zusammenhang zwischen Körpergröße und Armut gibt.
8. Er forderte, dass man über die strittigen Punkte offen diskutiert. / …, dass über die strittigen Punkte offen diskutiert wird. / …, über die strittigen Punkte offen zu diskutieren.

Seite 79

1. Es ist erstaunlich, dass die Jugendlichen sich für Fremdsprachen interessieren.
   Dass die Jugendlichen sich für Fremdsprachen interessieren, ist erstaunlich.
2. Es wird einige Zeit dauern, (dass man diesen komplizierten Fall untersucht).
   Es wird einige Zeit dauern, diesen komplizierten Fall zu untersuchen.
   Diesen komplizierten Fall zu untersuchen, wird einige Zeit dauern.
3. Es liegt noch nicht vor, welche Resultate die Blutuntersuchung hat.
   Welche Resultate die Blutuntersuchung hat, liegt noch nicht vor.
4. Seit einigen Tagen scheint es möglich, dass sein Zustand sich bessert.
   Dass sein Zustand sich bessert, scheint seit einigen Tagen möglich.
5. Bisher wurde streng kontrolliert, wer in die Schweiz einreist.
   Wer in die Schweiz einreist, wurde bisher streng kontrolliert.
6. Es ist den meisten Familien zu teuer, (dass sie einen Neuwagen kaufen.)
   Es ist den meisten Familien zu teuer, einen Neuwagen zu kaufen.
   Einen Neuwagen zu kaufen, ist den meisten Familien zu teuer.
7. Es hat mich geärgert, dass er so viel Geld fordert.
   Dass er so viel Geld fordert, hat mich geärgert.
8. In den Augen der Öffentlichkeit ist auch nach diesem Prozess noch nicht bewiesen, dass er unschuldig ist. / Dass er unschuldig ist, ist in den Augen der Öffentlichkeit auch nach diesem Prozess noch nicht bewiesen.

Seite 80

1. Der Arzt erfragte von ihm, wie groß und wie schwer er ist.
   Die alte Prüfungsordnung verbot, Wörterbücher in der Prüfung zu verwenden.
   Wo er sich aufhält, hält er geheim. / Er hält geheim, wo er sich aufhält.
2. Es war nötig geworden, die Seminarbibliothek zu erweitern. / Die Seminarbibliothek zu erweitern, war nötig geworden.
   Wir empfehlen Ihnen, sich einen Computer anzuschaffen.
   Die Arbeitgeber lehnen es ab, die 35-Stunden-Woche einzuführen.
3. Das Gesetz verbietet, mit Drogen zu handeln und Drogen zu besitzen.
   Der Arzt stellte fest, dass das Kind stark unterernährt war.
   Die Presse kritisierte, dass der Politiker an der Demonstration teilnahm/teilgenommen hatte.
4. Es ärgerte mich sehr, dass er (so) unfreundlich war. / Dass er (so) unfreundlich war, ärgerte mich sehr.
   Die Eltern erlaubten ihrer Tochter, an der Klassenreise teilzunehmen.
   Die Firma plant, 2000 Mitarbeiter zu entlassen.

Seite 83

Eine fast lückenlose medizinische Versorgung hat in der Bundesrepublik zu einem starken Anstieg der Lebenserwartung geführt.

Diese positive Entwicklung kann zu einem großen Teil mit dem extremen Rückgang der Sterberate von Frauen und Babys bei der Geburt erklärt werden.

Ganz andere Faktoren als früher bestimmen heute darüber, ob die Menschen in Deutschland gesund oder krank sind.

So trägt z.B. die höhere Verkehrsdichte dazu bei, dass die Zahl von Verkehrstoten und Verletzten wächst.

Allerdings sind die größten gesundheitlichen Probleme auf das Rauchen vieler Menschen und das Übergewicht sowie den Mangel an Bewegung zurückzuführen.

Mediziner verweisen auch darauf, dass Allergien und Schäden am Immunsystem bei einer immer größeren Zahl von Menschen zunehmen.

Viele Menschen reagieren zum Beispiel allergisch darauf, dass die Luftverschmutzung zunimmt.

Nachweislich hängt die Zahl der asthmakranken Kinder in einer Region auch von (der Höhe) der Abgasbelastung an ihrem Wohnort ab.

4.4 Seite 84–85

In der Reihenfolge von oben:

1. Temporal	3. Konsekutiv	5. Final	7. Modal
2. Kausal	4. Konzessiv	6. Konditional	8. Adversativ

Seite 87

Während des Semesters ist die Bibliothek bis 22 Uhr geöffnet.

Bis der Vertrag erfolgreich abgeschlossen wurde/war, wurden langwierige Verhandlungen geführt.

Mir sind leider bei der Installation des neuen Programms wichtige Daten verloren gegangen.

Sie müssen sofort, nachdem Ihr Visum abgelaufen ist, ausreisen.

Vor Beginn der Beitrittsverhandlungen müssen die beitrittswilligen Länder noch viele Auflagen erfüllen.

Seit Deutschland wiedervereinigt ist, gibt es hier eine hohe Arbeitslosigkeit.

Nach dem Bombenanschlag auf die U-Bahn wurden die Sicherheitsvorkehrungen verschärft.

Wenn eine Raumfähre zum ersten Mal startet, gibt es immer Schwierigkeiten.

Seite 90

1. Ursache	Folge
Die Übersetzung der Gebrauchsanleitung war schlecht.	Man konnte den Apparat nicht sofort benutzen.

Kausal:

Man konnte den Apparat nicht sofort benutzen, denn die Übersetzung der Gebrauchsanleitung war schlecht.

Man konnte den Apparat nicht sofort benutzen, die Übersetzung der Gebrauchsanleitung war nämlich schlecht.

Man konnte den Apparat nicht sofort benutzen, weil/da die Übersetzung der Gebrauchsanleitung schlecht war.

Weil/da die Übersetzung der Gebrauchsanleitung schlecht war, konnte man den Apparat nicht sofort benutzen.

Wegen/Aufgrund/Infolge der schlechten Übersetzung konnte man den Apparat nicht sofort benutzen.

Man konnte den Apparat wegen/aufgrund/infolge der schlechten Übersetzung nicht sofort benutzen.

Konsekutiv:
Die Übersetzung der Gebrauchsanleitung war schlecht, deshalb/deswegen/darum/daher/folglich/also konnte man den Apparat nicht sofort benutzen.
Die Übersetzung der Gebrauchsanleitung war schlecht, sodass man den Apparat nicht sofort benutzen konnte.
Die Übersetzung der Gebrauchsanleitung war so schlecht, dass man den Apparat nicht sofort benutzen konnte.

2. Ursache	Folge
Der Test war diesmal sehr schwer.	Die Resultate waren ungewöhnlich schlecht.

Kausal:
Die Resultate waren ungewöhnlich schlecht, denn der Test war diesmal sehr schwer.
Die Resultate waren ungewöhnlich schlecht, der Test war nämlich diesmal sehr schwer.
Die Resultate waren ungewöhnlich schlecht, weil/da/zumal der Test diesmal sehr schwer war.
Weil/Da der Test diesmal sehr schwer war, waren die Resultate ungewöhnlich schlecht.
Wegen/Aufgrund/Infolge des schweren Textes/der Schwierigkeit des Textes waren die Resultate ungewöhnlich schlecht.
Die Resultate waren wegen/aufgrund/infolge des schweren Textes/der Schwierigkeit des Textes ungewöhnlich schlecht.

Konsekutiv:
Der Test war diesmal sehr schwer, deshalb/deswegen/darum/daher/folglich/also waren die Resultate ungewöhnlich schlecht.
Der Test war diesmal sehr schwer, sodass die Resultate ungewöhnlich schlecht waren.
Der Test war diesmal so schwer, dass die Resultate ungewöhnlich schlecht waren.

Partnerarbeit Seite 90–91

Partner A

(Verbalisieren → Subjunktor)
Die Regierung hat Neuwahlen angekündigt, weil/da sie sich um ihre Regierungsfähigkeit Sorgen macht.

(Umformulieren → konsekutiv/Konjunktor)
In London hat es Anschläge auf die U-Bahn gegeben, deshalb/deswegen/daher/darum/folglich/also wurden die Sicherheitsmaßnahmen verstärkt.

(Nominalisieren)
Wegen/Aufgrund/Infolge der gesunkenen Nachfrage nach teuren Autos muss die Produktion an diesem Standort eingestellt werden

(Umformulieren und Verbalisieren → konsekutiv/Subjunktor)
Industrie und Verkehr stoßen (zu viel) Kohlendioxyd aus, sodass das Klima sich wandelt/verändert./so dass es einen Klimawandel gibt.

(Verbalisieren → Konjunktor)
Alle Flüge von und nach Taiwan wurden abgesagt, denn ein Tornado war angekündigt.

Partner B

(Verbalisieren → Konjunktor)
Die Regierung hat Neuwahlen angekündigt, denn sie macht sich um ihre Regierungsfähigkeit Sorgen.

(Umformulieren → konsekutiv/Subjunktor)
In London hat es Anschläge auf die U-Bahn gegeben, sodass die Sicherheitsmaßnahmen verstärkt wurden.

(Umformulieren → mit „nämlich")
Die Produktion an diesem Standort muss eingestellt werden, die Nachfrage nach teuren Autos ist nämlich gesunken.

(Umformulieren und Verbalisieren → konsekutiv/Konjunktor)
Industrie und Verkehr stoßen (zu viel) Kohlendioxyd aus, deshalb/deswegen/daher/darum/folglich/also wandelt/verändert sich das Klima./gibt es einen Klimawandel.

(Verbalisieren → Subjunktor)
Alle Flüge von und nach Taiwan wurden abgesagt, weil/da ein Tornado angekündigt war.

Seite 91

A = Ursache von B

Salmonellen	lösen	Durchfall aus.	rufen	Durchfall hervor.
	bewirken	Durchfall.	bringen	Durchfall mit sich.
	führen zu	Durchfall.	verursachen	Durchfall.

B = Folge von A

Schlechte Ergebnisse	sind bedingt durch	mangelhafte Vorbereitung.
	folgen aus	mangelhafter Vorbereitung.
	kommen von	mangelhafter Vorbereitung.
	ergeben sich aus	mangelhafter Vorbereitung.
	gehen auf	mangelhafte Vorbereitung zurück.
	hängen mit	mangelhafter Vorbereitung zusammen.

Seite 93

Gegengrund	Folge
1. Die Wahlprognosen waren vielversprechend,	trotzdem/dennoch musste die Partei in die Opposition gehen.
Obwohl die Wahlprognosen vielversprechend waren, Trotz der vielversprechenden Wahlprognosen	musste die Partei in die Opposition gehen.
2. Er hatte alle Formalitäten genau beachtet,	trotzdem/dennoch bekam er kein Visum.
Obwohl er alle Formalitäten genau beachtet hatte, Trotz Beachtung aller Formalitäten	bekam er kein Visum.

3. Überall sind Überwachungskameras installiert, Obwohl überall Überwachungskameras installiert sind, Trotz der Installation von Überwachungskameras überall	trotzdem/dennoch konnte man den Anschlag nicht verhindern. konnte man den Anschlag nicht verhindern.
4. Der CO_2-Ausstoß wurde in vielen Ländern reduziert, Obwohl der CO_2-Ausstoß in vielen Ländern reduziert wurde, Trotz der Reduktion des CO_2-Ausstoßes in vielen Ländern.	trotzdem/dennoch schreiten die Klimaveränderungen voran. schreiten die Klimaveränderungen voran.
5. Das Auto wurde erst letzte Woche repariert, Obwohl das Auto erst letzte Woche repariert wurde, Trotz der Reparatur der Autos letzte Woche	trotzdem/dennoch ist es schon wieder kaputt. ist es schon wieder kaputt.

Seite 95

1. Um Unfälle zu vermeiden (Damit Unfälle vermieden werden), hat man das Telefonieren mit Handys im Auto verboten.
2. Zur Verhinderung der weiteren Ausbreitung von Vogelgrippe wurden an den Flughäfen strenge Gesundheitskontrollen eingeführt.
3. Um in Frankreich zu studieren/studieren zu können, muss sie noch eine Sprachprüfung ablegen.
4. Zur Vermeidung von Müll hat die Regierung Einwegflaschen und Getränkedosen verboten.
5. Um die Feinstaubbelastung durch den Verkehr zu reduzieren/Damit die Feinstaubbelastung durch den Verkehr reduziert wird, plant man auch Fahrverbote.

Seite 97

1. Wenn man die Lohnnebenkosten deutlich senkt, …
   Senkt man die Lohnnebenkosten deutlich, …
   Bei deutlicher Senkung der Lohnnebenkosten entstehen neue Arbeitsplätze.
   Man muss die Nebenkosten deutlich senken. Sonst entstehen keine neuen Arbeitsplätze.
   Ohne eine Senkung der Lohnnebenkosten entstehen keine neuen Arbeitsplätze.
2. Wenn man die Krankenversicherung rechtzeitig reformiert hätte, …
   Hätte man die Krankenversicherung rechtzeitig reformiert, …
   Bei einer rechtzeitigen Reform der Krankenversicherung hätte man nicht so große finanzielle Probleme.
3. Der Dom kann nur besichtigt werden, wenn keine Gottesdienste stattfinden/sind.
   Finden Gottesdienste statt, kann der Dom nicht besichtigt werden.
   Bei (stattfindenden) Gottesdiensten kann der Dom nicht besichtigt werden.
4. Falls Leute ihre Karten im letzten Moment zurückgeben, …
   Sollten Leute ihre Karten im letzen Moment zurückgeben, …
   Im Falle einer Kartenrückgabe im letzten Moment, können Sie noch einen Platz bekommen.
5. Ohne eine Krankenversicherung abzuschließen, …
   Wenn man keine Krankenversicherung abschließt, …
   Schließt man keine Krankenversicherung ab, ist eine Immatrikulation nicht möglich.
   Man muss eine Krankenversicherung abschließen. Sonst ist eine Immatrikulation nicht möglich.

Seite 99

1. Diese Aufgaben sollen Sie in 30 Minuten lösen, ohne ein Wörterbuch zu benutzen.
   Diese Aufgaben sollen Sie in 30 Minuten ohne Wörterbuch/ohne die Benutzung eines Wörterbuchs lösen.
2. Die NASA hat die Landung des Space Shuttles sorgfältig vorbereitet, indem sie die gesamte Außenfläche des Shuttles mit Kameras nach Schäden abgesucht hat.
   Die NASA hat die Landung des Space Shuttles dadurch sorgfältig vorbereitet, dass sie die gesamte Außenfläche des Shuttles mit Kameras nach Schäden abgesucht hat.
   Die NASA hat die gesamte Außenfläche des Shuttles mit Kameras nach Schäden abgesucht. Dadurch hat sie die Landung (des Shuttles) sorgfältig vorbereitet. / Sie hat die Landung (des Shuttles) dadurch sorgfältig vorbereitet.
   Durch das Absuchen der gesamten Außenfläche des Shuttles mit Kameras hat die NASA die Landung (des Shuttles) sorgfältig vorbereitet.
3. Das Bundesverfassungsgericht hat die Diskussionen um die vorzeitige Auflösung des Parlaments beendet, indem es gestern sein Urteil verkündet hat.
   Das Bundesverfassungsgericht hat die Diskussionen um die vorzeitige Auflösung des Parlaments dadurch beendet, dass es gestern sein Urteil verkündet hat.
   Das Bundesverfassungsgericht hat gestern sein Urteil verkündet. Dadurch hat es die Diskussionen um die vorzeitige Auflösung des Parlaments beendet. / Es hat (dadurch) die Diskussionen um die vorzeitige Auflösung des Parlaments (dadurch) beendet.
   Das Bundesverfassungsgericht hat die Diskussionen um die vorzeitige Auflösung des Parlaments durch die gestrige Verkündigung seines Urteils beendet.
4. Die Regierung unterstützt die Einsparung von Energie, indem sie bei der Finanzierung von Wärmedämmung für Wohnhäuser hilft.
   Die Regierung unterstützt (dadurch) die Einsparung von Energie (dadurch), dass sie bei der Finanzierung von Wärmedämmung für Wohnhäuser hilft.
   Die Regierung hilft bei der Finanzierung von Wärmedämmung für Wohnhäuser. Dadurch unterstützt sie die Einsparung von Energie.
   Durch ihre Hilfe bei der Finanzierung von Wärmedämmung für Wohnhäuser unterstützt die Regierung die Einsparung von Energie.
5. Arbeit muss in der BRD billiger werden, indem die Lohnnebenkosten gesenkt werden.
   Arbeit muss in der BRD dadurch billiger werden, dass die Lohnnebenkosten gesenkt werden.
   Die Lohnnebenkosten müssen gesenkt werden. Dadurch wird Arbeit in der BRD billiger.
   Durch die Senkung der Lohnnebenkosten wird Arbeit in der BRD billiger.

Seite 102

1.

Im Vergleich/Im Gegensatz zum Mittelmeer, wo es sonnig und warm war, erlebte New York seinen schlimmsten Schneesturm.
Im Vergleich/Im Gegensatz zu New York, das seinen schlimmsten Schneesturm erlebte, war es am Mittelmeer sonnig und warm.
New York erlebte den schlimmsten Schneesturm seiner Geschichte. Im Vergleich dazu war es am Mittelmeer sonnig und warm.
New York erlebte den schlimmsten Schneesturm seiner Geschichte. Demgegenüber war es am Mittelmeer sonnig und warm./Am Mittelmeer war es demgegenüber sonnig und warm.
Während New York den schlimmsten Schneesturm seiner Geschichte erlebte, war es am Mittelmeer sonnig und war./New York erlebte den schlimmsten Schneesturm seiner Geschichte, während es am Mittelmeer sonnig und warm war.

2.

Im Vergleich/Im Gegensatz zu Maria, die sehr hilfsbereit ist, denkt ihre Schwester nur an sich selbst.
Im Vergleich/Im Gegensatz zu ihrer Schwester, die nur an sich selbst denkt, ist Maria sehr hilfsbereit.
Maria ist sehr hilfsbereit. Im Vergleich dazu denkt ihre Schwester nur an sich selbst.
Maria ist sehr hilfsbereit. Demgegenüber denkt ihre Schwester nur an sich selbst./Ihre Schwester denkt demgegenüber nur an sich selbst.
Während Maria sehr hilfsbereit ist, denkt ihre Schwester nur an sich selbst./Während ihre Schwester nur an sich selbst denkt, ist Maria sehr hilfsbereit.

3.

Im Vergleich/Im Gegensatz zum Fahrer, der bei dem Unglück schwer verletzt wurde, erlitten die Fahrgäste zum Glück nur leichte Verletzungen./Im Vergleich/Im Gegensatz zu den Fahrgästen, die zum Glück nur leichte Verletzungen erlitten, wurde der Fahrer bei dem Unglück schwer verletzt.
Bei dem Unglück wurde der Fahrer schwer verletzt. Im Vergleich dazu erlitten die Fahrgäste zum Glück nur leichte Verletzungen.
Bei dem Unglück wurde der Fahrer schwer verletzt. Demgegenüber erlitten die Fahrgäste zum Glück nur leichte Verletzungen./Die Fahrgäste erlitten demgegenüber zum Glück nur leichte Verletzungen.
Während der Fahrer bei dem Unglück schwer verletzt wurde, erlitten die Fahrgäste zum Glück nur leichte Verletzungen./Bei dem Unglück wurde der Fahrer schwer verletzt, während die Fahrgäste zum Glück nur leichte Verletzungen erlitten.

4.

Im Gegensatz zu älteren Leuten, die oft nicht gut mit dem Computer umgehen können, lernen Jugendliche das von Anfang an.
Ältere Leute können oft nicht gut mit dem Computer umgehen. Im Gegensatz dazu lernen Jugendliche das von Anfang an.
Ältere Leute können oft nicht gut mit dem Computer umgehen. Demgegenüber lernen Jugendliche das von Anfang an.
Während ältere Leute oft nicht gut mit dem Computer umgehen können, lernen Jugendliche das von Anfang an.

5.

Im Vergleich zu / im Gegensatz zu Gehältern von Managern, die in den letzten Jahren stark gestiegen sind, sind die Löhne der Arbeitnehmer in der gleichen Zeit deutlich gesunken.
Die Gehälter von Managern sind in den letzten Jahren stark gestiegen. Im Vergleich dazu / im Gegensatz dazu sind die Löhne der Arbeitnehmer in der gleichen Zeit deutlich gesunken.
Die Gehälter von Managern sind in den letzten Jahren stark gestiegen. Demgegenüber sind die Löhne der Arbeitnehmer in der gleichen Zeit deutlich gesunken.
Während die Gehälter von Managern in den letzten Jahren stark gestiegen sind, sind die Löhne der Arbeitnehmer in der gleichen Zeit deutlich gesunken.

Seite 105–106

1. Je nach Fahrtempo sind die Unfallfolgen leichter oder schwerer.
   Je höher das Fahrtempo war, desto schwerer sind die Unfallfolgen.
   Die Unfallfolgen hängen vom Fahrtempo ab.

2. Je nach dem Notendurchschnitt im Abitur ist die Auswahl der Studienfächer größer oder kleiner.
   Je besser der Notendurchschnitt im Abitur ist, desto größer ist die Auswahl der Studienfächer.
3. Je früher der Antrag gestellt wird/wurde, desto schneller wird er bearbeitet.
   Die Bearbeitung des Antrags richtet sich nach dem Datum der Antragstellung.
4. Je höher das Einkommen ist, desto höher ist der Überziehungskredit.
   Die Höhe des Überziehungskredits orientiert sich an der Höhe des Einkommens.
5. Je nach Zahl der Kursteilnehmer steigt oder sinkt die Kursgebühr.
   Je mehr Teilnehmer der Kurs hat, desto niedriger ist die Kursgebühr.
   Die Kursgebühr richtet sich nach der Zahl der Kursteilnehmer.
   Die Kursgebühr hängt von der Zahl der Kursteilnehmer ab.

Seite 106

Kreuzworträtsel

Horizontal

4. denn	6. obwohl	9. zu	12. damit	16. seit	18. sodass
5. bei	7. aber	11. daher	15. wenn	17. bis	19. nach

Vertikal

1. trotzdem	3. weil	8. vor	13. jedoch	20. da
2. folglich	4. durch	10. falls	14. indem	

4.5 **Seite 108**

1. Zunehmende Luftverschmutzung und Waldrodungen in Asien könnten zum/zu einem Ausbleiben des Monsuns in Indien führen.
2. Weil die Luft zunehmend verschmutzt wird/ist und Brandrodungen stattfinden/durchgeführt werden, sinken die Temperaturen.
3. Durch das (Ab)Sinken der Temperaturen wird die Zufuhr feuchter Luftmassen vom Indischen Ozean gestoppt, sodass die Niederschläge dramatisch abnehmen.
4. ... realistische Prognosen darüber, wie sich die Luftverschmutzung (in Asien) entwickelt und die Landnutzung in Asien verändert

Therapeutisches Klonen **Seite 109**

1. Spende einer Hautzelle durch den Patienten
   Entnahme einer Eizelle bei einer Frau
2. Entfernung des Zellkerns aus der Hautzelle
   Entkernung der Eizelle
3. Übertragung des Zellkerns des Patienten in die entkernte Eizelle
   Entstehung eines geklonten Embryos
4. die Zelle teilt sich
5. Möglichkeit zur Entnahme von Stammzellen aus dem geklonten Embryo
6. Möglichkeit zur Weiterentwicklung embryonaler Stammzellen zu verschiedenen Geweben
7. Zellen oder Organe werden transplantiert

Kapitel 5 – Wünsche, Behauptungen und Zitate

5.2	Seite 113

1. Ich würde nicht so viel/gar nicht rauchen.
2. Ich käme immer pünktlich.
3. Ich würde oft/öfter Briefe schreiben.
4. Ich schliefe nicht so lange/würde nicht so lange schlafen.
5. Ich würde keine kleinen Kinder ärgern. (nur große)
6. Ich fände Musik schön/würde Musik schön finden.
7. Ich ließe meine Freundin nie warten/würde … lassen.
8. Ich würde mich nicht nur für mich selbst interessieren/auch für andere Menschen interessieren.
9. Ich könnte immer richtig zuhören.
10. Ich würde nicht zu viel essen und wäre nicht zu dick.

Seite 114

1. Ich hätte nicht so viel/gar nicht geraucht.
2. Ich wäre nie unpünktlich gekommen.
3. Ich hätte öfter Briefe geschrieben.
4. Ich hätte nicht bis zum Mittag geschlafen.
5. Ich hätte keine kleinen Kinder geärgert.
6. Ich hätte Musik nicht langweilig gefunden.
7. Ich hätte meine Freundin nie warten lassen.
8. Ich hätte mich nicht nur für mich selbst interessiert.
9. Ich hätte immer richtig zuhören können.
10. Ich hätte nicht zu viel gegessen und wäre nicht zu dick gewesen.

Seite 114–115

1. Er hatte das nicht korrigieren wollen.
   K II: Ich an seiner Stelle hätte es korrigieren wollen/(hätte es korrigiert).
2. Sie hatten Ihre Aufgaben gestern abgeben sollen.
   K II: Auch die anderen Studenten hätten ihre Aufgaben gestern abgeben sollen.
   (Aber sie haben es nicht getan.)
3. Jahrelang hatte er seine Familie nicht besuchen können.
   K II: Wenn er Geld gehabt hätte, hätte er sie besuchen können.
4. Diesen Film hatte ich erst mit 16 anschauen dürfen.
   K II: Er ist noch nicht 16, deshalb hätte er diesen Film nicht anschauen dürfen.
   (Aber er hat ihn angeschaut.)
5. Das hatte man ihm nicht zweimal sagen müssen.
   K II: Mir hätte man das auch nicht zweimal sagen müssen.
   (Das hätte ich sofort gemacht.)
6. Das Alter des Neandertalerschädels hatte man erst kürzlich exakt bestimmen können.
   K II: Ohne Computertomografen hätte man sein Alter nicht bestimmen können.
7. Wir hatten ihn letztes Wochenende einladen wollen, aber er hatte keine Zeit gehabt.
   K II: Wenn er Zeit gehabt hätte, hätten wir ihn eingeladen.
8. Diesen Text hatte ich nicht übersetzen können, denn ich hatte kein Wörterbuch dabei gehabt.
   K II: Wenn ich ein Wörterbuch dabei gehabt hätte, hätte ich den Text übersetzen können.

9. Man hatte ihm das Medikament gegeben, obwohl er allergisch dagegen ist.
   K II: Dieses Medikament hätte ihm niemals gegeben werden dürfen, weil er allergisch dagegen ist.
10. Er hatte das Wort mehrmals wiederholen müssen, weil seine Aussprache so schlecht gewesen war.
   K II: Wenn seine Aussprache besser gewesen wäre, hätte er das Wort nicht mehrmals wiederholen müssen.

Seite 116

1. Ich hätte ihn (den Film) gesehen.
2. Ich käme immer pünktlich.
3. Gestern wäre ich pünktlich gekommen.
4. Ich würde immer richtig zuhören.
5. Ich hätte richtig zugehört.
6. Ich würde ihr nicht glauben.
7. Ich hätte ihr nicht geglaubt.
8. Ich hätte es ihm gesagt.
9. Ich wäre nicht so ängstlich.
10. Ich wäre nicht so ängstlich gewesen.

Seite 117

1. Ich würde nicht Astronautin.
2. Ich wäre nicht Astronautin geworden.
3. Ich würde mit allen sprechen.
4. Ich hätte mit allen gesprochen.
5. Ich hätte meinen Text schon abgegeben.
6. Ich hätte ihn gestern nicht angerufen.
7. Ich würde ihn nicht wegen jeder Kleinigkeit anrufen.
8. Ich würde die Tür nicht ständig offen lassen.
9. Ich hätte das Fenster nicht schon wieder zugemacht.
10. Ich hätte meinen Schlüssel nicht vergessen.

Seite 118

1. wären, würden, atmen, kämen, würden sterben (stürben), tragen würden (trügen)
2. gegeben hätte, wäre, verlaufen, würde, existieren, hätten, zurückfordern müssen, wäre, übergesprungen, hätte, gegeben
3. würde passieren, gäbe/geben würde, könnte, würde verändern, wären, würde, brauchen, leben würden, wäre, würden, hätte, könnte, wären, würden, einsetzen

Seite 119

1. Wenn ich doch Zeit gehabt hätte! / Hätte ich doch Zeit gehabt!
2. Wenn er doch die Prüfung bestanden hätte! / Hätte er doch die Prüfung bestanden!
3. Wenn es doch gut/besser gelaufen wäre! / Wäre es doch gut/besser gelaufen!
4. Wenn er doch länger gezeigt würde! / Würde er doch länger gezeigt!
5. Wenn ich ihn doch in diesem Sommer besuchen könnte! / Könnte ich ihn doch in diesem Sommer besuchen!
6 Wenn ich doch diesen Fehler nicht immer wieder machen würde! Würde ich doch nicht immer wieder diesen Fehler machen!

Seite 120

1. Die Frau begrüßte uns, als ob wir alte Freunde wären. / ..., als wären wir alte Freunde.
2. Er sprach Deutsch, als ob es seine Muttersprache wäre. / ..., als wäre es seine Muttersprache.
3. Er benahm sich, als ob er der Chef wäre. / ..., als wäre er der Chef.
4. Es schien so, als ob er alles richtig gemacht hätte. / ..., als hätte er alles richtig gemacht.
5. Es sieht so aus, als ob die Aufgaben ganz einfach wären. / ..., als wären die Aufgaben ganz einfach.

Seite 120–121

1. Die Aufgabe ist zu schwierig, als dass man sie lösen könnte.
2. Das Wetter war zu schlecht, als dass man hätte wandern können.
3. Der Fluss ist zu reißend, als dass man hinüberschwimmen könnte.
4. Das Brot war zu alt, als dass man es hätte essen können.

Seite 121

1. Wenn gestern nicht die Frist abgelaufen wäre, hätte ich mich noch immatrikulieren können.
2. Wenn er nicht zu schnell gefahren wäre, hätte er keinen schweren Unfall verursacht.
3. Wenn wir nicht verschlafen hätten, hätten wir den Bus nicht verpasst.
4. Wenn sich nicht starker Nebel gebildet hätte, hätten wir den Berg besteigen können.
5. Wenn wir genug Geld hätten, würden wir nach Indien fliegen.
6. Wenn ich nicht zwei Wochen lang krank gewesen wäre, hätte ich den Sprachkurs besuchen können.
7. Wenn das Programm richtig installiert worden wäre, hätte es schon funktioniert.
8. Wenn er den Fußgänger gesehen hätte, hätte er ihn nicht angefahren und schwer verletzt.
9. Wenn die Wassertemperatur nicht unter 18° gelegen hätte, hätten wir nicht auf das Schwimmen verzichtet.

5.3 Seite 124

Deutsch als Export-Schlager – in Japan heißt jobben „arbeitu“

Duisburg / Wiesbaden (dpa) – In Japan gehen die Studenten „arbeitu“ und sie tragen „ruckusacku“ – ganz wie ihre deutschen Altersgenossen. Denn im Land der aufgehenden Sonne steht Deutsch noch immer hoch im Kurs – zumindest was die Sprache angeht.

„Während der Meiji-Ära vor etwa 100 Jahren wollten sich die Japaner an einer modernen Macht orientieren“, **erklärt** der Duisburger Linguistikprofessor Ulrich Ammon **(DR)**. Die Preußen kamen den Asiaten mit ihrem Kaiserreich da gerade recht. „Sie waren tüchtig und nicht allzu demokratisch“, **meint** Ammon **(DR)**. In der Sprache ist diese Wertschätzung bis heute zu finden – nicht nur bei den Japanern.

„Vor allem in Osteuropa wird immer noch sehr viel Deutsch gesprochen“, **sagt** der Vorsitzende der Gesellschaft für deutsche Sprache (GfdS) in Wiesbaden, Prof. Rudolf Hoberg **(DR)**. Und auch dafür gibt es eine historische Begründung: „Bis zum Zweiten Weltkrieg war Deutsch dort die erste Fremdsprache und noch heute lernen beispielsweise in Tschechien noch 40 Prozent der Schüler Deutsch“, **gibt** Hoberg **zu bedenken (DR)**. Der Anteil derer, die Deutsch sprechen, sei logischerweise weitaus höher **(IR)**.

Als „erfolgreichste“ deutsche Wörter **bezeichnete** die Duden-Sprachberatung die Begriffe Nickel und Quarz. Sie kämen immerhin in mindestens zehn verschiedenen Sprachen als Fremdwörter vor **(IR)**.

Doch nicht nur in den Fachsprachen hat sich Deutsch auf der ganzen Welt breit gemacht, vor

allem im Englischen tauchen in der Alltagssprache zahlreiche deutsche Begriffe auf: Kindergarten, Bratwurst, Gemütlichkeit. „Und Blitz als Bezeichnung für ein schnelles, kurzes Ereignis verstehen in Anlehnung an den im Zweiten Weltkrieg geprägten Begriff des Blitzkrieges sehr viele Menschen auf der ganzen Welt“, **sagt** Hoberg **(DR)**. „Mittlerweile sorgt oft die Werbung dafür, dass einzelne deutsche Wörter in anderen Sprachen wiederzufinden sind“, **hat** er **beobachtet (DR)**.
Doch manchmal komme es auch zu Mischbildungen und Eigenschöpfungen, **meldet** die Duden-Sprachberatung **(IR)**. Kreationen im Englischen wie „apple strudel“ und „beer stube“ sind durchaus verständlich und nachvollziehbar, „kitschy“ und „sitz bath“ muten da weitaus skurriler an.
Trotz der weiten Verbreitung deutscher Wörter fürchten die Linguisten um die deutsche Sprache. „Nicht die Anglizismen gefährden unsere Sprache“, **ist** Prof. Hoberg **überzeugt (DR)**. Vielmehr werde in vielen Firmen und in den Wissenschaften ausschließlich Englisch gesprochen **(IR)**. „Die Gefahr liegt darin, dass keine neuen Begriffe geschaffen werden. Eines Tages fehlt der deutschen Sprache ganz einfach die Terminologie in bestimmten Bereichen“, **fürchtet** der GfdS-Vorsitzende **(DR)**.
In Japan allerdings gilt Deutsch in weiten Teilen des Landes noch als Gebrauchssprache der Mediziner. „Bis in die 80er Jahre war es üblich, dass japanische Ärzte die Krankenkarten in Deutsch geführt haben“, **berichtet** der Duisburger Professor Ammon **(DR)**. In vielen Köpfen und Karteien lebe damit die deutsche Sprache in dem asiatischen Inselstaat weiter **(IR)**.

Quelle: WEB.DE Portale > Kultur > Sprache
Meldung vom 14.04.2004 13:30 Uhr, Text leicht verändert und gekürzt

Seite 125

1.
1. Prof. Ulrich Ammon, Linguistikprofessor in Duisburg
2. Prof. Rudolf Hoberg, Vorsitzender der Gesellschaft für deutsche Sprache (GfdS) in Wiesbaden
3. die Duden-Sprachberatung

2.

jmd. erklärt	jmd. beobachtet
jmd. meint	jmd. meldet
jmd. sagt	jmd. ist überzeugt
jmd. gibt zu bedenken	jmd. fürchtet
jmd. bezeichnet etw. als (Akk.)	jmd. berichtet

Seite 126

Soziologe: „ Die Zahl alter Menschen in der BRD ist in den letzten Jahrzehnten stark gestiegen. Die Ursachen hierfür sind vor allem die verbesserten Lebensbedingungen und der medizinische Fortschritt.“
Ich: „Stimmt es, dass die steigende Zahl alter Menschen große gesellschaftliche und finanzielle Probleme zur Folge hat?“
Soziologe: „Ja, z.B. werden die Renten in Zukunft sicher niedriger, denn die Zahl der Rentner nimmt immer weiter zu, während die Zahl der Berufstätigen immer weiter abnimmt. Das Problem besteht heute also nicht nur darin, dass es immer mehr alte Menschen gibt, sondern vor allem auch darin, dass zu wenige Kinder geboren werden.“
Ich: „ Akzeptiert man diese Entwicklung einfach so?“
Soziologe: „Nein, die Regierung versucht schon, durch verschiedene Maßnahmen darauf Einfluss zu nehmen, aber es ist nicht so einfach, diesen Trend zu stoppen.“
Ich: „Vielen Dank für das Gespräch. / Ich bedanke mich für das Gespräch.“

Liste der Verben, die die indirekte Rede einleiten:
berichten, fragen, erklären, verneinen, bejahen, darauf hinweisen

Seite 128–129

Er fragte mich, ob ich diesen Text verstehen könne.

Michaela sagte, dass sie an diesem Abend nicht mitkommen könne, weil sie sich auf die Prüfung am folgenden Tag vorbereiten müsse.
Michaela sagte, sie könne an diesem Abend nicht mitkommen, weil sie sich auf die Prüfung am folgenden Tag vorbereiten müsse.

Die Kinder sagten zum Vater, dass sie zu ihm ins Büro kommen wollten.
Die Kinder sagten zum Vater, sie wollten zu ihm ins Büro kommen.

Der Junge sagte, dass er in den folgenden drei Wochen nicht mit ihnen Fußball spielen könne, weil sein Knie verletzt sei.
Der Junge sagte, er könne in den folgenden drei Wochen nicht mit ihnen Fußball spielen, weil sein Knie verletzt sei.

Die Studentin fragte ihre Freundin, seit wann sie denn wisse, dass sie einen Studienplatz in Konstanz habe.

Die Frau sagte zu ihrem Mann, dass er nicht so viel rauchen solle.
Die Frau sagte zu ihrem Mann, er solle nicht so viel rauchen.

Das Mädchen sagte zu ihrem Freund, dass er an diesem Abend bitte pünktlich sein solle, sonst würden (bekämen) sie im Kino keine guten Plätze mehr bekommen.
Das Mädchen sagte zu ihrem Freund, er solle an diesem Abend bitte pünktlich sein, sonst würden (bekämen) sie im Kino keine guten Plätze mehr bekommen.

(Selbstzitat)
Ich habe dir doch gesagt, dass ich noch nicht wisse, wie lange ich an diesem Abend bleiben könne.
Ich habe dir doch gesagt, ich wisse noch nicht, wie lange ich an diesem Abend bleiben könne.

Seite 130

Rom(dpa) – Eine aufdringliche Schwiegermutter ist jetzt in Italien als Scheidungsgrund anerkannt.
Die Zeitungen berichten: „Das oberste italienische Gericht hat der Scheidungsklage einer Frau zugestimmt."
Die Frau hatte vor Gericht geklagt: „Ich habe mich von der Mutter meines Mannes verfolgt gefühlt. Meine Schwiegermutter hat mir ständig vorgeworfen, dass ich mich übermäßig schminke, nur auf meine Linie achte und meine Tochter falsch erziehe. Mein Mann war seiner Mutter vollständig ergeben."
Der geschiedene Ehemann wohnt jetzt wieder bei „Mamma".

Seite 131

Hans Gasser stellt fest, dass Europäer in Indien oft das Spirituelle suchen würden, Inder kämen nach Europa ins Spielcasino und zum Einkaufen.

Misra erwidert, dass das nur natürlich sei. Sie (die Europäer) hätten hier (in Europa) nicht so viele spirituelle Möglichkeiten, deswegen würden sie die in Indien suchen. Und sie (die Inder) hätten zwar viel Meditatives, aber nicht so viel materiellen Komfort. Spielcasinos seien zudem nicht erlaubt in ihrem Land. Deshalb würden sie diese Dinge hier (in Europa) suchen. Allerdings führe (würde fahren) man wohl eher nicht nach Deutschland zum Einkaufen – zu teuer. Zum Shopping gehe es vor allem nach Singapur oder Dubai.

Hans Gasser fragt, was die Traumziele der Inder seien.

Misra erklärt, dass sehr Reiche in die Schweiz, nach Frankreich oder Großbritannien führen/fahren würden. Die Mittelklasse, die bereits 250 Millionen Menschen umfasse, reise zurzeit aber vor allem nach Malaysia, Singapur, Thailand. Die Flüge dorthin seien relativ billig, genauso wie die Übernachtungsmöglichkeiten. In Deutschland seien es zunehmend die Schlösser am Rhein, die indische Touristen anziehen würden.

Hans Gasser möchte wissen, warum Inder absolut nicht neugierig auf westliches Essen seien.

Misra antwortet, dass es einfach nicht ihr (der indische) Geschmack sei. Es sei zu wenig gewürzt. Zwar könne er (Hans Gasser) kaum einen Inder mit der berühmten französischen Küche locken, aber das italienische Essen habe schon viele Anhänger. Mexikanische Küche sei scharf und deswegen auch beliebt bei Indern, genauso wie chinesisches Essen.

Hans Gasser stellt fest, dass vor dem Kulturschock in Indien gewarnt werde. Und er fragt, was Inder hier schocke.

Misra erwidert, das Essen sei ungewohnt, genauso wie die Kälte und die Tatsache, dass sich hier junge Paare auf der Straße küssen würden.

5.4 — Seite 133

1. Wenn er ausschließlich mit traditionellen Instrumenten Musik macht, beschimpft man ihn als rückständig.
2. Wenn er mit westlichen Synthesizern und Keyboards experimentiert, schimpfen europäische Kritiker über die mangelnde Authentizität seiner Musik.
3. Wenn er von Hunger und Verzweiflung singt, nennt man ihn einen Dritte-Welt-Sänger.
4. Wenn er fröhliche Musik macht, beschuldigt man ihn, vor der Realität zu flüchten.

Seite 134

1. Wenn er nicht ausschließlich mit traditionellen Instrumenten seiner westafrikanischen Heimat Mali Musik machen würde, würde man ihn dort nicht als rückständig beschimpfen.
2. Würde er nicht mit westlichen Synthesizern und Keyboards experimentieren, würden europäische Kritiker nicht über die mangelnde Authentizität seiner Musik schimpfen.
3. Wenn er nicht von Hunger und Verzweiflung singen würde, würde man ihn nicht einen Dritte-Welt-Sänger nennen.
4. Würde er nicht fröhliche Musik machen, würde man ihn nicht beschuldigen, vor der Realität zu flüchten.
5. Wenn er nicht als Albino geboren worden wäre, würde er nicht in Afrika als Weißer, im Rest der Welt aber natürlich trotzdem als Schwarzer gelten.
6. Salif Keita sagt, dass er also nur Musiker oder Bandit zur Auswahl gehabt habe.
7. Salif Keita: „Andererseits ist es für meine künstlerische Karriere gar nicht so schlecht gewesen, anders zu sein, schließlich werde ich überall sofort wiedererkannt. Meine Popularität nutze ich heute, um die Musikszene in meiner Heimat zu unterstützen."
8. Man sagt zu ihm: „Du flüchtest vor der Realität!"

Kapitel 6 – Willst du nicht oder kannst du nicht?

6.2 — Seite 138–140

1. Man darf hier zwischen 8.00 und 16.00 Uhr keine Fahrzeuge abstellen.
2. Es ist nötig, dass Ausländerkinder und ihre Eltern mit Strafen rechnen, wenn sie nicht fähig/in der Lage sind, gut genug Deutsch zu sprechen.
3. Es wäre sehr schlecht, wenn ein Al-Qaida-Terrorist zum Märtyrer wird.
4. Die Basken fordern ein Mitspracherecht bei der Autonomieregelung. / Die Basken fordern, dass sie bei der Autonomieregelung mitsprechen können/dürfen.
5. Der bayrische Ministerspräsident verlangt, dass verweigerte Integration bestraft wird.
6. Frankreich plant, für die Verhandlungen mit den nächsten EU-Beitrittskandidaten strengere Kriterien einzuführen.
7. Die EU verlangt/fordert, dass die Energiemärkte geöffnet werden müssen.
8. (Die) Koalition plant, Kinder bei Scheidungen besserzustellen.
   Sie (Die Koalition) verlangt, dass der Unterhalt für frühere Ehepartner künftig zweitrangig ist und dass es möglich ist, ihn zu befristen.
9. Das Parlament fordert nach einer Diskussion, dass die Abgeordneten mehr Geld bekommen.
10. Hier kann man keine Fehler erkennen.
11. Es ist nicht nötig, dass man diese umständliche Methode benutzt. / Man braucht nicht diese umständliche Methode zu benutzen. Man kann es auch einfacher machen.
12. Die Regierung will den Rechtsweg bei Einsprüchen von Bürgern gegen große Bauprojekte wie Flughäfen verkürzen.

6.3 — Seite 143

1. Sie ist wahrscheinlich die älteste Frau Deutschlands.
2. Du irrst dich (auf jeden Fall). Es ist ausgeschlossen, dass das Peter war, den du gesehen hast.
3. Dieser Termin ist so wichtig für ihn. Da kommt er bestimmt pünktlich.
4. Obwohl er zu spät losgefahren ist, hat er den Zug vermutlich noch bekommen.
5. Vielleicht hat er versucht, uns anzurufen.

Seite 144

1. Die Nachbarn erzählen, dass er sieben Katzen in seinem Haus hält.
2. Seit einigen Wochen bekommt er nachts Besuch von merkwürdigen Leuten, sagt man/sagen die Nachbarn.
3. Er hat sogar Kontakte zu terroristischen Kreisen, behauptet man.
4. Er ist einfach ein Angeber. Er behauptet, dass er drei Doktortitel hat und schon 20 Bücher veröffentlicht hat.
5. Er behauptet, dass er der Berater des amerikanischen Präsidenten war.

Seite 145

1. Er wird wohl einfach wütend und deshalb so unfreundlich sein.
2. Er wollte von dem Betrug damals nichts gewusst haben.
3. Er soll damals aus Kummer krank geworden sein.
4. Das Klima soll sich verändern.

Teil 1 — Seite 146–147

Das Gericht behauptet, dass der Krankenpfleger 29 Patienten zu Tode gebracht hat.

Es könnte mein ausgeprägter Pragmatismus sein, der mich so weit gebracht hat.

Aidskranke dürfen vermutlich Kondome benutzen.

Im Westen sollen die meisten Menschen Freud besser kennen als Marx.

Nach Meinung der Menschen im Westen sollen die Chinesen traditionell gesehen in ihrer Persönlichkeit introvertierter sein und sich schwerer damit tun, Gefühle auszudrücken.

Messina Denaro soll der brutalste Mafioso der Welt sein und man sagt, dass er neuer Mafia-Boss wird. Es wird auch behauptet, dass er im Laufe seiner Mafia-Karriere 50 Menschen persönlich umgebracht hat. Er selbst behauptet, dass er wichtige Kontakte zu Politik und Wirtschaft hat.

Teil 2 — Seite 147–148

Der Vater dürfte seinem Baby damit das Leben gerettet haben.

Die Süddeutsche Zeitung stellt die Behauptung auf, dass der Premierminister einen Geheimdienstgeneral beauftragt hat, seinen Rivalen auszuspionieren. Der General behauptet, von so einem Auftrag nichts gewusst zu haben. Außerdem berichtet dieselbe Zeitung, dass der Präsident der Republik Geld auf einem geheimen Konto in Japan deponiert hat. Der Präsident selbst bezeichnet dies alles als Gerüchte.

1. Wahrscheinlich wird die Stärke der Wirbelstürme wachsen und es wird mehr Niederschläge geben.
2. Die Stärke der Wirbelstürme dürfte/wird wohl wachsen und es dürfte/wird wohl mehr Niederschläge geben.

Möglicherweise (vielleicht) vergrößern sich zukünftig die Entstehungsgebiete tropischer Wirbelstürme durch die zunehmende Erwärmung der Weltmeere.

Die Mehrheit der amerikanischen Klimaexperten behauptet, dass sie bis jetzt keinen Zusammenhang zwischen den starken Wirbelstürmen und dem Klimawandel festgestellt hat.

6.4 — Seite 151–152

1. „Naja, wenn man einige Politiker-Äußerungen aus den vergangenen Wochen ernst nimmt, wäre zu vermuten, dass Sie nicht mal Deutsch sprechen können.
2. Aber ich war von Anfang an gezwungen, Deutsch zu sprechen. (...). Ich bin deshalb gar nicht in der Lage/fähig, Türkisch zu sprechen. Und weil Aramäisch nicht besonders verbreitet ist, musste ich mich von Anfang an auf Deutsch verständigen.
3. Das kann man nur schwer sagen. Es könnte daran liegen, dass sie nicht besonders streng mit mir waren. Sie haben mir immer erlaubt, nach draußen zu gehen und zu machen, wozu ich Lust hatte, mich zu treffen, mit wem ich Lust hatte.
4. Vielleicht würde ich gerne später Lehrer werden. So wäre es möglich, die Fächer zu vereinbaren, die mich am meisten interessieren, Geschichte und Biologie. Und ich meine, es wäre nötig, dass es hier mehr ausländische Lehrer gibt.
5. Weil viele ausländische Eltern sich nicht gut mit den Lehrern verständigen können. (...). Ich zum Beispiel wäre doch viel besser als jeder Deutsche in der Lage, zu verstehen, was die meisten Aramäer für ein Wertesystem haben.
6. Der Klassenlehrer hatte aber die Absicht, ihn mit fadenscheinigen Gründen auf die Hauptschule zu schicken. Ich glaube, viele denken, dass Kinder von Ausländern sowieso nichts können.

Teil II

Kapitel 2 - Täter oder Opfer? (Lösungen ab Seite 43)

Abschlusstest - Passiv

Bitte setzen Sie diese Sätze **vom Aktiv ins Passiv oder umgekehrt - wenn möglich**. Falls ein Passiv nicht möglich ist, begründen Sie bitte kurz, warum.

1. Nach den Nachrichten gibt man im Radio die Staumeldungen durch.

   →

2. Sie kennen ihn schon viele Jahre.

   →

3. Letztes Jahr wurde die neue Straße vom Oberbürgermeister feierlich eröffnet.

   →

4. Früher verwendete man hauptsächlich Holz und Kohle zum Heizen.

   →

5. Die Lügen haben ihnen nichts genützt.

   →

6. Darüber kann man später ausführlich mit den Teilnehmern diskutieren.

   →

7. Trotz der neuen Autobahngebühren benutzen leider immer noch sehr viele Lkws die Autobahnen.

   →

8. Diese Entscheidung werden die Leute nicht akzeptieren.

   →

9. Warum ist das nicht gründlicher überprüft worden?

   →

10. Wen hätten wir denn noch zu dem Thema befragen sollen?

   →

Abschlusstest zu den Passiversatzformen

1. Adjektive mit *-bar* und *-lich*

Bilden Sie aus diesen Sätzen Passivsätze.

1. Diese Aufgaben sind in der knappen Zeit nicht lösbar.

   →

2. Seine Formulierungen waren leicht missverständlich.

   →

3. Diese Lösung ist nicht akzeptabel.

   →

4. Der Vertrag ist unkündbar.

   →

Erklären Sie bitte in einem Relativsatz

5. unerträglicher Lärm = Lärm, der ...
6. ein unnachahmlicher Künstler = ein Künstler, der ...
7. ein unentschuldbarer Fehler = ein Fehler, der...

2. *sein* + *zu* + Inf.

Bilden Sie aus diesen Sätzen Passivsätze. (**Achtung:** In einem der Passivsätze heißt das Modalverb „dürfen")

1. Die Schmerzen sind kaum zu ertragen.

   →

2. Die Beantwortung dieser Fragen ist dem Fachmann zu überlassen.

   →

3. Zum Jahreswechsel sind zahlreiche Neujahrskarten zu schreiben.

   →

4. Der Feuerlöscher ist nur im Notfall zu verwenden.

   →

3. *sich lassen*

Bitte formulieren Sie die folgenden Sätze mit „sich lassen".

1. Diese Uhr ist wirklich nicht mehr zu reparieren.

   →

2. Ihr Text konnte ohne große Anstrengungen verbessert werden.

   →

3. Das Wahlergebnis kann erst in vier Jahren korrigiert werden.

   →

4. reflexive Verben

Welche Bedeutung haben die reflexiven Verben hier? Bitte formulieren Sie jeweils zwei Alternativen: eine mit „man“ + Modalverb und eine weitere mit „sich lassen“.

1. Eine Lösung des Problems findet sich sicher bald.
   →

2. In diesen Sesseln sitzt es sich bequem.
   →

3. Auf dieser Bahn läuft es sich ausgezeichnet.
   →

5. *es gilt / es heißt*

Bilden Sie aus diesen Sätzen Passivsätze.

1. In Ostdeutschland heißt es vor allem, Arbeitsplätze zu schaffen.
   →

2. Es gilt auch, die Infrastruktur auszubauen.
   →

3. Die Landwirtschaft gilt es zu modernisieren.
   →

6. Funktionsverbgefüge (Nomen-Verb-Verbindungen) mit passiver Bedeutung

Unterstreichen Sie bitte die Funktionsverbgefüge und bilden Sie aus diesen Sätzen Passivsätze.

1. Der Flüchtling hat fürs erste in einem Wohnheim Aufnahme gefunden.
   →

2. Bei der Nominalisierung kommen ganz feste Regeln zur Anwendung.
   →

3. Dieses Gesetz hat im Parlament keine Zustimmung gefunden.
   →

4. Es stieß bei der Mehrheit der Abgeordneten auf Ablehnung.
   →

5. Lebensmittel unterliegen einer strengen Kontrolle.
   →

Kapitel 3 – Links oder rechts?

Abschlusstest: Umwandlung von Partizipialattributen

1. Bitte bilden Sie Relativsätze.

1. die zu bewältigenden Schwierigkeiten	2. der von allen erwartete Erfolg
→ *die Schwierigkeiten, die …*	→
3. die auf die Bedienung wartenden Kunden	4. der von mir angerufene Freund
→	→
5. die schon lange abgesperrte Straße	6. die nicht zu bremsende Aktion
→	→
7. die schon lange erprobten Methoden	8. der zur Hilfe verpflichtete Arzt
→	→
9. das beide Apparate verbindende Kabel	10. der von mehreren Bienen gestochene Radfahrer
→	→

2. Bitte unterstreichen Sie die Partizipialattribute und bilden Sie dann Relativsätze.

1. Man kann von diesem häufig von Touristen fotografierten Gebäude auch Postkarten kaufen.
   →

2. Die innerhalb von zwei Tagen zu korrigierenden Arbeiten lagen auf dem Schreibtisch.
   →

3. Die von diesem Künstler im letzten Jahrhundert geschaffenen Werke sind sehr kostbar.
   →

4. Das mit einem 0:0 endende Spiel war leider sehr langweilig.
   →

5. Der von seinem Staatssekretär vertretene Minister ist schwer krank.
   →

6. Sein Ärger über das jetzt schon so oft verschobene Treffen war groß.
   →

3. Bitte bilden Sie aus den Relativsätzen Partizipialattribute.

1. Das Versteck, das von den Kindern verraten worden war, konnte sofort gefunden werden.
   →

2. Die Ansprache des Präsidenten, die heute Morgen im Radio übertragen wurde, dauerte eine Stunde.
   →

3. Die Menschenmenge, die seit Stunden laut schrie, forderte seinen Rücktritt.
   →

4. Der Arzt verschrieb ihm Medikamente, die regelmäßig eingenommen werden mussten.
   →

5. Bis zum Jahr 2018 soll der Kohlebergbau in Deutschland, der mithilfe hoher Subventionen betrieben wird, beendet werden.
   →

Kapitel 4 – Möchten Sie es lieber ausführlich?

Abschlusstest 1: Verbalisierung und Nominalisierung von Ergänzungen

Bitte verbalisieren bzw. nominalisieren Sie die Ergänzungen.

1. Macht und Reichtum der frühen Hochkulturen beruhten auf dem guten Funktionieren ihrer komplizierten Bewässerungssysteme.
   →

2. Der Anstieg der Einwohnerzahlen in den Städten führte dazu, dass es Probleme mit der Wasserversorgung gab.
   →

3. Die Bewohner deutscher Städte interessierten sich bis zum Ende des Mittelalters nicht für den Bau von Bewässerungsanlagen.
   →

4. Es blieb bis weit ins 19. Jahrhundert hinein ein Problem, das Abwasser zu beseitigen.
   →

5. Die unhygienischen Verhältnisse hatten zur Folge, dass schwerste Infektionskrankheiten auftraten.
   →

6. Damals verstand man den Zusammenhang zwischen Schmutz und Krankheit noch nicht.
   →

7. Die Stadtverwaltungen kümmerten sich kaum um die Versorgung der Stadt mit sauberem Wasser.
   →

Abschlusstest 2: Verbalisierung und Nominalisierung von Angaben

1. Bitte verbalisieren Sie:

1. zur Überprüfung der Rechenergebnisse
   →
2. nur wenn moderne Operationstechniken angewendet werden
   → *nur ...*
3. wegen der anhaltenden Trockenheit
   →
4. obwohl ein Fachwörterbuch benutzt wurde
   →
5. selbst bei Berücksichtigung aller Einzelinteressen
   → *selbst ...*
6. als man die neue Autobahntrasse baute
   →
7. nach monatelangem Warten auf das Visum
   →
8. bevor das neue Programm installiert wird
   →
9. bis zur Überwindung der gegenwärtigen politischen Krise
   →
10. indem man die Quellen gründlich studiert
    →

2. Bitte formen Sie die Sätze um.

Nominalisierte Form	**Verbalisierte Form**
Die Kommission machte bei der Bearbeitung der neuen Gesetzesvorlage zahlreiche Vorschläge.	
	Obwohl man die Vorgänge genau untersuchte, fand man bisher keine Erklärung für den massenhaften Missbrauch von Einreisevisa.
Auch nach dem Schuldenerlass für die afrikanischen Länder verringern sich die Probleme des Kontinents kaum.	
	Um den Nahverkehr nach dem Bombenattentat aufrechtzuerhalten, waren starke Polizeikontrollen nötig.
Eine Verminderung der Feinstaubbelastung erreicht man vor allem durch den Einbau von Filtern in Fahrzeuge mit Dieselmotor.	
	Weil es extrem trocken war, kam es auch in diesem Sommer wieder zu zahlreichen Waldbränden.

Abschlusstest: Konjunktiv II

Bitte formen Sie die Sätze in der angegebenen Weise um.

Indikativ → Konjunktiv II – Wunschsätze (immer 2 Varianten)

1. Ich verstehe diesen ganzen Konjunktiv II nicht.
   →
   →
2. Leider konnte ich zu deinem Fest nicht kommen.
   →
   →
3. Ich habe schon wieder so viele deutsche Wörter vergessen.
   →
   →

Indikativ → Konjunktiv II – irreale Vergleichssätze (immer 2 Varianten)

4. Viele Schulkinder wirken ausgeschlafen. (Sie sind aber unausgeschlafen.)
   → Sie sehen so aus, …
   → Sie sehen so aus, …
5. Der Test schien fehlerlos zu sein. (Es gab aber Fehler darin.)
   → Es schien so, …
   → Es schien so, …

Indikativ → Konjunktiv II – irreale Folgesätze

6. Die Aufgabe ist so schwer, dass man sie nicht lösen kann.
   →
7. Es war so kalt, dass man nicht spazieren gehen konnte.
   →

Indikativ → Konjunktiv II – irreale Bedingungssätze (immer 2 Varianten)

8. Man benutzt eine Fremdsprache selten. Deshalb vergisst man den Wortschatz schnell wieder.
   → Wenn man …
   →
9. Mein Freund hat mir bei der Vorbereitung auf die DSH geholfen. Deshalb habe ich sie bestanden.
   → Wenn …
   →
10. Das Thema des Vortrags war uninteressant. Deswegen verließen viele Zuhörer den Saal.
   → Wenn …
   →

Lösungen: Abschlusstest – Passiv Seite 36

1. Nach den Nachrichten werden im Radio die Staumeldungen durchgegeben.
2. kein Passiv, Subjekt ist kein Agens
3. Letztes Jahr eröffnete der Oberbürgermeister feierlich die Straße.
4. Früher wurden hauptsächlich Holz und Kohle zum Heizen verwendet.
5. kein Passiv, Subjekt ist kein Agens
6. Darüber kann später ausführlich mit den Teilnehmern diskutiert werden.
7. Trotz der neuen Autobahngebühren werden die Autobahnen immer noch von sehr vielen Lkws benutzt.
8. Diese Entscheidung wird nicht akzeptiert werden.
9. Warum hat man das nicht gründlicher überprüft?
10. Wer hätte denn noch zu dem Thema befragt werden sollen?

Lösungen: Abschlusstest zu den Passiversatzformen — Seite 37–38

1. Adjektive *mit -bar* und *-lich*
1. Diese Aufgaben können in der knappen Zeit nicht gelöst werden.
2. Seine Formulierungen konnten leicht missverstanden werden.
3. Diese Lösung kann nicht akzeptiert werden.
4. Der Vertrag kann nicht gekündigt werden.
5. Lärm, der nicht ertragen werden kann
6. ein Künstler, der nicht nachgeahmt werden kann
7. ein Fehler, der nicht entschuldigt werden kann

2. *sein + zu* + Inf.
1. Die Schmerzen können kaum ertragen werden.
2. Die Beantwortung dieser Fragen muss dem Fachmann überlassen werden.
3. Zum Jahreswechsel müssen zahlreiche Neujahrskarten geschrieben werden.
4. Der Feuerlöscher darf nur im Notfall verwendet werden.

3. *sich lassen*
1. Diese Uhr lässt sich wirklich nicht mehr reparieren.
2. Ihr Text ließ sich ohne große Anstrengungen verbessern.
3. Das Wahlergebnis lässt sich erst in vier Jahren korrigieren.

4. *reflexive Verben*
1. Eine Lösung des Problems kann man sicher bald finden.
   Eine Lösung des Problems lässt sich sicher bald finden.
2. In diesen Sesseln kann man bequem sitzen.
   In diesen Sesseln lässt es sich bequem sitzen.
3. Auf dieser Bahn kann man ausgezeichnet laufen.
   Auf dieser Bahn lässt es sich ausgezeichnet laufen.

5. *es gilt / es heißt*
1. In Ostdeutschland müssen vor allem Arbeitsplätze geschaffen werden.
2. Die Infrastruktur muss/sollte auch ausgebaut werden.
3. Die Landwirtschaft muss modernisiert werden.

6. *Funktionsverbgefüge (Nomen-Verb-Verbindungen) mit passiver Bedeutung*
1. Der Flüchtling <u>hat</u> fürs erste in einem Wohnheim <u>Aufnahme gefunden</u>.
   Der Flüchtling ist fürs erste in einem Wohnheim aufgenommen worden.
2. Bei der Nominalisierung <u>kommen</u> ganz feste Regeln <u>zur Anwendung</u>.
   Bei der Nominalisierung werden ganz feste Regeln angewendet.

3. Dieses Gesetz hat im Parlament keine Zustimmung gefunden.
   Diesem Gesetz wurde im Parlament nicht zugestimmt.
4. Es stieß bei der Mehrheit der Abgeordneten auf Ablehnung.
   Es wurde von der Mehrheit der Abgeordneten abgelehnt.
5. Lebensmittel unterliegen einer strengen Kontrolle.
   Lebensmittel werden streng kontrolliert.

Lösungen: Abschlusstest zu den Partizipialattributen — Seite 39–40

1.

1. die Schwierigkeiten, die zu bewältigen sind
   , die bewältigt werden müssen
2. der Erfolg, der von allen erwartet wurde/worden ist
3. die Kunden, die auf Bedienung warten
4. der Freund, der von mir angerufen wurde/worden ist
5. die Straße, die schon lange abgesperrt ist
6. die Aktion, die nicht zu bremsen ist
   , die nicht gebremst werden kann
7. die Methoden, die schon lange erprobt sind
8. der Arzt, der zur Hilfe verpflichtet ist
9. das Kabel, das beide Apparate verbindet
10. der Radfahrer, der von mehreren Bienen gestochen wurde/worden ist

2.

1. Man kann von diesem Gebäude, das häufig von Touristen fotografiert wird, auch Postkarten kaufen.
2. die Arbeiten, die innerhalb von zwei Tagen zu korrigieren waren, lagen auf dem Schreibtisch. / …, die innerhalb von zwei Tagen korrigiert werden mussten,
3. Die Werke, die von diesem Künstler im letzten Jahrhundert geschaffen wurden, sind sehr kostbar.
4. Das Spiel, das mit einem 0:0 endete, war leider sehr langweilig.
5. Der Minister, der von seinem Staatssekretär vertreten wird/wurde, ist sehr krank.
6. Sein Ärger über das Treffen, das jetzt schon so oft verschoben worden war/wurde, war sehr groß.

3.

1. Das von den Kindern verratene Versteck konnte sofort gefunden werden.
2. Die heute morgen im Radio übertragene Ansprache des Präsidenten dauerte eine Stunde.
3. Die seit Stunden laut schreiende Menschenmenge forderte seinen Rücktritt.
4. Der Arzt verschrieb ihm regelmäßig einzunehmende Medikamente.
5. Bis zum Jahr 2018 soll der mithilfe hoher Subventionen betriebene Kohlebergbau in Deutschland beendet werden.

Lösungen zum Abschlusstest 1: Nominalisierung und Verbaliserung von Ergänzungen — Seite 41

1. Macht und Reichtum der frühen Hochkulturen beruhten darauf, dass ihre komplizierten Bewässerungssysteme gut funktionierten.
2. Dass die Bevölkerungszahlen anstiegen, führte zu Problemen mit der Wasserversorgung. Es führte zu Problemen mit der Wasserversorgung, dass die Bevölkerungszahlen anstiegen.
3. Die Bewohner deutscher Städte interessierten sich bis zum Ende des Mittelalters nicht dafür, Bewässerungsanlagen zu bauen. / ob Bewässerungsanlagen gebaut wurden.
4. Die Beseitigung des Abwassers blieb bis weit ins 19. Jahrhundert hinein ein Problem.
5. Die unhygienischen Verhältnisse hatten das Auftreten schwerster Infektionskrankheiten zur Folge.
6. Damals verstand man noch nicht, dass es einen Zusammenhang zwischen Schmutz und Krankheit gibt. / welchen Zusammenhang es zwischen Schmutz und Krankheit gibt. / dass Schmutz und Krankheit zusammenhängen.
7. Die Stadtverwaltungen kümmerten sich kaum darum, dass die Stadt mit sauberem Wasser versorgt wurde / die Stadt mit sauberem Wasser zu versorgen.

Lösungen zum Abschlusstest 2: Nominalisierung und Verbaliserung von Angaben — Seite 42

1.

1. um die Rechenergebnisse zu überprüfen
2. nur bei Anwendung moderner Operationstechniken
3. weil die Trockenheit anhält
4. trotz der Benutzung eines Fachwörterbuchs
5. selbst wenn man alle Einzelinteressen berücksichtigt
6. beim Bau der neuen Autobahntrasse
7. nachdem man/er monatelang auf das Visums gewartet hatte
8. vor der Installation des neuen Programms
9. bis die gegenwärtige politische Krise überwunden ist/wird
10. durch gründliches Studium der Quellen/Quellenstudium

2.

1. Die Kommission machte zahlreiche Vorschläge, als sie die neue Gesetzesvorlage bearbeitete.
2. Trotz genauer Untersuchung der Vorgänge fand man bisher keine Erklärung für den massenhaften Missbrauch von Einreisevisa.
3. Auch nachdem den afrikanischen Ländern die Schulden erlassen wurden/worden sind, verringern sich die Probleme des Kontinents kaum.
4. Zur Aufrechterhaltung des Nahverkehrs nach dem Bombenattentat waren starke Polizeikontrollen nötig.
5. Eine Verminderung der Feinstaubbelastung erreicht man vor allem dadurch, dass/indem man Filter in Fahrzeuge mit Dieselmotor einbaut.
6. Wegen der extremen Trockenheit kam es auch in diesem Sommer wieder zu zahlreichen Waldbränden.

Lösungen zum Abschlusstest - Konjunktiv **Seite 43**

1. Wenn ich diesen ganzen Konjunktiv II doch verstehen würde/verstünde!
   Würde ich doch diesen ganzen Konjunktiv II verstehen! / Verstünde ich doch ...
2. Wenn ich doch zu deinem Fest hätte kommen können!
   Hätte ich doch zu deinem Fest kommen können!
3. Wenn ich doch nicht schon wieder so viele deutsche Wörter vergessen hätte!
   Hätte ich doch nicht schon wieder so viele deutsche Wörter vergessen!
4. Sie sehen so aus, als ob sie ausgeschlafen wären.
   Sie sehen so aus, als wären sie ausgeschlafen.
5. Es schien so, als ob der Test fehlerlos wäre.
   Es schien so, als wäre der Test fehlerlos.
6. Die Aufgabe ist zu schwer, als dass man sie lösen könnte.
7. Es war zu kalt, als dass man hätte spazieren gehen können.
8. Wenn man eine Fremdsprache öfter benutzen würde, würde man den Wortschatz nicht so schnell wieder vergessen.
   Würde man eine Fremdsprache öfter benutzen, würde man den Wortschatz nicht so schnell wieder vergessen.
9. Wenn mein Freund mir nicht bei der Vorbereitung auf die DSH geholfen hätte, hätte ich sie nicht bestanden.
   Hätte mein Freund mir nicht bei der Vorbereitung auf die DSH geholfen, hätte ich sie nicht bestanden.
10. Wenn das Thema des Vortrags interessant gewesen wäre, hätten nicht so viele Zuhörer den Saal verlassen.
    Wäre das Thema des Vortrags interessant gewesen, hätten nicht so viele Zuhörer den Saal verlassen.

Zusätzlicher Text mit Aufgaben zum Passiv

Die Herkunft der Brille

Ein Rückblick auf die Anfänge der Lesehilfen

Die Brille ist heute ein Hilfsmittel, das uns unentbehrlich erscheint. Sie ist zu einem selbstverständlichen Gebrauchsgegenstand geworden und man kann sich gar nicht mehr vorstellen, dass es Zeiten gab, in denen die Menschen ohne sie durchs Leben zogen. Die Sehkraft zu verlieren, war in früheren Zeiten für die meisten Menschen eine Katastrophe.
So klagte Cicero, der berühmte römische Politiker und Redner (106–43 vor Christus) in einem Brief darüber, dass seine Sehkraft abnehme. Leider gab es zu seiner Zeit noch keine Sehhilfen, aber als reicher römischer Bürger wusste er sich doch zu helfen: Er ließ sich von einem Sklaven vorlesen. Wäre er arm gewesen, hätte das wohl Hunger und Armut bedeutet.
Zu Ciceros Zeiten gab es zwar geschliffene Glaskugeln und mit Wasser gefüllte Gläser, die Vergrößerungseffekte hatten, sie wurden aber nicht als Lesehilfen eingesetzt.
Erst mehr als 1000 Jahre später befasste man sich wissenschaftlich mit diesem Problem. Der arabische Wissenschaftler Ibn al-Haitam (965 bis 1039 nach Christus) veröffentlichte ein Buch unter dem Titel „Schatz der Optik", in dem er die Idee entwickelte, optische Linsen so zu schleifen, dass sie das Auge unterstützen.
Westeuropäische Mönche griffen im 13. Jahrhundert diese Idee auf und schliffen Linsen so, dass sie die Schrift vergrößern konnten. Als Material verwendeten sie verschiedene durchsichtige Steine wie Quarz, Bergkristall oder Beryll. Das, was da entstand, war natürlich kein Brillenglas, so wie wir es kennen, sondern eben ein geschliffener Stein, ein Lesestein. So ein Lesestein wurde „Brill" genannt – nach dem Material, aus dem er gemacht wurde, nach dem Edelstein Beryll. Bald schon erkannte man jedoch, dass es wesentlich praktischer war, wenn man die Steine flacher schliff und sie näher an das Auge brachte. So wurden mit der Zeit richtige Linsen daraus, die man in einen dicken Ring aus Eisen oder Holz steckte. Diese erste Brillenform musste noch mühsam auf der Nase festgehalten werden, damit sie nicht herunterfiel ...

Quelle: Südd. Zeitung, Nr 77, vom 5.4.2005 – stark verändert

Wortschatz

Bitte schlagen Sie die fehlenden Wörter im deutsch-deutschen Wörterbuch nach.

e Sehkraft	
Sehhilfen / Lesehilfen	*geschliffene Gläser, die beim Sehen / Lesen helfen, z. B. Brille*
schleifen, schliff, geschliffen	
e Linse → optische Linsen	
Quarz, Bergkristall oder Beryll	*Arten / Namen von Steinen / Edelsteinen*

Aufgaben zum Text

Passiv → Aktiv

1. Zu Ciceros Zeiten gab es zwar geschliffene Glaskugeln, sie wurden aber nicht als Lesehilfen eingesetzt.
   →

2. So ein Lesestein wurde „Brill" genannt – nach dem Material, aus dem er gemacht wurde, nach dem Edelstein Beryll.
   →

3. Diese erste Brillenform musste noch mühsam auf der Nase festgehalten werden, damit sie nicht herunterfiel.
→

Aktiv → Passiv

4. Optische Linsen unterstützen das Auge.
→

5. Westeuropäische Mönche griffen im 13. Jahrhundert diese Idee auf und schliffen Linsen so, dass sie die Schrift vergrößern konnten.
→

6. Als Material verwendeten sie verschiedene durchsichtige Steine wie Quarz, Bergkristall oder Beryll.
→

Zusätzlicher Text mit Aufgaben zu den Partizipialattributen

Venezuelas alte Kakaoplantagen

Das Dorf Chuao im Herzen Venezuelas kennt heute kaum noch jemand. Das war nicht immer so, denn es gab eine Zeit, in der dort der beste Kakao der Welt hergestellt wurde. Davon merkt man heute nicht mehr viel: Es gibt keine Straße dorthin. Das Dorf Chuao erreicht man zu Fuß vom Strand aus und zum Strand von Chuao kommt man mit dem Boot. Diese mühsame Reise machen noch nicht viele Touristen, doch die Bewohner von Chuao sind wohl ganz zufrieden damit, wie es ist.
Zu Kolonialzeiten schufteten von den spanischen Eroberern dort angesiedelte afrikanische Sklaven auf den Kakaoplantagen. Die Nachfahren arbeiten hier immer noch. Allerdings plagen sie sich nicht mehr unter fremder Herrschaft, sondern das schwarze Gold gehört ihnen: Die einstige Plantagenbesitzerin hat die gesamte Kakaoplantage an ihre negros verschenkt. Seither bearbeitet das auf 3000 Einwohner angewachsene Dorf Chuao die Plantage gemeinschaftlich.
Chuao ist ein hübsches, einfaches Dörfchen mit zwei sauber gepflasterten Hauptstraßen, die sich in den saftigen Hügeln verlieren. Der mit großen flachen Steinen belegte Platz neben der Kirche dient der Gemeinschaft zum Trocknen der Kakaobohnen.
Ein Stückchen weiter westlich von Chuao liegt Cepe. Auch dieses Stranddorf, das nur per Schiff angesteuert werden kann, hat eine Kakaoplantage. In die aus Tropenholz bestehenden Türrahmen der Häuser sind häufig kunstvoll gestaltete Kakaobohnen eingeritzt. Die am Flüsschen liegenden Häuser haben Terrassen, die von Holzsäulen gestützt werden. Ein kleiner tropischer Traum aus der Kolonialzeit ist dieser Ort.
Schöne Strände und zu eleganten Hotelbetrieben umfunktionierte Kakaoplantagen sind nicht alles, was dieser Teil Venezuelas Touristen zu bieten hat. Auch der älteste Nationalpark des Landes, der die tropische Flora und Fauna dieser unberührten Gegend schützt, liegt hier ...

Text von Susanne Asal aus: Süddt. Zeitung, Nr. 283, 8.12.2005, stark verändert und gekürzt

Wortschatz

schuften	schwer arbeiten
e Plantage, -n	eine größere Anpflanzung z.B. von Kakao, Bananen, Tabak, Baumwolle usw.
e Flora und (e) Fauna	e Pflanzen- und Tierwelt

Aufgaben zum Text

Bitte formen Sie das Partizipialattribut in einen Relativsatz um.

1. Zu Kolonialzeiten schufteten von den spanischen Eroberern dort angesiedelte afrikanische Sklaven auf den Kakaoplantagen.
   →

2. Seither bearbeitet das auf 3000 Einwohner angewachsene Dorf Chuao die Plantage gemeinschaftlich.
   →

3. Der mit großen flachen Steinen belegte Platz neben der Kirche dient zum Trocknen der Kakaobohnen.
   →

4. In die aus Tropenholz bestehenden Türrahmen der Häuser sind häufig kunstvoll gestaltete Kakaobohnen eingeritzt. Die am Flüsschen liegenden Häuser haben Terrassen.
   →

5. Hier befindet sich der attraktivste Strand des Landes, die von Palmen eingerahmte Playa Grande.
   →

6. Vor allem in den modern umgebauten Kolonialhäusern wohnt man schön.
   →

7. Schöne Strände und zu eleganten Hotelbetrieben umfunktionierte Kakaoplantagen sind nicht alles, was dieser Teil Venezuelas Touristen zu bieten hat.
   →

Bitte formen Sie den Relativsatz in ein Partizipialattribut um.

8. Chuao ist ein hübsches, einfaches Dörfchen mit zwei sauber gepflasterten Hauptstraßen, die sich in den saftigen Hügeln verlieren.
   →

9. Auch dieses Stranddorf, das nur per Schiff angesteuert werden kann, hat eine Kakaoplantage.
   →

10. Die Häuser haben Terrassen, die von Holzsäulen gestützt werden.
    →

11. Auch der älteste Nationalpark des Landes, der die tropische Flora und Fauna dieser unberührten Gegend schützt, liegt hier …
    →

Zusätzlicher Text mit Aufgaben zur Nominalisierung und Verbaliserung

Sand im Getreide

Wie die Ernährung im Mittelalter die Zähne vor Karies schützte

Im frühen Mittelalter pflegten die Menschen ihre Zähne nicht mit der Zahnbürste, sondern mit dem Essen – und konnten auf diese Weise Karies verhindern. Das hat der Zahnmediziner Wolfgang Arnold von der Universität Witten/Herdecke festgestellt, als er die Überreste von Menschen untersuchte, die zwischen dem 5. und 9. Jahrhundert auf Grabfeldern bei Charkow in der Ukraine beigesetzt worden waren. Kein einziger Zahn war von Karies befallen. Weil Archäologen in der Gegend auch Kochgeschirr aus dem frühen Mittelalter fanden, ließ sich rekonstruieren, wie die Menschen sich damals ernährten. Es gab zwei Gruppen von Essern: Die Steppenbewohner aßen vor allem grob gemahlenes Getreide, die Menschen im Wald vor allem Fisch und Fleisch. Beides half offenbar gegen Karies.

Nach Ansicht des Zahnmediziners Arnold beugten die Waldbewohner Karies vor, indem sie kaum Kohlenhydrate aßen. Denn diese enthalten Zuckermoleküle und bieten Bakterien einen Nährboden. Die Steppenbewohner haben offenbar Getreide in Mühlen aus Sandstein gemahlen, sodass es sehr grobkörnig und sandig blieb. Die Zähne dieser Menschen seien daher zwar sehr abgekaut gewesen, aber das grobe Mehl hatte einen günstigen Nebeneffekt: Es bürstete die Zähne beim Essen gleich wieder sauber, sodass den Kariesbakterien der Nährboden entzogen wurde. Außerdem bildet sich bei grob gemahlenem Getreide Zucker erst im Verdauungstrakt. Der Mund bleibt also frei von bakterienfreundlichem Zucker.

Diese Effekte bleiben heute aus: „Wir müssen ja gar nicht mehr richtig kauen“, sagt Arnold. „Dafür essen wir zu viel Fast Food und Tiefkühlkost.“ Wer seine Zähne wie die Menschen aus Wald und Steppe gleich beim Essen pflegen will, sollte weniger „Totgekochtes“ und mehr Rohkost essen. Arnold warnt jedoch: Als Ersatz fürs Zähneputzen sei das rohe Gemüse nicht geeignet.

Susanne Schäfer

Text aus: Süddt. Zeitung, Nr. 188, 17.8.2005

Wortschatz

Bitte bearbeiten Sie den Wortschatz mit dem deutsch-deutschen Wörterbuch

Karies	
jmdn. beisetzen	
befallen sein von (einer Krankheit)	
etw. rekonstruieren	
e Steppe, -n	
grob mahlen (Akk.) = grob gemahlen	
s Getreide	
entziehen (Dat. und Akk.)	
r Verdauungstrakt	
e Rohkost	rohes Gemüse als Salat angerichtet

Aufgaben zum Text

1. Im frühen Mittelalter pflegten die Menschen ihre Gebisse nicht mit der Zahnbürste, sondern mit dem Essen. (bitte umformulieren)
   → Im frühen Mittelalter pflegten die Menschen ihre Gebisse nicht mit der Zahnbürste. *Stattdessen …*

2. Weil Archäologen in der Gegend auch Kochgeschirr aus dem frühen Mittelalter fanden, ließ sich rekonstruieren, wie die Menschen sich damals ernährten. (bitte konsekutiv umformulieren mit „deshalb")
   →

3. Es ließ sich rekonstruieren, wie die Menschen sich damals ernährten. (bitte nominalisieren)
   →

4. Die Waldbewohner beugten Karies vor, indem sie kaum Kohlenhydrate aßen. (bitte umformulieren mit „dadurch")
   →

5. Außerdem bildet sich bei grob gemahlenem Getreide Zucker erst im Verdauungstrakt. Der Mund bleibt also frei von bakterienfreundlichem Zucker. (bitte kausal umformulieren mit „weil")
   →

Zusätzlicher Text mit Aufgaben zum Konjunkiv I und II

Gute Noten im Schlaf

Wie Kinder und Jugendliche in der Schule abschneiden, entscheidet sich nicht nur im Unterricht – sondern auch im Bett.

„Alle schlafen, einer spricht, das Ganze nennt man Unterricht" – diesen Schülerspruch bestätigt die moderne Schlafforschung. Die Forscher kritisieren allerdings weniger die langweiligen Reden der Lehrer, sondern in erster Linie die Anfangszeiten des Unterrichts. „Acht Uhr ist einfach zu früh", sagt der Münchner Biologe Till Roenneberg. „Wir hätten besser in der Pisa-Studie abgeschnitten, wenn die Schule für Jugendliche um neun Uhr beginnen würde." Denn deren Leistungsfähigkeit ist morgens um acht Uhr so niedrig wie um Mitternacht. Bei vergleichbaren Aufgaben schneiden Schüler in der dritten oder vierten Schulstunde viel besser ab als in der ersten. Teenager trifft es besonders hart: Sie können abends vor elf Uhr kaum einschlafen, brauchen aber mehr Schlaf als ihre jüngeren oder älteren Geschwister, nämlich etwa neun Stunden. Verantwortlich sind die Hormone. So setzt z.B. die Produktion von Melatonin, dem sogenannten Schlafhormon, in diesem Alter wesentlich später am Abend ein und dauert am Morgen auch länger an.

Schlaf spielt auch eine zentrale Rolle, wenn es darum geht, das Gelernte zu verarbeiten. Die Noten von Sechstklässlern sind umso schlechter, je weniger die Jugendlichen schlafen, zeigte der Psychologe Jean Rhodos von der University of Massachussetts in Boston.

Sein Kollege Robert Stickgold vom Massachusetts Institute of Technology, konnte sogar nachweisen, welche Rolle die Schlafphasen beim Lernen spielen: Für das visuelle Gedächtnis scheinen die Schlafphasen 1 und 2 im ersten Viertel der Nacht entscheidend zu sein sowie der REM-Schlaf im letzten Viertel.

Bewegungen prägt sich das Gehirn eher während der Non-REM-Phasen im letzten Viertel des Schlafs ein. Alles Lernen und Üben bringt also wenig, wenn es nicht von ausreichenden Ruhezeiten begleitet ist. Ruhe bekommen die Jugendlichen im Zeitalter von Handy und Internet jedoch immer weniger, wie Studien aus England und Amerika zeigen. Für den britischen Schlafforscher Jim Horne gibt es deshalb keinen Zweifel: „Fernseher und Computer haben im Kinderzimmer nichts zu suchen."

Text leicht verändert aus: SZ Wissen, 6/2005

Wortschatz

Bitte ergänzen Sie die fehlenden Erklärungen.

e Leistungsfähigkeit	die Fähigkeit, ...
(s) Melatonin	körpereigenes Hormon, das unseren Schlaf beeinflusst
Sechstklässler	Kinder, die ...
nachweisen (Akk.)	
das visuelle Gedächtnis	speichert Bilder und Eindrücke, die die Augen aufgenommen haben
r REM-Schlaf	Schlafphasen, in denen man träumt und sich die Augen schnell bewegen (Rapid Eye Movement)
sich einprägen (Akk.)	sich etw. gut merken, etw. im Gedächtnis speichern

Aufgaben zum Text

Indikativ → Konjunktiv II

1. Viele Tests werden in der ersten Stunde geschrieben. Deshalb schneiden viele Schüler schlechter ab.

   → Wenn viele Tests _________ in der ersten Stunde …

2. Die Noten von Sechstklässlern sind umso schlechter, je weniger sie schlafen.

   → Wenn die Sechstklässler …

Konjunktiv II → Indikativ

3. Wir hätten besser in der Pisa-Studie abgeschnitten, wenn die Schule für Jugendliche um neun Uhr beginnen würde.

   → Die Schule …

   Deshalb …

4. Wenn nicht so viele Jugendlichen Computer und Fernseher in ihrem Kinderzimmer hätten, bekämen sie auch mehr Ruhe.

   → Viele Jugendliche …

   Deshalb …

Indirekte Rede → Direkte Rede

5. Robert Stickgold vom Massachusetts Institute of Technology vermutet, dass sich das Gehirn Bewegungen eher während der Non-REM-Phasen im letzten Viertel des Schlafs einprägt.

   → Robert Stickgold: „ …

Direkte Rede → indirekte Rede

6. „Acht Uhr ist einfach zu früh“, sagt der Münchner Biologe Till Roenneberg. „Wir hätten besser in der Pisa-Studie abgeschnitten, wenn die Schule für Jugendliche um neun Uhr beginnen würde.“

   → Till Roenneberg sagte, dass ____

   wenn ____

7. Jim Horne: „Fernseher und Computer haben im Kinderzimmer nichts zu suchen.“

   → Jim Horne sagt, dass …

Zusätzliche Texte mit Aufgaben zu den Modalverben

1.

Haftbefehl nach doppeltem Raubmord

Wolfsburg (dpa) – Die beiden in Wolfsburg ermordeten Schwestern sind vermutlich aus Habgier getötet worden.

Gegen die 18 Jahre alte Enkelin eines Opfers und ihren 26 Jahre alten Freund wurde am Freitag Haftbefehl erlassen. Das Paar steht im dringenden Verdacht, die beiden alten Frauen erwürgt zu haben. Bei dem als drogensüchtig bekannten Paar wurden nach Polizeiangaben Wertgegenstände der Opfer gefunden. Die Enkelin hat eine Beteiligung an dem Verbrechen bereits zugegeben, sagte ein Polizeisprecher. Der Mann bestreitet die Vorwürfe noch und will an dem Mord nicht beteiligt gewesen sein.

gekürzt und leicht verändert aus: Süddt. Zeitung Nr. 93, 22./23.4.2006

Wortschatz:
Bitte bearbeiten Sie den fehlenden Wortschatz mit dem deutsch-deutschen Wörterbuch.

r Haftbefehl, -e Haftbefehl erlassen	
e Habgier	
im dringenden Verdacht stehen	stark verdächtigt werden
erwürgen (Akk.)	
r Wertgegenstand, ¨-e	wertvolle Dinge, z.B. Schmuck, Möbel, teure Teppiche, teure Apparate usw.
die Vorwürfe bestreiten	

Aufgaben zum Text

1. „Die beiden in Wolfsburg ermordeten Schwestern sind vermutlich aus Habgier getötet worden." (Formulieren Sie bitte die Vermutung mit Modalverb.)
   →

2. „Das Paar steht im dringenden Verdacht, die beiden alten Frauen erwürgt zu haben. Bei dem als drogensüchtig bekannten Paar wurden nach Polizeiangaben Wertgegenstände der Opfer gefunden."
   (Bitte formulieren Sie die Sätze als Behauptungen der Polizei indem Sie den Lückentext ergänzen.)
   → Nach Angaben der Polizei ________ ________ ____________ die beiden alten Frauen ________ ________. Außerdem ________ bei ________ ________ ________ ________ ________ Wertgegenstände der Opfer ________ ________ ____________.

3. „Die Enkelin hat eine Beteiligung an dem Verbrechen bereits zugegeben."
   (Bitte formulieren Sie diesen Satz als Behauptung der Enkelin.)
   → Die Enkelin ________ an dem Verbrechen ________ ________ ________.

4. „Der Mann will an dem Mord nicht beteiligt gewesen sein."
   (Bitte formulieren Sie den Satz ohne Modalverb.)
   → Der Mann ________, an dem Mord ________ ________ ________ ________.

2.

Sprachschwall

Harald Martenstein über die Verbreitung von Bullshit

Ich habe ein winzig kleines Buch gelesen. Es heißt Bullshit. Das Buch hat 74 Seiten, ist Anfang des Jahres erschienen und stammt von einem 77-jährigen amerikanischen Philosophieprofessor, Harry G. Frankfurt.

Er stellt die Behauptung auf, dass es in unserer Welt immer mehr Bullshit gibt. Bullshit ist alles, was man sagt oder schreibt, um bei anderen gut anzukommen. Man schreibt zum Beispiel etwas, weil es schon oft von anderen Leuten geschrieben wurde und weil es gut für die Karriere sein könnte. Das Entscheidende beim Bullhit besteht darin, dass es dem Bullshit-Produzenten nicht auf die Wahrheit ankommt (...). Es kommt ihm einzig und allein darauf an, welchen Eindruck er macht (...).

aus: die Zeit Nr. 18, 27.4.2006, gekürzt

Wortschatz:

Bitte bearbeiten Sie den fehlenden Wortschatz mit dem deutsch-deutschen Wörterbuch.

Bullshit (engl.)	Quatsch, Unsinn, überflüssiges Gerede
bei anderen gut ankommen	
ankommen auf (Akk.) es kommt darauf an, dass/ob/wie ...	

Aufgaben zum Text

1. „Harry G. Frankfurt stellt die Behauptung auf, dass es in unserer Welt immer mehr Bullshit gibt. Bullshit ist alles, was man sagt oder schreibt, um bei anderen gut anzukommen." (Bitte formulieren Sie die Behauptung mit Modalverb, indem Sie den Lückentext ergänzen.)

   → Nach Meinung von Harry G. Frankfurt __________ __________ in unserer Welt immer mehr Bullshit ______________. Bullshit ______________ alles ____________, was man sagt oder schreibt, um bei anderen gut anzukommen.

2. „Das Entscheidende beim Bullhit besteht darin, dass es dem Bullshit-Produzenten nicht auf die Wahrheit ankommt. Es kommt ihm einzig und allein darauf an, welchen Eindruck er macht."(Bitte formulieren Sie die Behauptung mit Modalverb, indem Sie den Lückentext ergänzen.)

   → Das Entscheidende beim Bullshit ____________ darin ________________, dass es dem Bullshit-Produzenten nicht auf die Wahrheit ankommt. Es ______________ ihm einzig und allein __________________ __________________, welchen Eindruck er macht.

Lösungen zum Text: Die Herkunft der Brille Seite 48–49

1. Zu Ciceros Zeiten gab es zwar geschliffene Glaskugeln, aber man setzte sie nicht als Lesehilfen ein.
2. So einen Lesestein nannte man „Brill" – nach dem Material, aus dem man ihn machte, nach dem Edelstein Beryll.
3. Diese erste Brillenform musste man noch mühsam auf der Nase festhalten, damit sie nicht herunterfiel.
4. Das Auge wird durch optische Linsen unterstützt.
5. Diese Idee wurde im 13. Jahrhundert von westeuropäischen Mönchen aufgegriffen und Linsen wurden so geschliffen, dass die Schrift vergrößert werden konnte.
6. Als Material wurden verschiedene durchsichtige Steine wie Quarz, Bergkristall oder Beryll verwendet.

Lösungen zum Text: Venezuelas alte Kakaoplantagen Seite 50

1. Zu Kolonialzeiten schufteten afrikanische Sklaven, die von den spanischen Eroberern dort angesiedelt worden waren, auf den Kakaoplantagen.
2. Seither bearbeitet das Dorf Chuao, das auf 3000 Einwohner angewachsen ist, die Plantage gemeinschaftlich.
3. Der Platz neben der Kirche, der mit großen flachen Steinen belegt ist, dient zum Trocknen der Kakaobohnen.
4. In die Türrahmen der Häuser, die aus Tropenholz bestehen, sind häufig Kakaobohnen eingeritzt, die kunstvoll gestaltet sind. Die Häuser, die am Flüsschen liegen, haben Terrassen.
5. Hier befindet sich der attraktivste Strand des Landes, die Playa Grande, die/der von Palmen eingerahmt ist.
6. Vor allem in den Kolonialhäusern, die modern umgebaut wurden/sind, wohnt man schön.
7. Schöne Strände und Kakaoplantagen, die zu eleganten Hotelbetrieben umfunktioniert wurden, sind nicht alles, was dieser Teil Venezuelas Touristen zu bieten hat.
8. Chuao ist ein hübsches, einfaches Dörfchen mit zwei sauber geplasterten, sich in den saftigen Hügeln verlierenden Hauptstraßen.
9. Auch dieses nur per Schiff anzusteuernde Stranddorf hat eine Kakaoplantage.
10. Die Häuser haben von Holzsäulen gestützte Terrassen.
11. Auch der älteste, die tropische Flora und Fauna dieser unberührten Gegend schützende Nationalpark des Landes liegt hier ...

Lösungen zum Text: Sand im Getreide Seite 52

1. Im frühen Mittelalter pflegten die Menschen ihre Gebisse nicht mit der Zahnbürste. Stattdessen pflegte/reinigte das Essen ihre Zähne.
2. Archäologen fanden in der Gegend auch Kochgeschirr aus dem frühen Mittelalter. Deshalb ließ sich rekonstruieren, wie die Menschen sich damals ernährten.
3. Die Ernährung der Menschen damals ließ sich rekonstruieren.
4. Die Waldbewohner aßen kaum Kohlenhydrate. Dadurch beugten sie Karies vor.
5. Weil sich außerdem bei grob gemahlenem Getreide Zucker erst im Verdauungstrakt bildet, bleibt der Mund frei von bakterienfreundlichem Zucker.

Lösungen zum Text: Gute Noten im Schlaf — Seite 54

1. Wenn viele Tests nicht in der ersten Stunde geschrieben würden, würden die Schüler nicht so schlecht abschneiden (besser abschneiden).
2. Wenn die Sechstklässler mehr schlafen würden, wären ihre Noten nicht so schlecht.
3. Die Schule beginnt nicht um neun Uhr/vor neun Uhr/früher als neun Uhr. Deshalb haben wir in der Pisa-Studie so schlecht/nicht besser abgeschnitten.
4. Viele Jugendliche haben Computer und Fernseher in ihrem Kinderzimmer. Deshalb bekommen sie keine/zu wenig Ruhe.
5. Robert Stickgold: „Das Gehirn prägt sich Bewegungen eher während der Non-REM-Phasen im letzten Viertel des Schlafs ein."
6. Till Roenneberg sagte, dass acht Uhr einfach zu früh sei. (Wir)/die Deutschen hätten besser in der Pisa-Studie abgeschnitten, wenn die Schule für Jugendliche um neun Uhr beginnen würde.
7. Jim Horne sagt, dass Fernseher und Computer im Kinderzimmer nichts zu suchen hätten.

Lösungen zum Text: Haftbefehl nach doppeltem Raubmord — Seite 55

1. Die beiden in Wolfsburg ermordeten Schwestern dürften aus Habgier getötet worden sein.
2. Nach Angaben der Polizei soll das Paar die beiden alten Frauen erwürgt haben. Außerdem sollen bei dem als drogensüchtig bekannten Paar die Wertgegenstände der Opfer gefunden worden sein.
3. Die Enkelin will an dem Verbrechen beteiligt gewesen sein.
4. Der Mann behauptet, an dem Mord nicht beteiligt gewesen zu sein.
   Der Mann leugnet, an dem Mord beteiligt gewesen zu sein.

Lösungen zum Text: Sprachschwall — Seite 56

1. Nach Meinung von Harry G. Frankfurt soll es in unserer Welt immer mehr Bullshit geben. Bullshit soll alles sein, was man sagt oder schreibt, um bei anderen gut anzukommen.
2. Das Entscheidende beim Bullshit soll darin bestehen, dass es dem Bullshit-Produzenten nicht auf die Wahrheit ankommt. Es soll ihm einzig und allein darauf ankommen, welchen Eindruck er macht.

Teil III

Zusatzkapitel 1: Lauter fremde Wörter
Fremdwörter erkennen und verstehen
Fremdwörter = fremde Wörter?

Wenn Ihre Muttersprache nicht aus Europa stammt, dann fühlen Sie sich sicherlich oft recht hilflos gegenüber der Aufgabe, Fremdwörter in einem deutschen Text zu identifizieren und zu verstehen. Mit dem Hinweis, es handele sich um „Internationalismen" ist Ihnen gar nicht geholfen, denn es handelt sich in Wirklichkeit um Begriffe, die zwar den europäischen Sprachen gemeinsam sind, aber eben in den asiatischen Sprachen oder anderen nicht europäischen Sprachen nicht unbedingt vorkommen. Sie stammen häufig aus dem Griechischen und Lateinischen, was die gemeinsame kulturelle Herkunft europäischen Lebens beweist. Dieses Kapitel soll Ihnen helfen, Fremdwörter zu erkennen und sich einen Grundwortschatz in diesem Bereich zu erarbeiten.

Arbeitsaufgabe: Bitte definieren Sie mithilfe des Wörterbuchs.

s Fremdwort =

s fremde Wort =

Arbeitsaufgabe: Wussten Sie, dass das Fremdwörter sind? Ergänzen Sie die fehlenden Informationen. Arbeiten Sie mit Ihrem Partner zusammen und benutzen Sie ein Wörterbuch. Die kleine Liste unten hilft Ihnen dabei.

	heutige Bedeutung	**Herkunftssprache**	**ursprüngliche Bedeutung**
e Atmosphäre			
s Sofa			
e Musik			
r Kaffee			
r Zucker			
r Keks			
r Tee			
e Zitrone			
frisieren			
e Position			

Arabisch – r Wein   Griechisch – r Zedernapfel   Chinesisch – cha / r Tee
Lateinisch – musica / e Musik   Französisch – kräuseln / Locken wickeln
Arabisch – gepolsterter Sitz   Englisch – r Kuchen
Griechisch – athmos / r Dunst / sphaira = e Kugel
Lateinisch – von ponere / setzen, stellen, legen   Altindisch – r Zucker

Zur Diskussion

- Aus welchen Sprachen/Kulturen kommen diese Fremdwörter im Deutschen?
- Welche historischen Gründe können dabei eine Rolle gespielt haben?
- Aus welchen Sprachen/Kulturen kommen in Ihrer Sprache Fremdwörter?
- Nennen Sie Beispiele und erklären Sie deren Herkunft.

Arbeitsaufgabe: Unterhalten Sie sich in Ihrer Arbeitsgruppe darüber und diskutieren Sie anschließend mit der gesamten Klasse. Bitten Sie den Lehrer / die Lehrerin um Informationen.

Nutzen Sie das Thema auch zu einer Textproduktion:

Fremdwörter in meiner Muttersprache

Beachten Sie dabei folgenden Textaufbau:

1. Einleitung: Meine Muttersprache (Wo wird sie gesprochen? In welchen kulturellen Kontext gehört sie?)
2. Hauptteil: Fremdwörter in meiner Muttersprache (Gibt es viele? Aus welchen Sprachen kommen sie? Welche historische Erklärung gibt es für ihre Herkunft? In welchen Bereichen werden sie vor allem benutzt?)
3. Abschluss: Eigene Meinung zu der Frage: Sind Fremdwörter eine Bereicherung für die eigene Sprache oder beschädigen sie sie?

Fremdwörter erkennen

Im Deutschen lassen sich Fremdwörter oft an der Wortbildung erkennen, an Vorsilben (Präfixen) und Endsilben (Suffixen). Hier ist eine Übersicht:

Präfixe – vor Verben, Adjektiven und Nomen

Quantitative Bedeutung					
mono- (eins)	**bi-** (zwei)	**multi-** (viel)	**poly-** (viel)		
monologisieren	bipolar	multifunktional	e Polyarthrose		
Temporale Bedeutung					
neo- (neu)	**post-** (nach)	**prä-** (vor)			
r Neoklassizismus	postmodern	s Präfix			
Lokale Bedeutung					
extra- (außerhalb)	**inter-** (zwischen)	**intra-** (in)	**sub-** (unter)	**supra-** (oberhalb)	**trans-** (über)
extrazellulär	international	intramuskulär	e Subtropen (Pl.)	s Suprasegment	transferieren
Negative Bedeutung					
a- / an-	**ab-**	**de-**	**des-**	**dis-**	
atypisch/anorganisch	abnorm	destabilisieren	s Desinteresse	disharmonisch	
il-	**ir-**	**in-**	**im-**	**non-**	
illegal	e Irrealität	e Intoleranz	immobil	nonverbal	
Sonstiges					
anti- (gegen)	**pro-** (für)	**ko (l/n/m/r)-** (mit)	**re-** (wieder)		
e Antipathie	prowestlich	kooperieren / e Korrelation	resozialisieren		

Suffixe

für Nomen		für Adjektive		für Verben	
-ade	e Marinade	**-abel / -ibel**	spendabel / sensibel	**-ieren**	funktionieren
-age	e Reportage	**-ant / -ent**	arrogant / evident	**-isieren**	motorisieren
-ant / -ent	r Doktorant / r Dozent	**-al / -ell**	real / reell		
-anz / -enz	e Toleranz / e Tendenz	**-ar / -är**	atomar / konträr		
-at	s Diktat	**-iv**	relativ		
-esse	s Interesse	**-os / -ös**	grandios / porös		
-eur / -ör	r Ingenieur	**-oid**	paranoid		
-ie	e Bürokratie				
-ik / -atik	e Musik / e Problematik				
-ing	s Marketing				
-ion / -ation	e Religion / e Information				
-ismus / -asmus	r Faschismus / r Enthusiasmus				
-ist	r Pessimist				
-itis (mediz.)	e Meningitis				
-ment	s Parlament / s Arrangement				
-or / -ator	r Rektor / r Diktator				
-ose	e Diagnose				
-tät	e Universität				
-ur / -üre	e Natur / e Lektüre				

Fremdwörter suchen

Arbeitsaufgabe in Partnerarbeit:
Erarbeiten Sie sich die Bedeutungen, indem Sie mit dem Wörterbuch weitere Beispiele finden und evtl. in Ihre Sprache übersetzen. Tragen Sie sie in das Schema ein.

Präfixe – vor Verben, Adjektiven und Nomen

Quantitative Bedeutung

mono- (eins)	**bi-** (zwei)	**multi-** (viel)	**poly-** (viel)
monologisieren	bipolar	multifunktional	e Polyarthrose

Temporale Bedeutung

neo- (neu)	**post-** (nach)	**prä-** (vor)
r Neoklassizismus	postmodern	s Präfix

Lokale Bedeutung

extra- (außerhalb)	**inter-** (zwischen)	**intra-** (in)	**sub-** (unter)	**supra-** (oberhalb)	**trans-** (über)
extrazellulär	international	intramuskulär	Subtropen (Pl.)	s Suprasegment	transferieren

Negative Bedeutung

a- / an-	**ab-**	**de-**	**des-**	**dis-**
atypisch / anorganisch	abnorm	destabilisieren	s Desinteresse	disharmonisch
il-	**ir-**	**in-**	**im-**	**non-**
illegal	e Irrealität	e Intoleranz	immobil	nonverbal

Sonstiges

anti- (gegen)	**pro-** (für)	**ko (l/n/m/r)-** (mit)	**re-** (wieder)
e Antipathie	prowestlich	kooperieren / e Korrelation	resozialisieren

Arbeitsaufgabe in Gruppenarbeit:
Hier wird Ihnen das Wörterbuch nicht weiterhelfen. Sammeln Sie Beispiele für die Suffixe. Arbeiten Sie in großen Gruppen und nutzen Sie Ihren vorhandenen Wortschatz, bzw. fragen Sie Ihre Lehrer.

Suffixe

für Nomen		für Adjektive		für Verben	
-ade		-abel / -ibel		-ieren	
-age		-ant / -ent		-isieren	
-ant / -ent		-al / -ell			
-anz / -enz		-ar / -är			
-at		-iv			
-esse		-os / -ös			
-eur / -ör		-oid			
-ie					
-ik / -atik					
-ing					
-ion / -ation					
-ismus / -asmus					
-ist					
-itis (mediz.)					
-ment					
-or / -ator					
-ose					
-tät					
-ur / -üre					

Zusatzkapitel 2: Ein Bund für's Leben
Funktionsverbgefüge (Nomen-Verb-Verbindungen)

Einstieg ins Thema: Was sind eigentlich Funktionsverbgefüge und wozu brauchen wir sie?

Definition:

Funktionsverbgefüge sind **eine Kombination aus** einem bedeutungsarmen **Verb** (Funktionsverb) und einem bedeutungstragenden **Nomen** mit oder ohne Präposition (Gefügenomen). Sie werden deshalb auch *Nomen-Verb-Verbindungen* genannt.

Bevor wir uns genauer mit diesem sprachlichen Phänomen befassen, lesen Sie bitte den folgenden Text und versuchen Sie, die unterstrichenen Formulierungen zu verstehen.

Ein Beispiel:

„Anlässlich der 2. Tschechischen Kulturtage in xxxxxx geben wir der veranstaltenden xxxxxxx-Stiftung Raum für einen um 20.00 Uhr beginnenden Liederabend. Der Bassbariton Friedrich Peters und der Pianist Torsten Ring bringen Kompositionen von Johann Wenzel Kalliwoda, Zdenek Fibich und Wenzel Heinrich zu Gehör."

Einladung zu einem Konzert

Arbeitsaufgabe: Versuchen Sie bitte, die folgenden beiden Formulierungen zu erklären:

Raum geben →

zu Gehör bringen →

Sie werden feststellen, dass Ihnen bei dieser Aufgabe das Wörterbuch nur weiterhilft, wenn Sie unter dem Nomen nachschauen. Die Verben sind Ihnen ohnehin bekannt, helfen aber beim Verständnis nicht weiter. Das liegt daran, dass ihre Bedeutung in dieser Kombination sehr stark abgeschwächt ist. Sie haben nur noch die Funktion, die Bedeutung des Nomens zu präzisieren, zu unterstützen. Deshalb nennt man ein Verb in dieser Rolle *Funktionsverb*.

Schauen wir also im Wörterbuch (Langenscheidt Großwörterbuch DaF) nach:

1. unter **Raum**, so finden wir unter Nr. 6 den Beispielsatz: *Man soll neuen Ideen* ***Raum geben***. (Erklärung) die Möglichkeit, sich frei zu entfalten
2. unter **Gehör** finden wir unter Nr. 7 den Eintrag: *etw. zu Gehör bringen, geschr veraltend*, (Erklärung) ein Lied oder Gedicht (feierlich) vortragen

Das zweite Beispiel kann man – obwohl es sprachlich veraltet ist – nach kurzem Nachdenken ganz gut verstehen, denn das Nomen „Gehör" bringt uns auf den richtigen Weg: *etw. vortragen, sodass ich es hören kann*.
Demgegenüber ist das erste Beispiel schwerer zu verstehen. Das Nomen „Raum" wird hier in einer übertragenen / bildlichen Bedeutung benutzt.
An diesem Beispiel zeigt sich, dass der Unterschied zwischen einem Funktionsverbgefüge und dem, was man ganz allgemein als „Idiomatik" bezeichnet, nicht immer ganz deutlich ist.

Dieses Kapitel soll einen Überblick über die häufigsten Kombinationen geben, sodass Sie
1. in der Lage sind, Funktionsverbgefüge bzw. idiomatische Wendungen zu erkennen und notfalls richtig im Wörterbuch nachzuschlagen,
2. bei Ihrer Wortschatzarbeit diese besonderen Kombinationen berücksichtigen und wie idiomatische Wendungen einfach „auswendig" lernen.

Wozu brauchen wir Funktionsverbgefüge?
Funktionsverbgefüge „nominalisieren“ eine Handlung, indem sie die Information vom Verb auf das Nomen verschieben. z.B.

kritisieren	→	*Kritik* üben
etwas/sich *entscheiden*	→	eine *Entscheidung* treffen
bezweifeln	→	in *Zweifel* ziehen

Das hat die gleiche Wirkung auf den Leser/Hörer wie Nominalisierungen. Der Text ist schwerer zu verstehen, weil die Bedeutung der Kombination Nomen–Verb erst „entschlüsselt“ werden muss.
In Alltagstexten ist dieser Effekt seltener und wirkt oft künstlich. An unserem Beispieltext können Sie das im Folgenden nachvollziehen.

1. Die Rolle von Funktionsverbgefügen in der Alltagssprache

Arbeitsaufgabe: Vergleichen Sie bitte beide Versionen und kreuzen Sie unten an.

Text 1
„Anlässlich der 2. Tschechischen Kulturtage in xxxxxxxx geben wir der veranstaltenden xxxxxx-Stiftung Raum für einen um 20.00 Uhr beginnenden Liederabend. Der Bassbariton Friedrich Peters und der Pianist Torsten Ring bringen Kompositionen von Johann Wenzel Kalliwoda, Zdenek Fibich und Wenzel Heinrich zu Gehör.“

Text 2
„Anlässlich der 2. Tschechischen Kulturtage in xxxxxxx veranstaltet die xxxxxxxx-Stiftung in unseren Räumen einen um 20.00 Uhr beginnenden Liederabend. Der Bassbariton Friedrich Peters und der Pianist Torsten Ring werden Kompositionen von Johann Wenzel Kalliwoda, Zdenek Fibich und Wenzel Heinrich vortragen.“

Welche Absicht hat der Verfasser des Briefes?

	Text 1	Text 2
Der Verfasser des Briefes will einfach eine Veranstaltung ankündigen.		
Der Verfasser möchte den Leser beeindrucken und zeigen, dass es sich um eine besonders wichtige/elegante/seltene Veranstaltung handelt.		

Die meisten Funktionsverbgefüge treten in der Fach- und Wissenschaftssprache oder schwierigen journalistischen Texten auf. Sie sind Bestandteil eines „gehobenen“ Sprachgebrauchs. Wenn jemand also in einem Alltagstext – einem Brief, einer Einladung – sehr viele Funktionsverbgefüge benutzt, dann möchte er den Leser gerne beeindrucken.

Allerdings gibt es auch Funktionsverbgefüge, die wir in der Alltagssprache gerne und häufig benutzen. Sie lassen sich häufig durch ein einfaches Verb ersetzen, wie die drei Beispiele zu Beginn und folgende Beispiele zeigen:

eine Frage stellen	→	etw. fragen
Rücksicht nehmen auf	→	rücksichtvoll sein zu
in Streik treten	→	streiken
Abschied nehmen von	→	sich verabschieden von

Funktionsverbgefüge mit idiomatischem Charakter sind nicht ganz so leicht ersetzbar.

etw. in Kauf nehmen	→ einen Nachteil akzeptieren
jmdn in Schutz nehmen	→ jmdn. gegen einen Vorwurf / eine Kritik verteidigen
etw. aufs Spiel setzen	→ etw. riskieren, ein Risiko eingehen
etw. in Gang setzen / bringen	→ bewirken, dass etw. (Diskussion/Entwicklung) beginnt

2. Die Rolle von Funktionsverbgefügen in der Fach- und Wissenschaftssprache

So wie Nominalisierungen sind auch Funktionsverbgefüge ein wichtiger und oft unerlässlicher Bestandteil von Fach- und Wissenschaftsprache. Dafür gibt es zwei Gründe:

1. Sie ermöglichen häufig **die präzisere Betrachtung eines Geschehens**, indem sie zwischen seinen einzelnen Phasen unterscheiden: Handlung, Vorgang, Zustand.
   Diese Genauigkeit brauchen wir in der Alltagssprache nicht so häufig. In der Fachsprache ist sie aber nötig.

Beispiele:

Handlung (passivfähig)	**Vorgang** (nicht passivfähig)	**Zustand** (nicht passivfähig)
zur Verfügung stellen		zur Verfügung stehen
in Wut versetzen	in Wut geraten	
etw. zur Diskussion stellen		zur Diskussion stehen
in Gang bringen	in Gang kommen	
zur Ruhe bringen	zur Ruhe kommen	
in Kraft treten		in Kraft sein

2. **Die Information wird auf das Nomen verlagert** – wie bei der Nominalisierung. Man liest in einem Fachtext in erster Linie die Nomen. Die Verben informieren oft nur noch darüber, ob es sich um eine Handlung, einen Vorgang oder einen Zustand handelt. Ihre eigene Bedeutung haben sie verloren.
   Die **Verben** transportieren allerdings weiterhin wichtige **grammatische Informationen**:
   - die Zeitform
   - Passiv / Aktiv
   - Indikativ / Konjunktiv

   So versteht man den Begriff „Funktionsverb". Er bedeutet, dass das Verb kaum noch eine inhaltliche Bedeutung trägt, aber seine grammatischen Funktionen weiterhin ausübt.

Funktionsverbgefüge – Wie kann man sie erkennen und lernen?

1. **Wie kann man sie erkennen → ihre Form:**
   Es gibt zwei verschiedene Formen von Funktionsverbgefügen. (Ergänzen Sie die Liste nach Wunsch.)

Akk. + Verb (akkusativisch) z.B.	**Präposition + Nomen + Verb** (präpositional) z.B.
einen Beruf ausüben *jmdm. das Wort erteilen* (*jmdm.*) *Hilfe leisten* *Angaben machen* (*zu* + Dat./*über* + Akk.) *Abstand nehmen* (*von* + Dat.) *Interesse zeigen* (*an* + Dat.)	*etw. in Rechnung stellen* *zu einem Entschluss kommen* *etw. unter Kontrolle bringen* *etw. in Betrieb nehmen* *etw. zur Kenntnis nehmen* *jmdn. in Kenntnis setzen* (*von* + Dat.)

Akk. + Verb (akkusativisch) z.B.	**Präposition + Nomen + Verb** (präpositional) z.B.
sich Sorgen machen (*um* + Akk) *ein Gespräch führen* (*mit* + Dat./*über* + Akk.) *die Initiative ergreifen*	*zur Wahl stehen* *sich zur Wahl stellen* *jmdn. zur Verantwortung ziehen*

2. Wie lernt man sie am besten?

Es sind **ganz bestimmte Verben**, die als Funktionsverben auftreten. Deshalb lohnt es sich, eine kleine Liste der häufigsten Funktionsverben anzulegen. Ein guter Vorschlag findet sich in der Übungsgrammatik „Grammatik mit Sinn und Verstand" von W. Hug und A. Tomaszewski: Legen Sie für die häufigsten Funktionsverben Karteikarten an und sammeln Sie im Laufe der Zeit passende Nomen dazu.

Hier ist eine kleine Übersicht über häufige Funktionsverben mit Beispielen:

	Handlung (passivfähig)	**Vorgang** (nicht passivfähig)	**Zustand** (nicht passivfähig)
Akkusativ + Verb	**begehen** (eine Straftat, einen Fehler) **ergreifen** (die Initiative, die Flucht) **führen** (ein Gespräch, Verhandlungen) (sich / Dat.) **geben** (sich Mühe, einen Ruck / jmdm. eine Zusage, ein Versprechen) **erteilen** + Dat. (eine Abfuhr, einen Rat) **halten** (eine Rede, ein Versprechen) **leisten** (erste Hilfe, einen Beitrag) (sich) **machen** (einen Fehler, sich Sorgen … um) **nehmen** (Abschied, Einfluss … auf) **treffen** (eine Entscheidung, eine Auswahl) **treiben** (Sport, Handel)	**finden** (Beachtung, Zustimmung)	
Akkusativ + Verb	**üben** (Kritik … an, Disziplin) **vertreten** (eine Meinung, eine Standpunkt) **ziehen** (Konsequenzen, eine Lehre … aus)		

	Handlung (passivfähig)	Vorgang (nicht passivfähig)	Zustand (nicht passivfähig)
Präposition + Nomen + Verb	**bringen** (in Versuchung, in Gefahr in Gang, unter Kontrolle) **führen** (in Versuchung, zu Ende) **nehmen** (in Besitz, in Kauf, in Schutz) **setzen** (aufs Spiel, in Gang, in/außer Kraft, unter Druck) **stellen** (in Frage, zur Verfügung) **versetzen** (in Angst und Schrecken, in Erstaunen) **ziehen** (in Erwägung, zur Verantwortung)	**geraten** (in Abhängigkeit, in Wut, in Vergessenheit) **gelangen** (zu der Einsicht, zur Vernunft) **fallen** (zur Last, zum Opfer) **kommen** (zur Vernunft, zu einer Entscheidung, zum Ausdruck, in Frage, in Gang) **treten** (in/außer Kraft, in den Streik)	**bleiben** (in Erinnerung, in Gang, in Verbindung, in Schwung) **liegen** (zu Grunde, im Streit, idiom. auf der Hand, auf der Tasche) **sein** (in Betrieb, in der Entwicklung, im Umlauf, in Bewegung) **stehen** (zur Debatte, zur Verfügung)

Eine zweite Möglichkeit, solche Nomen-Verb-Verbindungen zu lernen, besteht darin, zu bestimmten **Nomen auf Karteikarten** passende Verben zu notieren. Eine ausführliche Liste solcher Nomen findet man in der Lernergrammatik *Deutsch als Fremdsprache* von Lorenz Nieder (S. 284–288).

Hier folgt nur eine kleine Beispielliste:

- r Bescheid → jmdm. ... geben, jmdm. ... sagen, ... bekommen, ... wissen
- e Mühe → sich ... geben, sich/jmdm. ... machen, ... haben, etw. zu tun
- r Platz → nehmen, machen, einen ... bekommen, einen ... haben
- e Stellung → nehmen zu etw., beziehen
- r Ausdruck → zum ... bringen, zum ... kommen
- e Reihe → etw. auf die ... bringen, an die ... kommen, an der ... sein
- r Standpunkt → sich auf einen ... stellen, auf einem ... stehen
- e Überzeugung → jdn. zu einer ... bringen, zu einer ... kommen, eine ... gewinnen, einer ... sein

Lösungen zum Zusatzkapitel 1 — Seite 59–63

s Fremdwort = s Wort, das aus einer anderen Sprache übernommen wurde
s fremde Wort = s Wort, das ich nicht kenne

	heutige Bedeutung	Herkunftssprache/ursprüngliche Bedeutung
e Atmosphäre	1. Lufthülle der Erde 2. Stimmung	Griechisch – athmos = r Dunst / sphaira = e Kugel
s Sofa	e Couch, gepolstertes Sitzmöbel	Arabisch – gepolsterter Sitz
e Musik	e Musik	Lateinisch – musica = e Musik
r Kaffee	r Kaffee	Arabisch – r Kaffee / r Wein (Altarabisch)
r Zucker	r Zucker	Altindisch – r Zucker
r Keks	trockenes Kleingebäck	Englisch – r Kuchen
r Tee	r Tee	Chinesisch – cha = r Tee
e Zitrone	e Zitrone	Griechisch – r Zedernapfel
frisieren	eine Frisur machen	Französisch – kräuseln / Locken wickeln
e Position	1. e Stellung 2. e Meinung, e Haltung	Lateinisch – von ponere = setzen, stellen, legen

GU RATGEBER GESUNDHEIT

DR. FRANZ WAGNER

Akupressur

Heilung auf den Punkt gebracht

- Schnelle Selbsthilfe durch Fingerdruck
- Alltagsbeschwerden heilen, Schmerzen lindern
- In Minuten zu neuer Energie und innerer Ruhe

G|U

Inhalt

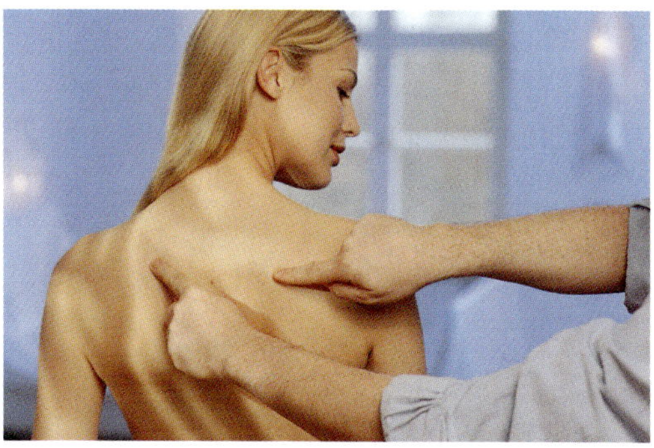

Ein Wort zuvor

Die Akupressur, eine der ältesten und bewährtesten natürlichen Heilmethoden, ist entstanden aus der jahrtausendealten chinesischen Heilmassage. Übersetzt bedeutet Akupressur Punkt-Drücken. Die fernöstlichen Heilmethoden sehen den Menschen als Körper-Seele-Geist-Einheit; Beschwerden werden niemals losgelöst von dieser Einheit, sondern stets im körperlich-seelisch-geistigen Zusammenhang behandelt. Wie ist das zu verstehen?
Wir alle kennen es: Wenn wir müde sind, brauchen wir Schlaf, wenn wir zuviel Energie haben, verlangt es uns nach Bewegung. Wir fühlen uns nur wohl, solange die in uns wirksamen Kräfte ausgewogen sind. Gerät diese Harmonie aus dem Gleichgewicht, dann fühlen wir uns unwohl oder krank. Mit Akupressur können wir auf das Fließen unserer Lebensenergie einwirken, fehlgeleitete Energie steuern und blockierte Energien freisetzen. Behandelt werden also nicht die Anzeichen einer Krankheit, sondern vielmehr die Krankheitsursache.
Akupressur kann jeder lernen; der Behandlungserfolg ist nicht an medizinische Vorkenntnisse gebunden; schädigende Nebenwirkungen sind nicht zu befürchten. Sie können diese fast völlig schmerzfreie Heilmethode ohne technische Hilfsmittel, mit geringem Aufwand und in fast jeder Situation anwenden. Wenn Sie sich einmal mit der Lage der für Sie wichtigen Punkte und ihren zugeordneten Wirkungen vertraut gemacht haben, lassen sich körperliche Störungen über die Massage dieser Punkte rasch beseitigen. Mit Akupressur haben Sie es buchstäblich selbst »in der Hand«, eigenverantwortlich für Ihr Wohlbefinden, für Ihre Gesundheit zu sorgen. Nicht selten entwickelt sich aus den Erfahrungen einer Selbstbehandlung auch ein neues, ein besseres Verhältnis zur eigenen Körperlichkeit.
Dieser Ratgeber ist eine Anleitung zur Selbsthilfe mit Akupressur. Alle Formen der naturgemäßen Selbstbehandlung setzen Eigeninitiative und Verantwortungsbewußtsein voraus sowie Geduld und Ausdauer in der Anwendung. Wenn Sie die Ratschläge und Behandlungshinweise dieses Buches befolgen, wird Ihnen Akupressur helfen, Beschwerden und Schmerzen des Alltags auf natürliche Weise zu heilen.

Dr. Franz Wagner

Energien zum Fließen bringen

Allen naturgemäßen Heilmethoden liegt ein Prinzip zugrunde: Der Mensch wird als Ganzheit verstanden. Bei Diagnose und Behandlung ist deshalb sein körperliches Befinden ebenso zu berücksichtigen wie sein geistig-seelischer Zustand.
Ziel jeder naturgemäßen Behandlung ist immer, den Fluß der natürlichen Energien des Menschen anzuregen und seine Selbstheilungskräfte zu stärken.
Der Mensch ist mehr als eine »reparaturbedürftige Maschine«, die durch äußere Eingriffe wieder funktionstüchtig gemacht werden kann – der Mensch ist Ausdruck eines wunderbar funktionierenden Energiesystems, das wir »Leben« nennen.

Naturgemäße und ganzheitliche Heilkunde

Im medizinischen Wirken gibt es keine Wunder. Wenn Heilerfolge oft die Grenzen der menschlichen Einsicht und Vorstellung sprengen, dann liegt es daran, daß wir vielfach ein falsches oder unvollständiges Wissen um das Gesamtgeschehen im menschlichen Körper haben. Ein jedes solcher nicht faßbaren »Wunder« zeigt uns nichts anderes, als daß wir den menschlichen Organismus und die Lebenskraft mit all ihren Möglichkeiten unterschätzt haben.

Kräfte im Gleichgewicht

Die unzulängliche Einschätzung des menschlichen Organismus beruht oft auf der Tatsache, daß wir es verlernt haben, auf die Ausdrucksmöglichkeiten des Lebens zu achten, auf diese einzugehen und sie zu verstehen. Das Leben teilt sich auf leichtverständliche Art und Weise mit – vorausgesetzt, wir verstehen diese Sprache. Wir alle müssen diese Sprache wieder lernen. Dieses Verständnis wächst nur schrittweise, indem wir versuchen, unsere Körperlichkeit wieder als Ganzheit zu begreifen.

Eine »neue« Auffassung von Gesundheit

Bedeutende Grundlagen dafür finden wir auch in den Wurzeln der abendländischen Medizin. Schon in der hippokratischen Medizin (nach Hippokrates, dem berühmtesten Arzt der Antike) wird Gesundheit als Kräftegleichgewicht und Krankheit als Störung dieser Ausgeglichenheit gesehen. Will man Krankheit heilen, so muß man »entstören«, also die Ordnung wiederherstellen.

Die Selbstheilung aktivieren

Der »innere Arzt«

Die Natur selbst – nach dem mittelalterlichen Arzt Paracelsus (1493 bis 1541) der »innere Arzt« – ist dabei die größte Quelle der Heilkraft. Jede Heilung hat im weitesten Sinne biologische Ursachen. Dem Körper innewohnende Heilkräfte werden freigesetzt und sind in der Lage, das Kräftegleichgewicht wiederherzustellen. Diese Heilkräfte des Körpers sind oft verborgen, verschüttet, fehlgeleitet. Wir wissen diese natürlichen Kräfte nicht zu mobilisieren und haben uns manchmal sogar angewöhnt, gegen sie vorzugehen. Erst durch ein sich wandelndes Gesundheitsbewußtsein lernen wir wieder, mit den körpereigenen Abwehr- und Heilkräften umzugehen, sie zu unterstützen und zu fördern, statt sie zu unterdrücken.

Was bedeutet Gesundheit, was bedeutet Krankheit?

Lebendige Prozesse sprengen enge Grenzen der Wissenschaften

Für das eigentliche Verständnis der Krankheitsprozesse und ihrer Heilung fehlten im Westen vielfach die Grundlagen. Rein naturwissenschaftliche Erklärungen, die sich ausschließlich auf Mechanisches, Physikalisches oder Chemisches stützen, erfassen nicht das Wesen lebendiger Prozesse. Wichtig zur Erklärung und zum Begreifen von Störungen ist nicht nur das Biophysikalische, die chemischen Reaktionen im Körper, sondern ebenso das »Menschliche« im Menschen. Durch die starke und fast ausschließlich naturwissenschaftliche Orientierung wurde der Mensch auf das sinnlich wahrnehmbare Materielle beschränkt. Solches Denken und Verstehen eignet sich hervorragend für technische Zwecke, ist aber für Erkenntnisse über das Menschliche wenig geeignet.

Betonung des Materiellen

Bei vielen ganzheitlichen Methoden spielen die engen Kriterien der Wissenschaftlichkeit, die in sich selbst sogar oft sehr widersprüchlich sein können, keine Rolle. Das Menschsein sprengt all diese engen Grenzen. Mit wissenschaftlichen Methoden allein ist das Wesen des Menschen nicht faßbar, ist die Leib-Seele-Geist-Einheit weder meßbar noch nachweisbar.

Grundlage wirksamer Therapie: Wissen über das Mensch-Sein

Neuen Therapieformen ist mit neuem Verständnis und geändertem Bewußtsein zu begegnen. Das wirksame therapeutische Denken und Handeln hängt vom Wissen über den Menschen selbst ab, ist abhängig von Menschenkenntnis und nicht in erster Linie von Erkenntnissen über Krankheiten.

Die Grenzen der Medizin

Kritik und Unbehagen an medizinischen Methoden sind so alt wie die Medizin selbst. Die Kritik in jüngster Zeit hat aber eine besondere Qualität: Die Medizin ist – wie die gesellschaftliche Entwicklung überhaupt – an ihre »natürliche« Grenze gestoßen. Mit zunehmendem Maße ihrer Zerstörung drängt sich die Natur in unser Bewußtsein. Aber nicht nur unsere natürliche Umwelt ist in höchster Gefahr, sondern auch die Natur des Menschen ist gefährdet: Das einheitliche Menschenbild, der Mensch als Ganzheit, als lebendige Einheit, ist mit der Entwicklung der Wissenschaften immer mehr aufgespalten und zergliedert worden.

Der Mensch ist eine Ganzheit

Die Grenzen, vor denen wir jetzt stehen, können nicht überwunden werden, wenn wir nicht unseren Standort ändern, unsere Sichtweise ergänzen und erweitern. Bei den meisten der sogenannten alternativen Heilmethoden sind diese Grenzen durch Rückbesinnung auf oft jahrtausendelang bewährtes Gedankengut überwunden.

Behandeln mit natürlichen Mitteln

Heilung darf dem Körper nichts aufzwingen, was ihn zusätzlich belasten könnte. Natürliche Heilung versucht in erster Linie, den Körper empfänglich zu machen. Dieses Prinzip hat über alle kulturellen Grenzen hinweg Gültigkeit. Jede soziale Einheit, jeder Stamm kannte im Umgang mit kranken Menschen Rituale, die eine heilsame Umgebung schaffen sollten.

Im Einklang mit der Natur

Die ganzheitliche Heilkunde ist ein offenes System und geht von der Annahme aus, daß wir mit der Natur, die uns wie alle anderen Formen des Lebens geschaffen hat, im Einklang leben und wir im Normalfall für uns und unsere Beziehungen auf natürliche und wirkungsvolle Weise selbst sorgen können. In diesem Sinne kann Akupressur als Naturheilkunde verstanden werden, die sich als Erfahrungswissen definiert, das sich in der Praxis genauso bewähren mußte wie jede wissenschaftliche Theorie.

Zudem gelten für jede naturheilkundliche Behandlung vier therapeutische Grundprinzipien (siehe Kasten Seite 11).

Die vier Grundprinzipien der Naturheilkunde

- Die Therapie muß naturgemäß sein: Das besagt, nur natürliche Reize und Heilmaßnahmen (Naturstoffe) können auf die natürlichen Reaktionen des Organismus wirken.

- Die Therapie darf nicht schaden: Bei den verschiedenen Verfahren der Naturheilkunde kennt man bei richtiger Indikation und Dosierung kaum schädliche Nebenwirkungen. Die Wirkung wird über die Aktivierung der körpereigenen Abwehr- und Naturkräfte erzielt.

- Die Therapie soll ganzheitlich sein: Demnach gibt es keine Erkrankung eines Einzelorgans; Störungen sind jeweils ein aktueller Ausschnitt eines Prozesses, und zwar das Bemühen des Gesamtorganismus, sein Gleichgewicht wiederzufinden. Die Störung selbst hat damit ihre Ursache und Begründung nicht in dem Organ, in dem sie sich zeigt. Krankheit ist in ihrer Prozeßhaftigkeit auch immer zu verstehen als Krise des Lebens, als Herausforderung, und ist somit immer sinnvoll. Ganzheitliche Praktiken und Methoden zeichnen sich dadurch aus, daß der Therapeut in mitmenschlicher Zuwendung diese Sinnfrage nie ausklammert und dem Behandelten hilft, selbst diese Herausforderung anzunehmen.

- Die Therapie soll Reaktionen des Organismus fördern und die Naturheilkräfte nachhaltig anregen oder unterstützen: Dieser Punkt betont, daß wir mit dem Behandelten und seiner Lebensenergie arbeiten. Das Wort »Therapie« bedeutet für uns nicht in erster Linie eine bestimmte Technik, sondern vor allem eine bestimmte Grundhaltung und Denkweise über »gesund« und »krank«. Die ganzheitliche Perspektive versteht das Leben des Individuums als einen Prozeß kontinuierlicher Entfaltung und Krankheit als eine Unterbrechung dieser Entwicklung.

Die chinesische Energielehre

Die chinesische Medizin hat andere Grundlagen als die uns besser vertrauten westlichen Heilsysteme. Die Basis der chinesischen Heilkunde ist ein besonderes Verständnis vom Menschen und seiner Beziehung zu Natur und Universum. In den Ursprüngen der europäischen Medizingeschichte finden wir Leitgedanken, die der chinesischen ganzheitlichen Sichtweise sehr ähnlich sind.

Beziehung des Menschen zum Universum

So stellte zum Beispiel der altgriechische Arzt Hippokrates (460 bis 377 vor Christus) die Frage nach dem »Urgrund allen menschlichen Seins«. Im *Corpus Hippocraticum*, den gesammelten Werken der hippokratischen Schule, lesen wir: *»Der Ausgangspunkt der Medizin liegt ... in der Beschaffenheit der ewigen Dinge. Denn man kann unmöglich das Wesen der Krankheiten kennenlernen, das doch den Forschungsgegenstand unserer Kunst bildet, wenn man nicht die Natur selbst und den in ihrer Entwicklung sich manifestierenden Urgrund kennt ...«*

Der griechische Philosoph Plato hat vor fast 2500 Jahren niedergeschrieben, was für die moderne Medizin mehr denn je Gültigkeit hat: *»Die Heilung vieler Leiden ist den Ärzten unbekannt, weil sie keine Kenntnis vom Ganzen haben. Denn ein Teil kann nur gesund sein, wenn das Ganze gesund ist ... Das ist der große Irrtum unserer Tage bei der Behandlung des menschlichen Körpers.«*

Mensch und Natur im Gleichklang

Verschiedene Energieformen

Die chinesische Medizinphilosophie kennt rund ein Dutzend Grundformen und doppelt so viele Nebenformen von Energie. Der wichtigste Aspekt der chinesischen Sichtweise vom energetischen Geschehen im menschlichen Körper soll kurz vorgestellt werden: Aussagen der chinesischen Energielehre sind Philosophie, medizinische Theorie und Behandlungsanleitung zugleich. Die chinesische Philosophie setzt die äußere Welt des Menschen – den Makrokosmos – in Verbindung zu seinem Leben – dem Mikrokosmos. Das Weltall, die äußere Natur und die Umwelt des Menschen folgen denselben Grundprinzipien wie das Leben des Menschen selbst. Ein Grundpfeiler der chinesischen Medizinphilosophie ist die Identität, der Gleichklang von Mikrokosmos und Makrokosmos. Als Heilmittel verwenden die traditionellen chinesischen

Ärzte vor allem Kombinationen von pflanzlichen, mineralischen oder tierischen Naturstoffen. Alle chinesischen Therapieformen gründen auf der Anschauung, daß die Lebensenergie des Menschen durch ein eigenes System von Kanälen fließt – durch die Energiebahnen oder Meridiane (Seite 26).

Die Lebensenergie muß fließen

Balance der polaren Kräfte

Im gesunden, störungsfrei arbeitenden Organismus fließt die Lebensenergie Chi gleichmäßig, die beiden polaren Kräfte Yin und Yang sind miteinander im Gleichgewicht. Die Harmonie ist immer dann gestört, wenn eine der beiden Kräfte dominiert; in dem entstehenden Ungleichgewicht fühlt sich der Mensch nicht wohl, er wird krank. Es muß dann alles unternommen werden, um die Kräfte wieder auszubalancieren. Erst wenn das Gleichgewicht wiederhergestellt ist, wird der Mensch wieder gesund. Mit Akupressur können wir den Energiefluß in den Meridianen wirksam harmonisieren.

Für die Wahl des passenden Heilmittels ist viel Erfahrung nötig.

Yin und Yang

Gesund und krank sind keine Zustände, sondern Phasen eines Prozesses, der als »Fließgleichgewicht« bezeichnet wird – am ehesten vergleichbar dem Radfahren: In Bewegung können wir die Balance gut halten, wenn wir stehenbleiben, fallen wir um.
Im *Buch der Wandlungen*, einem für das chinesische Denken grundlegenden Werk, heißt es: *»Einmal Yin – einmal Yang – das ist das Tao.«*
Das Tao ist Gottheit, zugleich Weg und Ziel, ist Anfang und Ende, ist das große Nichts und zugleich Quelle allen Seins. Das Symbol für das Tao ist der volle Kreis, das Schriftzeichen besteht aus Symbolen von Kopf und Fuß. Sie bedeuten die Verbindung von Himmel und Erde, von Denken und Gehen, die Einheit von Geist und Bewegung. Das Tao kann mit Worten nicht beschrieben werden; im *Tao-te-king*, dem wichtigsten Werk des Philosophen Laotse, lesen wir: *»Der Wissende redet nicht, der Redende weiß nichts.«*
Yin-Yang heißt eigentlich Kräfteverteilung, Energiegleichgewicht oder polarisierte Energie. Für das chinesische Denken ist alles Geschehen Ergebnis der jeweiligen Kräfteverhältnisse – alle Ereignisse sind demzufolge Ergebnis des Zusammenwirkens von Kräften und Energien (näheres zu den Lebensenergien und dem Meridiansystem finden Sie in der Spezialliteratur, Seite 92).

Untrennbare Einheiten

Werfen wir nochmal einen Blick auf das Symbol: Die beiden Halbkreise entsprechen den Urpolaritäten Yin und Yang, beide strömen aus dem Tao – es gibt kein Yang ohne Yin und in jedem Yin ist Yang enthalten. Bewegung und Ruhe, Tag und Nacht sind nicht Gegensätze, sondern gehören zusammen; es gibt keine Bewegung ohne Ruhe; Tag ist ohne Nacht nicht denkbar. Diese untrennbare Einheit, diese Harmonie ist grundsätzlich überall zu finden – in der Nahrung ebenso wie im Denken, in der Persönlichkeit eines Menschen genauso wie im menschlichen Zusammenleben.

Das Symbol für Yin und Yang: beide Polaritäten bilden eine Ganzheit.

Auch Nahrung besteht aus Polaritäten

So enthält zum Beispiel Yang-Nahrung mehr Keimkraft und kann länger gelagert werden, Yin-haltige Nahrung verdirbt leichter. Wer in einer Yang-Umwelt (eher heiß und trocken) lebt, soll durch mehr Yin-Nahrung für einen Ausgleich sorgen, bei starker körperlicher Anstrengung benötigt der Mensch generell mehr Yang-, bei geistiger Arbeit mehr Yin-Nahrung. Wichtig für den energetischen Zustand ist auch die Zubereitung der Nahrung (Bücher, Seite 92).

Harmonie und Gleichgewicht

Ständiger Ausgleich von Yin und Yang

Ein ausgewogenes Verhältnis von Yin und Yang ist Voraussetzung und Grundlage für die Gesundheit von Körper, Seele und Geist. Als Wurzel aller Störungen und Krankheiten ist das Ungleichgewicht von Yin und Yang zu sehen. Die Natur des Menschen strebt nach ständigem Ausgleich von Yin und Yang, beide Polaritäten drängen nach Vereinigung und Harmonie. Als Grundprinzip wird allgemein formuliert: Das Yang belebt das Yin (Yang ist die regulierende Energie), das Yin erhält das Yang (Yin ist das regulierte Material). Dabei ist das eine nicht besser als das andere – es ist einfach anders. Es ist eine andere Ausprägung desselben Grundprinzips, und beide Teile sind gleich wichtig für das funktionierende Ganze.

Dadurch, daß wir die nach Harmonie strebenden Polaritäten in uns akzeptieren, schaffen wir die Voraussetzung für Wohlbefinden, für besseres Selbstverständnis und für körperlich-seelische Ausgeglichenheit – weil die Lebensenergie ungehindert fließen kann.

Mit Akupressur heilen und vorbeugen

Die Akupressur ist eine sanfte chinesische Heilmethode. Sie regt den Energiefluß im menschlichen Organismus an und stärkt die Selbstheilungskräfte: Durch das Drücken bestimmter Körperpunkte kommen Energien wieder zum Fließen, das Kräftegleichgewicht im Organismus wird wieder hergestellt.
Moderne wissenschaftliche Untersuchungen bestätigen die Wirksamkeit dieser jahrtausendealten Methode, die sich hervorragend zur Selbsthilfe eignet. Auch ohne alle Energie-Leitbahnen und Punktarten zu kennen, können Sie mit Akupressur Ihre körpereigenen Energien wieder in Harmonie bringen, und damit zahlreichen Beschwerden vorbeugen.

Wesen und Ursprung der Akupressur

Kurze Geschichte von Akupressur und Akupunktur

Bewährte Reiztherapie

Akupressur und Akupunktur haben eine gemeinsame Geschichte und jahrtausendelange Tradition. Da bei der Akupressur die körpereigenen Energien per Fingerdruck beeinflußt werden, ist sie im wirklichen Sinn eine *Be-Handlungsmethode*. In der Akupunktur dagegen bedient man sich zur Reizung der über tausend Energiepunkte an der Körperoberfläche der verfeinerten Technik der Nadelung mit Gold-, Silber- und Stahlnadeln. Während die Behandlung mit Nadeln eine spezielle Ausbildung erfordert, außerdem die genaue Kenntnis der Energiepunkte, ihrer Lage, Bedeutung und Wirkung, ist die Anwendung der Akupressur leicht zu erlernen.

Leicht zu erlernen

Akupressur bedeutet Punkt-Drücken

Das Wort Akupressur setzt sich zusammen aus den lateinischen Worten *acus = Spitze, Nadel, Punkt* und *premere / pressum = drücken*. Akupressur bedeutet nichts anderes als Punkt-Drücken. Akupunktur – *pungere = stechen* – heißt dementsprechend Punkt-Stechen oder Nadel-Stechen.
Die unter dem Namen Shiatsu bekannte Massageform hat ebenso zum Ziel, die Lebenskräfte anzuregen. Shiatsu ist japanischen Ursprungs und bedeutet »Fingerdruck«.

Urformen der Druckpunktmassage

In China wurde die Akupressur-Behandlung in ein System gebracht – Urformen der Akupressur aber finden wir in allen Kulturkreisen. Völkerkundliche Studien berichten von Bantu-Stämmen, die Krankheiten damit kurieren, daß sie bestimmte Körperstellen ankratzen, und von einem Kannibalenstamm im brasilianischen Dschungel, bei dem Kranken durch ein Blasrohr kleine Pfeile auf bestimmte Körperpartien gesetzt werden.

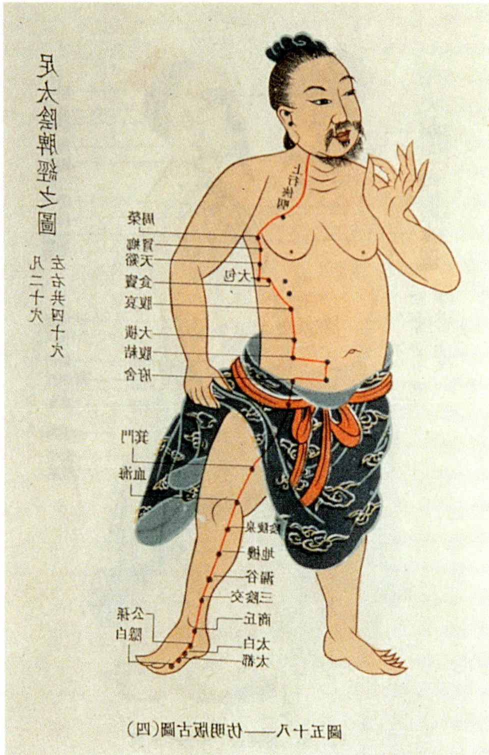

Instinktive Selbsthilfe

Kinder drücken bei Schmerzen spontan irgendwelche Körperstellen, die mit der schmerzenden Stelle in keiner unmittelbaren Beziehung stehen, oft sogar weit von dieser entfernt. Jeder von uns kennt das nervöse Zupfen am Ohrläppchen, das Reiben mit dem Zeigefinger über die Nasenspitze oder das Drücken von Punkten rund um das Auge in angespannten Situationen oder im Zustand der Erschöpfung. Genauso ist das ungeduldige Trommeln mit den Fingerkuppen auf der Tischplatte ein Hinweis darauf, daß man nicht genügend Energien dort hat, wo man sie gerade benötigt.

Bei Mensch und Tier

Auch bei Tieren können wir dieses Prinzip der Selbsthilfe beobachten: Bei organischen Leiden pressen sie bestimmte Körperstellen gegen Widerstände, legen sich auf Äste oder Steine, um Druck gegen ihren Körper zu erzeugen und damit den Schmerz zu bekämpfen.

Leitbahnen und heilsame Punkte sind den Chinesen seit Jahrtausenden bekannt.

■ Das alles legt die Vermutung nahe, daß die Urformen der Akupressur eine Art instinktiver Selbsthilfe sind, der sich sowohl der Mensch als auch Tiere bedienen.

Heilmethoden mit jahrtausendealter Tradition

Die Geschichte von Akupressur und Akupunktur ist seit etwa 5000 Jahren durch archäologische Funde dokumentiert.
Der sagenumwobene »Gelbe Kaiser« (Huang Ti; 2698 bis 2598 vor unserer Zeitrechnung) hat das damalige Wissen um die Wirkungen der Energien im menschlichen Körper in ein System gebracht. Der legendäre Herrscher soll außerdem das Rad und das Geld erfunden sowie ein Musiksystem und eine Gestirnsordnung eingeführt haben. Chinas Geschichte und seine Kultur hatten lange Zeit viel Geheimnisvolles, Mystisches an sich. Erst im 17. Jahrhundert berichteten nach Europa zurückkehrende Missionare ausführlich über die chinesische Kultur. Jene, die Kranke mit chinesischen Heilmethoden behandelten, beispielsweise mit Fingerdruck, Massage oder Nadelung, nahm man jedoch nicht ernst. Das chinesische Behandlungssystem wurde als rückständig bezeichnet, obwohl die Chinesen lange Zeit vor den Europäern das Porzellan, das Papier, den Buchdruck und das Schießpulver (chinesisches Feuerwerk) erfunden hatten – und obwohl sich die chinesische Medizin mit ihren Methoden über Jahrtausende in der Praxis bewährt hatte.

Unverständnis im Westen

In Europa erst spät bekannt

Erst im Jahre 1939 schrieb der französische Diplomat Soulié de Morant, der einige Zeit in China gelebt hatte, ein Werk über die Akupunktur, in dem diese Heilmethode zum ersten Mal in Europa als hochentwickeltes Behandlungsverfahren dargestellt wurde.

Die Verbreitung der chinesischen Medizin

Akupressur richtig gesehen

Die Chinesen haben ein eigenes Verständnis vom Leben, von der Natur, von Gesundheit und Krankheit, vom Menschen und dem Universum entwickelt. Sie hatten schon vor Jahrtausenden Kenntnisse von den Gesetzen des Lebens und des Universums, die uns bis heute verborgen geblieben sind. Wir haben gelernt, an das zu glauben, was wissenschaftlich bewiesen werden kann, und dabei übersehen, daß die Gesetze der Natur und des Universums ihre Gültigkeit unabhängig davon haben, ob unser Verstand sie zu fassen vermag oder nicht. Wir waren gewohnt, den menschlichen Körper in erster Linie als Materie zu betrachten, während er für die chinesische Heilkunde vor allem ein Energiesystem ist mit einander entgegenwirkenden und einander ergänzenden Kräften (Seite 14), die es im Gleichgewicht zu halten gilt. Wenn wir uns das bewußtmachen, dann hat die Akupressur weniger Geheimnisvolles an sich.

Nadelstiche schalten den Schmerz aus

Die Selbstheilungskräfte aktivieren – mit einfachen und natürlichen Mitteln.

Sensationelle Erfolge der Akupunktur fanden in den Massenmedien große Beachtung: Im Jahre 1971 erkrankte ein Mitarbeiter der ›New York Times‹ in China an einer Blinddarmentzündung. In einem Pekinger Krankenhaus wurde er bei nur örtlicher Betäubung durch Nadelstichanalgesie (Analgesie = Aufhebung der Schmerzempfindung) operiert und konnte somit den Eingriff bei vollem Bewußtsein beobachten.

In Österreich wurde die Methode der Akupunktur schlagartig einer breiten Öffentlichkeit bekannt, als in Wien 1972 eine Patientin während einer Mandeloperation durch wenige Nadelstiche schmerzfrei gehalten wurde: Mittlerweile sind Operationen, bei denen der Patient mit Hilfe von Akupunktur schmerzfrei ist, keine Seltenheit mehr.

Wünschenswerte Zusammenarbeit

■ Heute ist die chinesische Heilkunde eine gelungene Verbindung von moderner Medizin und traditioneller Heilkunst. Es ist zu wünschen, daß auch in Europa Schul- und Naturmedizin einen Weg verstärkter Zusammenarbeit und gegenseitiger Ergänzung finden; alle Betroffenen, Ärzte wie Patienten, können davon nur profitieren.

Wie wirken Akupunktur und Akupressur?

Der erste Schritt: Vertrauen in die Methode

Die eindrucksvollen Erfolge von Akupunktur und Akupressur haben viele medizinische Forschungsstellen veranlaßt, den Wirkungsmechanismen dieser Heilmethoden auf den Grund zu gehen. Es gibt zwar viele Spekulationen über die Wirkung von Akupressur, aber noch keine Erklärungsmodelle, die widerspruchsfrei akzeptiert werden. Für die Selbstbehandlung ist zunächst nicht wichtig, wie diese Heilmethode wirkt, sondern daß sie wirkt.
Oft hört man das Argument, die Wirkung beruhe auf Suggestion und es werde nur ein Placebo-Effekt, ein Scheinerfolg, erzielt. Dem ist einfach zu widersprechen: Akupunktur und Akupressur funktionieren auch bei Bewußtlosen und bei Tieren.

Nachgewiesene Heilerfolge

Akupunktur als gezielte Therapie

Eindrucksvolle Erfolge hat heute die vom Fachmann durchgeführte Akupunktur zur Schmerzbehandlung sowie bei der Therapie folgender Störungen: Abweichende Werte beim Blutbild (infolge einer Überproduktion roter Blutkörperchen), Funktionsstörungen des Herzens, der Atmungs- und der Verdauungsorgane, Störungen des Nervensystems und des Knochen- und Muskelapparates. Mit Hilfe von Blutuntersuchungen, Aufzeichnungen der Herzstromkurve und Messungen der Atmungswerte wurden Behandlungserfolge der Akupunktur auch wissenschaftlich belegt.
Erwiesen ist auch, daß an den Heil- oder Reizpunkten und den Meridianen besondere energetische Zustände herrschen: Die elektrische Leitfähigkeit der Haut ist an den Behandlungspunkten größer als in deren Umgebung. Ein kanadischer Wissenschaftler hat überdies nachgewiesen, daß Akupunktur und Akupressur die Produktion von körpereigenen und sehr wirksamen Schmerzmitteln, den sogenannten Endomorphinen, anregen. Anfang 1998 gelang einem Grazer Forscherteam der Nachweis, daß Akupunktur die Durchblutung des Gehirns wesentlich verbessern kann.

Produktion körpereigener Schmerzmittel

Energiebahnen und Reizpunkte im Visier

Weitere Beweisverfahren beschäftigen sich mit elektrischen Messungen des Hautwiderstandes, mit der Gewebebeschaffenheit der Reizpunkte und der Beeinflussung von Neurotransmittern, den Überträgerstoffen im Gehirn.

Durch Reizung der »Knotenpunkte« in den Leitbahnen des Körpers wird der Energiefluß angeregt.

In Los Angeles untersuchte der Forscher H. Motoyama in einem aufwendigen Forschungsprojekt die Energiebahnen des menschlichen Körpers. Das Ergebnis: Die Lebensenergie fließt nicht – wie angenommen – durch die Bahnen des Nervensystems, sondern in eigenen physiologisch nachweisbaren Kanälen; diese sind möglicherweise identisch mit dem speziellen Informationssystem (siehe Kasten Seite 24).

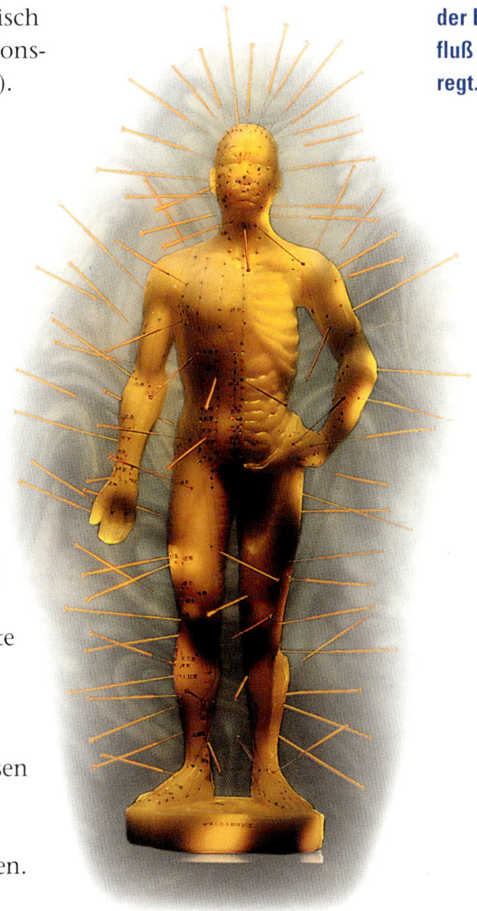

Erforschung der Punkte

Ein Forschungsprojekt des Anatomischen Instituts der Universität Witten/Herdecke beschäftigte sich ausführlich mit Gestalt und Form der Akupunkturpunkte.

Diese Punkte werden als »spezifisch strukturierte Bündel« beschrieben, die aus einem speziellen Gefäß-Nervenbündel bestehen und die oberflächliche Körperfaszie (dünne, sehnenartige Muskelhaut) durchstoßen. Da gerade im Bereich der Akupunkturpunkte diese Bündel eine besondere Form und Lokalisation aufweisen, kann auch auf eine besondere Funktion geschlossen werden. Neueste Forschungsarbeiten bestätigen also jahrtausendealtes Erfahrungswissen.

Die Selbstheilung anregen

Hilfe durch Fingerdruck

Die natürliche Regenerations- und Heilungsfähigkeit des Körpers bedarf aber keines ausführlichen naturwissenschaftlichen Beweises. Jeder kennt diese Kräfte von der Verheilung kleiner Schürfwunden oder größerer Operationswunden. Akupressur hilft Ihnen, diese Energien wieder bewußter wahrzunehmen. Sie aktiviert die in jedem von uns vorhandenen Selbstheilungskräfte. Durch einfachen Fingerdruck können wir die Lebensenergie harmonisieren – bei Schmerzen, bei alltäglichen oder chronischen Beschwerden (Seite 43), oder ganz einfach zur Vorbeugung (Seite 40).
Es geht nur darum, Akupressur anzuwenden.

Die Rolle des Nervensystems

Häufig wird auch die Meinung vertreten, daß auf der Haut und im Körper ein Informationssystem verläuft, das sich noch vor dem Zentralnervensystem im Embryonalstadium ausbildet. Damit sind wir in einem der schwierigsten Bereiche von Biologie und Medizin: beim Nervensystem. Hier gibt es erstaunlich viele Nahtstellen zwischen der jahrtausendealten Erfahrungsmedizin und neuesten Forschungsergebnissen der Physiologie, der Lehre von den Lebensvorgängen.
Die Nervenfasern in der Haut übertragen viele Reize, zum Beispiel Kälte, Hitze oder Druck. Erst im Gehirn wird ein Reiz als »Schmerz« identifiziert. Zwei Arten von Nervenfasern sind für diese Reizweiterleitung durch den Körper ins Gehirn verantwortlich: Die einen leiten alle Reize langsam weiter, die anderen vorwiegend kräftige Reize mit Höchstgeschwindigkeit.
Wird nun ein starker Reiz auf einer schnellen Bahn weitergeleitet, dann ist für alle anderen weniger ausgeprägten Reize dieser Informationsstrang blockiert. Diese Tatsache – daß die Schmerzweiterleitung unterbunden werden kann – erklärt, warum Akupunktur das Schmerzempfinden aufheben kann.

Über die Behandlung

Entscheidend für Erfolg oder Mißerfolg der Akupressur als Selbsthilfemethode sind wenige, aber wichtige Dinge, mit denen Sie sich vor Beginn einer Selbstbehandlung vertraut machen müssen.

Die Ursachen behandeln

Mit dieser natürlichen Heilmethode behandeln Sie nicht die Anzeichen einer Krankheit, sondern die Krankheitsursache, die nach chinesischer Auffassung im gestörten Gleichgewicht der Lebenskräfte zu suchen ist (Seite 13). Sie können damit das Gleichgewicht, die Harmonie der körpereigenen Energien, wiederherstellen.

■ Halten Sie sich also immer vor Augen, daß Sie nicht nur eine Technik anwenden, sondern daß Sie mit Ihren eigenen Körperenergien arbeiten!

Die Energiebahnen des Körpers

Das Fließen der Lebensenergie

Grundlage der chinesischen Heilkunde ist – wie gesagt (Seite 12) – die Auffassung, daß nicht nur das reibungslose Funktionieren von Organen, Knochen, Muskeln, Nerven für die Gesundheit wichtig ist, sondern das freie und ungehinderte Fließen der Lebensenergie, des Chi. Diese Energie zirkuliert in geschlossenen Bahnen im Körper und an der Körperoberfläche. Zu einer Gesundheitsstörung oder einer Krankheit kommt es durch die Schwächung oder die Blockade dieses Energieflusses – wenn nämlich ein Element der polaren Lebenskräfte über längere Zeit dominiert und so der harmonische Ausgleich nicht mehr erreicht wird (Seite 15). Die Gründe für solche Störungen reichen von klimatischen Einflüssen über Verletzungen bis zu falscher Ernährung oder dauernder Überforderung.

Ausgleich der Energien

Ziel der Akupressur ist es, über bestimmte Punkte auf den Energiebahnen Störungen des Energieflusses zu beheben. Die Behandlung besteht also im wesentlichen in der Wiederherstellung des Energieausgleichs: Dort, wo ein Energiestau ist, wird Energie abgeleitet; dort, wo Energie fehlt, wird sie zugeführt. Die körperlichen Symptome, obwohl Orientierung bei der Behandlung, sind lediglich ein Hinweis darauf, welche Energiebahnen im Körper gestört sein könnten.

12 Energiebahnen durchziehen den Körper

Fast alle Punkte für die Akupressur-Behandlung liegen auf den Energiebahnen, auch Meridiane genannt (Abbildungen Seite 19, 23); einige Spezialpunkte liegen außerhalb. Es gibt sechs Yin- und sechs Yang-Meridiane, jeweils paarig auf der linken und der rechten Körperhälfte angeordnet, und zwei Gefäße, Energiebahnen auf der Symmetrieachse des Körpers; das Lenkergefäß kontrolliert die sechs Yang-Meridiane, das Konzeptionsgefäß die sechs Yin-Meridiane. Über den genauen Verlauf der Energiebahnen informieren Lehrbücher der Akupunktur (Seite 92).
Bei der Akupunktur wird über die Reizung mit Gold-, Silber- oder Stahlnadeln das Gleichgewicht der Kräfte Yin und Yang wiederhergestellt. Bei der Moxa-Therapie (Moxibustion) geschieht diese Reizung durch Abbrennen von kleinen Heilkräuterkegeln über den Punkten (Wärmeeinwirkung), bei der Akupressur durch mechanische Stimulation, über rhythmische Impulse an den Punkten werden energetische Informationen über die Energiebahnen transportiert und die Eigenregelung damit aktiviert.

Die Punktarten und ihre Wirkung

Die Akupressur kommt, im Vergleich zur Akupunktur, mit relativ wenigen Punkten aus, die in der Regel mit der Kuppe des Zeige- oder Mittelfingers oder des Daumens akupressiert werden (Grifftechniken, Seite 38 und 39).
Die verschiedenen Punkte lösen unterschiedliche Reaktionen aus; der Energiesituation des Körpers und dem damit verbundenen Beschwerdebild entsprechend werden Punkte mit beruhigender, dämpfender (sedierender) Wirkung oder solche mit aktivierender, belebender, aufbauender (tonisierender) Wirkung gereizt. Für vorbeugende Behandlungen eignen sich die Harmonisierungspunkte sehr gut (siehe Kurzprogramme zur Vorbeugung, Seite 40).

Auch zur Vorbeugung

Anregende und beruhigende Punkte

Die chinesische Medizin unterscheidet folgende Punktarten:

- Harmonisierungspunkte:

Sie liegen am Anfang und am Ende jeder Energiebahn und haben die Funktion, die Energien in allen zugeordneten Organen und Organgruppen zu harmonisieren.

- Anregungspunkte (Tonisierungspunkte):

Energien mobilisieren oder ableiten

Auf jeder Energiebahn gibt es einen Anregungspunkt. Durch die Behandlung des Anregungspunktes werden im Falle eines Kräftemangels Energie und Aktivität mobilisiert. Eine solche Energiezufuhr wird Tonisierung genannt. Über die Anregungspunkte können auch Kraftreserven freigesetzt werden.

- Beruhigungspunkte (Sedierungspunkte):

Diese Punkte werden bei allen Überfunktionen (Energiefülle) und bei vielen Formen eines gestörten Verhältnisses von Spannung und Entspannung behandelt. Die Reizung von Beruhigungspunkten hat energieableitende Wirkung.

- Spezialpunkte:

Sie liegen in der Regel außerhalb der Energiebahnen und haben bei bestimmten Störungen große Wirksamkeit.

- Alarmpunkte:

Für den Akupressur-Erfahrenen interessante Punkte mit einer Doppelfunktion als Diagnose- und Erste-Hilfe-Punkte.

■ Im Behandlungsteil dieses Ratgebers werden die einzelnen Punktarten nicht ausführlich beschrieben. Die vorgeschlagenen Punkte sind jedoch erprobt, und zu ihrer erfolgreichen Anwendung ist die genaue Kenntnis der Energielehre nicht notwendig.

Von kundiger Hand gesetzt, sind die heilsamen Nadelstiche meist kaum zu spüren.

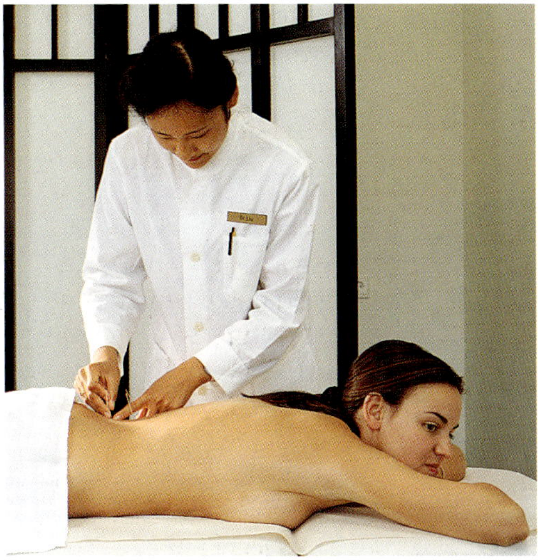

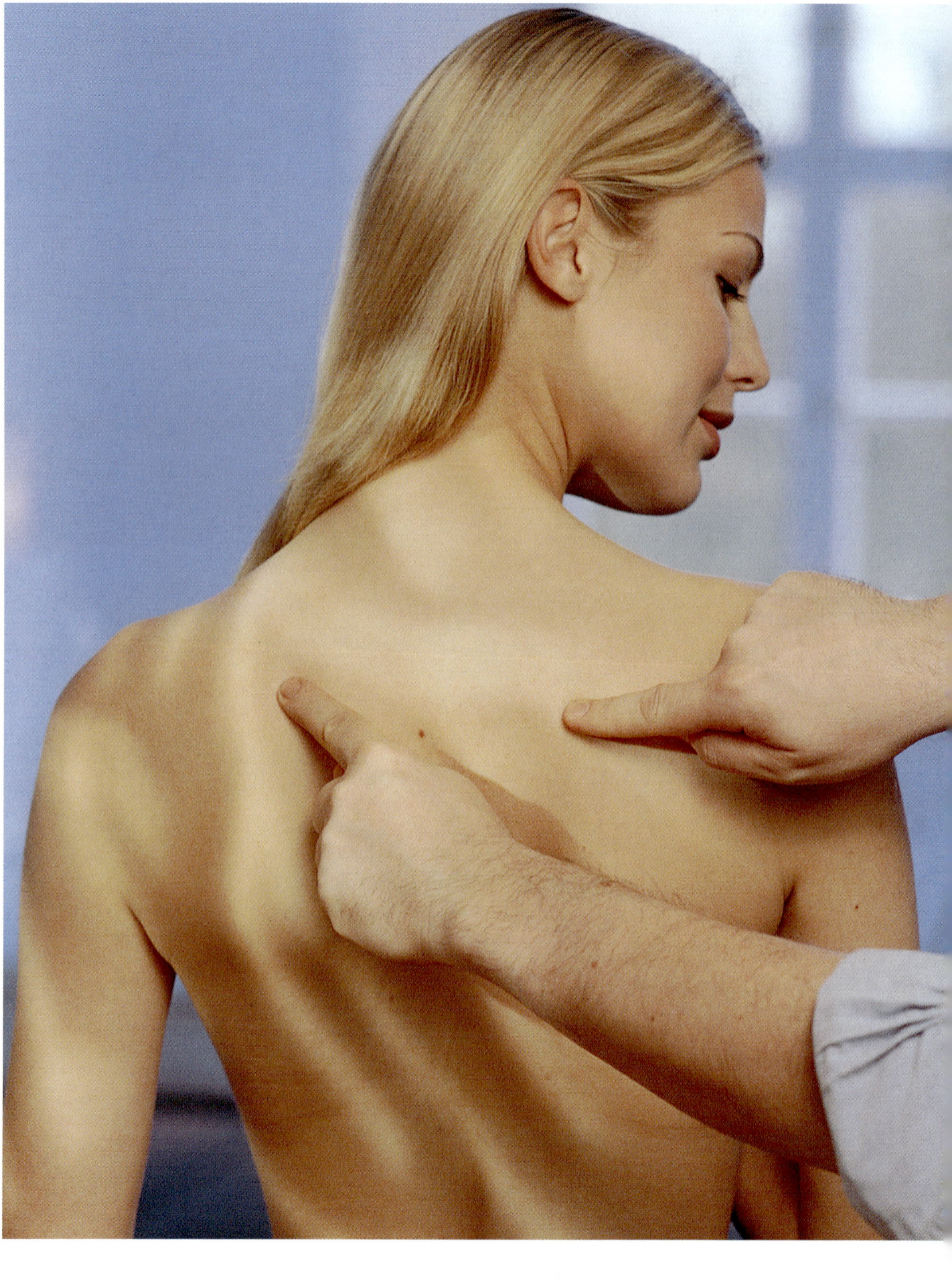

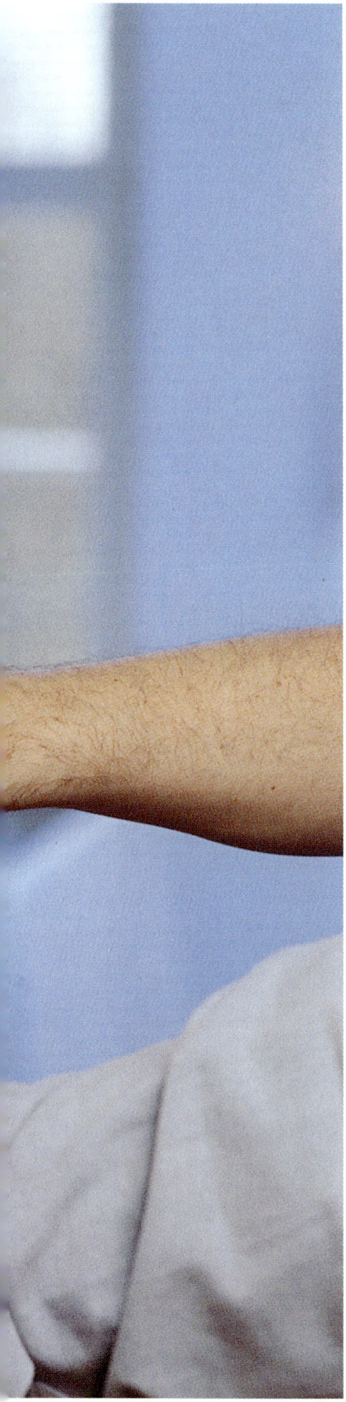

Akupressur leicht gemacht

Mit Akupressur lassen sich vielerlei Alltagsbeschwerden, aber auch die Symptome chronischer Erkrankungen wirksam behandeln. Erwarten Sie jedoch keine zu schnellen Erfolge! Wesentliche Voraussetzungen für eine wirkungsvolle Behandlung sind Offenheit sich selbst und dem eigenen Körper gegenüber sowie die Bereitschaft, in der Akupressur kein Allheilmittel zu sehen. Für ihre Wirkung spielen die richtige Druck- und Grifftechnik sowie das empfindsame Aufspüren der richtigen Behandlungspunkte eine entscheidende Rolle.

Mit Hilfe dieser Methode lernen Sie, mit Ihren Energien harmonisch und sanft umzugehen. Der einzige »Schaden«, der Ihnen bei einer Behandlung entstehen könnte, ist jener, daß Sie keinen Erfolg erzielen, beziehungsweise sich Ihre Beschwerden nicht bessern.

Vorbereitung auf die Praxis

Die Selbstbehandlung

Akupressur bewirkt keine Wunder. Bei der Selbstbehandlung, soll sie erfolgreich sein, müssen stets die Möglichkeiten und die Grenzen dieser Methode berücksichtigt werden:

- Akupressur hilft nicht bei jeder Störung, nicht zu jeder Zeit und auch nicht immer bei jedem Menschen.
- Überall dort jedoch, wo die Ursachen einer Störung in einem Ungleichgewicht der Lebenskräfte zu suchen sind, können wir mit der Akupressur sehr wirkungsvoll Gesundheitsstörungen und Beschwerden beeinflussen und verbessern.

Akupressur sinnvoll einsetzen

Bei Beschwerden, zur Vorbeugung

- Die natürliche Heilmethode Akupressur ist wie keine andere geeignet zur Schmerzbehandlung, zur allgemeinen Beruhigung, als Überbrückung in Notfällen (bis ärztliche Behandlung möglich ist), als ständige Gesundheitsvorsorge, zur Harmonisierung und zum Spannungsausgleich, zur Steigerung des Wohlbefindens. Wo wir mit Akupressur eine generelle Harmonisierung des körpereigenen Energiehaushalts erreichen, wird das Symptom als Signal des Körpers in vielen Fällen überflüssig.
- Akupressur hat zudem eine stark ausgleichende Wirkung auf Fehlfunktionen des Nervensystems. Nach Schätzungen der Schulmediziner haben etwa zwei Drittel aller Beschwerden ihre Ursachen in den verschiedensten Fehlfunktionen des Nervensystems.
- Die eigentliche Aufgabe der Akupressur ist jedoch die Vorbeugung, der Erhalt der Gesundheit also. Dazu finden Sie auf Seite 40 Anwendungen, die Sie sinnvoll in Ihren Alltag einbeziehen können, auch wenn Sie beschwerdefrei sind.

Erst nach genauer Diagnose

■ Im Behandlungsteil dieses Buches (Seite 43) sind die Beschwerdebilder, bei denen eine Selbstbehandlung erfolgversprechend ist, näher erläutert. Eine verantwortungsvolle Eigenbehandlung sollte immer auf der Grundlage einer möglichst genauen Diagnose erfolgen. Sie können sicher eigene, Ihnen aus Ihrem Alltag bekannte Beschwerden selbst einordnen – sind Sie jedoch unsicher, holen Sie sich bitte fachkundigen Rat und fragen Sie Ihren Arzt oder Therapeuten, inwiefern sich Akupressur als ergänzende Behandlung in ein Therapieprogramm einbauen läßt.

WICHTIG

Selbstbehandlung mit Akupressur darf nicht durchgeführt werden

- bei schweren organischen Herz- und Kreislauferkrankungen,
- bei lokalen Hautveränderungen im Bereich der Behandlungspunkte, zum Beispiel bei Flechten, Pilzinfektionen, Eiterungen.
- Während der Schwangerschaft sollen einige Punkte nicht akupressiert werden (unten).

Akupressur kann keinesfalls medizinisch notwendige Eingriffe oder Therapien ersetzen! Liegt einer Störung eine organische Schädigung zugrunde, kann von dieser Methode nur eine vorübergehende Schmerzlinderung, aber keine dauernde Hilfe erwartet werden! Bitte beraten Sie sich mit dem Arzt Ihres Vertrauens.

Akupressur in der Schwangerschaft

Zur Selbstbehandlung mit Akupressur während der Schwangerschaft gibt es unterschiedliche Expertenmeinungen und zum Teil auch widersprüchliche Erfahrungen – bitte fragen Sie dazu einen in Akupunktur ausgebildeten Arzt oder einen erfahrenen Therapeuten! Offensichtlich stellen Mutter und Kind in der Schwangerschaft eine besondere »energetische Situation« dar, welche individuell zu diagnostizieren und zu behandeln ist. Es sind vor allem Anregungspunkte zu meiden, deren Massage eine Aktivität der Gebärmuttermuskulatur auslösen könnte.

Punkte zur Selbstbehandlung

In einer normal verlaufenden Schwangerschaft können bei Bedarf folgende Punkte im Rahmen der Selbstbehandlung ohne Bedenken akupressiert werden:

Vorbereitung auf die Praxis

- die Harmonisierungspunkte (Seite 40), insbesondere auch zur Vorbeugung,
- die Schmerzpunkte bei Kreuzschmerzen (KA-TE, Insel der Mitte und Hochberg in Tibet, Seite 80 und 90),
- die Punkte für Schnupfen und Erkältungen (Tal der Senke, Yang-Teich und Meister des Duftes sowie Getreidespeicher, Seite 57 und 83).

TIP!

Nach Einsetzen der Geburtswehen und während der Geburt können die beiden Punkte »Erreichung des Yin« an der Außenseite der beiden kleinen Zehen (Seite 51) vom Partner zur Geburtserleichterung akupressiert werden.

Akupressur bei Kindern

Kürzere Behandlungszeiten

Kinder reagieren meist rascher als Erwachsene auf energetische Einflüsse. Deshalb ist die bei den Akupressurpunkten angegebene durchschnittliche Richtzeit für die Dauer der Massage zu halbieren.

■ Bei Kindern ist es oft auch schwieriger, eine einigermaßen verläßliche Diagnose zu stellen. Selbst hinter einfach scheinenden Befindlichkeitsstörungen wie Schnupfen oder Bauchweh können beginnende infektiöse Prozesse stecken; bitte holen Sie im Zweifelsfalle immer fachkundigen Rat ein!

Kinder können sich auch selbst behandeln

Positive Erfahrung

Akupressur bietet eine einfache und pädagogisch sehr wirkungsvolle Möglichkeit, Kinder mit einer eigenverantwortlichen Gesundheitsvorsorge vertraut zu machen, weil sie die unmittelbare Wirkung an sich selbst sehr bald spüren können. Neben der wichtigen Erfahrung für die Kinder, daß sich die Eltern mit persönlicher, körperlicher Zuwendung um sie kümmern, können Kinder damit in jungen Jahren eine Methode kennenlernen, mit der sie gesundheitsbewußt für sich selbst sorgen können.

In China üblich

In China hängen in vielen öffentlichen Gebäuden Tafeln und Anleitungen für Übungen aus verschiedenen Methoden zur Beeinflussung des Energiekreislaufes. In Schulen gibt es zum Beispiel Tafeln mit Zeichnungen als Anleitung zur Akupressur verschiedener Punkte zur Regeneration der Augen, weil eben die Augen im Schulalltag einer gewissen Dauerbelastung ausgesetzt sind.

Die wichtigsten Einsatzbereiche

Diese Punkte sind geeignet

Neben der vorbeugenden Massage der Harmonisierungspunkte (Seite 40) ist die Akupressur bei Kindern vor allem einzusetzen bei:

- Angstzuständen, Nervosität (Taubenschwanz, Göttlicher Gleichmut, Seite 44, 45)
- Bettnässen (Göttlicher Gleichmut, Treffpunkt der 3 Yin, Seite 50)
- Erkältungen, Grippe, Halsweh und Schnupfen (Yang-Teich, Tal der Senke, Junger Händler, Getreidespeicher und Meister des Duftes, Seite 57, 60, 83)
- Ein- und Durchschlafstörungen, Konzentrationsstörungen (Meer der Energie, Spezialzonen Fingerkuppen, Spezialzone Zeh, Spezialpunkt zwischen den Augenbrauen, Göttlicher Gleichmut und Hervorströmender Frühling, Seite 65, 81, 87)
- Verdauungsstörungen (Unterarmzone, Meisterpunkt des Magens und Tal der Senke als Meisterpunkt der Schleimhautregulation, Seite 69, 70)
- Zahnschmerzen (Zahnfleischpunkt, Yang-Käufer und Spezialzone Kleinfinger, Seite 91)

WICHTIG

Wenn Sie Ihr Kind mit Akupressur behandeln, richten sich der Druck und die Entfernung (Fingerbreiten) nach dem kleinen Patienten (Partnerbehandlung, Seite 37). Denken Sie daran, Ihre Hände vorher anzuwärmen, und beginnen Sie die Akupressur mit sanftem Druck.

Die 12 Regeln für die Behandlung

1 Nicht akupressieren sollten Sie bei großer Müdigkeit, unmittelbar nach dem Essen und nach Alkoholgenuß.

2 Führen Sie die Behandlung in einem warmen, gut gelüfteten Raum durch; Wärme und gute Luft wirken entspannend.

Sie brauchen Ruhe ...

3 Sie brauchen Ruhe für die Behandlung – weder Fernseher oder Radio noch Tür- oder Telefonklingel sollten Sie stören.

... und Zeit

4 Akupressieren Sie niemals unter Zeitdruck; wenn Sie sich gehetzt fühlen, verspannen Sie sich.

5 Die Hände sollen sauber und warm sein. Die Fingernägel dürfen nicht allzu lang sein, sonst ist der Druck zu schmerzhaft oder es kommt zu Haut- oder Gewebereizungen.

Die richtige Druckstärke

6 Der Körperteil, den Sie behandeln wollen, sollte auf einer stabilen Unterlage liegen. Am besten nehmen Sie bei der Behandlung eine entspannte Sitzhaltung ein. Wenn Sie von einem Partner behandelt werden, können Sie auch liegen. Entspannen Sie den Körperteil, den Sie gerade behandeln oder der von einem Partner behandelt wird, so gut wie möglich. Die Druckmassage sollte sicher und gleichmäßig auf die Punkte einwirken, die Intensität des Drucks richtet sich nach Ihrem Empfinden.

7 Konzentrieren Sie sich während der Behandlung auf die Arbeit mit Ihren Lebensenergien – weniger auf die Symptome, unter denen Sie leiden! Die körpereigenen Regulationskräfte stehen im Zentrum Ihrer Aufmerksamkeit.

8 Sie akupressieren zunächst einen Punkt – sowohl auf der rechten als auch auf der linken Körperseite – und warten in Ruhe die Reaktion Ihres Körpers ab. Es ist nicht sinnvoll, zu viele Punkte zu schnell nacheinander zu akupressieren, Ihr Körper braucht Zeit, die gesetzten Reize zu verarbeiten! Werden Sie nicht ungeduldig, wenn sich der Behandlungserfolg nicht sofort einstellt. Bei einigen Punkten dauert es nach der Behandlung bis zu 20 Minuten, ehe

eine Reaktion (Schmerzerleichterung, Nachlassen oder Abklingen der Beschwerden) spürbar wird.

Jeder Mensch reagiert anders

9 Nicht alle Menschen reagieren auf die Akupressur einzelner Punkte in gleicher Weise. Oft erzielen Sie schon mit der Behandlung eines Punktes den gewünschten Erfolg, ein anderes Mal dauert es vielleicht etwas länger, bis Sie jenen Punkt oder jene Punktekombination herausgefunden haben, auf die Sie am besten ansprechen. In welcher Reihenfolge Sie die Akupressur-Punkte behandeln, ergibt sich schließlich aus Ihrer Erfahrung. Am besten notieren Sie sich, auf welche Punkte Ihr Körper gut reagiert.

10 Fast alle Punkte (mit Ausnahme derer auf der Symmetrieachse) sind spiegelbildlich auf der linken und der rechten Körperhälfte zu finden – also sowohl auf dem rechten als auch auf dem linken Bein, dem rechten und dem linken Arm, rechts und links neben der Wirbelsäule. Akupressieren Sie immer beide Punkte. Wenn es möglich ist, akupressieren Sie beide Punkte gleichzeitig (zum Beispiel an Kopf, Rumpf, Füßen). Die im Behandlungsteil angegebenen Behandlungszeiten gelten für die Akupressur beider symmetrisch vorhandenen Punkte. Für einen Punkt haben Sie also etwa die Hälfte der angegebenen Zeit zur Verfügung.

Akupressieren Sie möglichst immer die Punkte auf beiden Körperhälften gleichzeitig.

Vorbereitung auf die Praxis

11 Die Dauer der Akupressur-Behandlung hängt im Einzelfall von der energetischen Gesamtsituation und vom Alter des Behandelten ab: von 30 Sekunden bis zu 10 Minuten. Bei älteren Menschen haben sich im Laufe ihres Lebens oft energetische Blokkaden gebildet, deren Auflösung zunächst etwas länger dauern kann. Wenn Sie noch keine Erfahrungen mit Akupressur haben und Ihr Energiehaushalt mit diesen Reizen noch wenig vertraut ist, kann es anfangs ebenfalls länger dauern, bis Sie Behandlungserfolge erzielen. Kleinkinder dürfen höchstens eine halbe Minute behandelt werden (Seite 32). Die bei den einzelnen Punkten angegebene Behandlungszeit ist als Richtwert anzusehen (siehe auch Punkt 10)! Wenn Sie das Gefühl haben, mit der Akupressur eines Punktes aufhören zu müssen, beenden Sie die Behandlung – der Körper signalisiert Ihnen auf diese Weise, daß er weitere Reize nicht mehr aufnehmen und verarbeiten kann.

Dauer der Behandlung

12 In der Regel akupressieren Sie ein- bis zweimal täglich; einige Punkte können auch mehrere Male am Tag, jeweils bei Bedarf (zum Beispiel bei Schnupfen, Husten, Schmerzen), akupressiert werden. Genaue Angaben finden Sie bei den Beschwerdebildern.

WICHTIG

Achten Sie von Anfang an auf Ihre Reaktionen. Beenden Sie die Akupressur, wenn der gewünschte Behandlungserfolg eintritt (zum Beispiel das Nachlassen eines Schmerzes).
Sollten in Ausnahmefällen aufgrund einer Behandlung Befindlichkeitsstörungen auftreten – meist ein leichter Schwindel aufgrund etwas zu starken Drucks –, hören Sie einfach mit der Behandlung auf; nach wenigen Sekunden werden Sie sich wieder wohl fühlen. Die Akupressur ist auch dann abzubrechen, sollten sich die behandelten Beschwerden verschlimmern. Bei Beachtung der Regeln (Seite 34) ist dies jedoch in der Praxis äußerst selten der Fall. Bei sachgerechter Anwendung bessern sich Beschwerden innerhalb kurzer Zeit; mit einiger Geduld können Störungen häufig auf Dauer zum Verschwinden gebracht werden.

Die Partnerbehandlung

Bei Angaben über Entfernungen (beispielsweise Fingerbreiten = Querfinger) sind immer die Maße des Behandelten ausschlaggebend! Auch die Intensität des Drucks wird bestimmt vom Behandelten. Bei der Partner-Akupressur ist also nicht entscheidend, ob der Partner das Gefühl hat, er akupressiere mit »kräftigem Druck«, sondern daß der Behandelte die Akupressur als kräftig empfindet – unabhängig davon, wie stark der Druck wirklich ist.

So finden Sie den Behandlungspunkt

Wichtig: Fingerspitzengefühl

Für den Erfolg der Behandlung ist es wichtig, daß Sie das Zentrum eines jeden Akupressur-Punktes behandeln. Über die Lage des Punktes orientieren Sie sich mit Hilfe der Fotos, die jedem Beschwerdebild zugeordnet sind. Beim Lokalisieren des Punktes an Ihrem Körper brauchen Sie – im wahrsten Sinne des Wortes – Fingerspitzengefühl.

Erspüren Sie den Unterschied

Tasten Sie den kleinen Bereich, in dem sich der Punkt befinden muß, aufmerksam ab. Dabei werden Sie schnell merken: Es gibt jeweils eine ganz bestimmte Stelle, bei der Sie spontan das Gefühl haben, daß es die richtige ist. Diese Stelle unterscheidet sich oft in der Gewebestruktur von der Umgebung – Sie spüren eine kleine Einbuchtung oder eine leichte Veränderung der Gewebsfestigkeit. Manchmal ist die richtige Stelle bei Druck auch etwas schmerzempfindlicher als die Umgebung.

Hilfsmittel sind nicht nötig

Auf dem Markt gibt es hochentwickelte Such- und Punktmassage-Geräte, die hauptsächlich über den elektrischen Hautwiderstand im Punktbereich funktionieren. Sie sind meist so konstruiert, daß über dem gesuchten Punkt ein Lämpchen aufleuchtet oder sich automatisch ein kleines Schwingungsmassage-Gerät einschaltet. Diese Geräte sind zwar problemlos anzuwenden, aber teuer.
Ich möchte ausdrücklich darauf hinweisen, daß die menschliche, die einfühlsame und spürende Hand durch kein technisches Gerät zu ersetzen ist. Zur Behandlung der Harmonisierungspunkte an Fingern und Zehen finden allerdings viele Menschen ein Akupressurstäbchen hilfreich.

Die Grifftechniken

Neben jedem zur Behandlung empfohlenen Akupressur-Punkt finden Sie eine Anleitung zur Grifftechnik in Kurzform; im folgenden stelle ich Ihnen die einzelnen Grifftechniken vor.

▶ Drücken

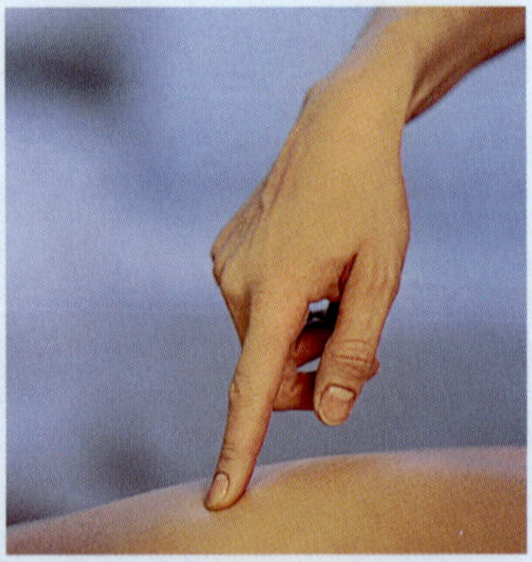

Akupressiert wird mit der Fingerkuppe des Daumens, des Zeige- oder des Mittelfingers. Die Fingerkuppe wird ins Zentrum des Punktes gesetzt, dann wird im Uhrzeigersinn kreisend massiert. Der Finger macht zwei bis drei Kreisbewegungen pro Sekunde, wobei er sich in festem Kontakt mit der Haut um den Punkt bewegt. Die Punkte an den Nagelfalzwinkeln an Füßen und Händen sind gut mit Hilfe eines Akupressurstäbchens aus Akazienholz oder Kupfer zu behandeln.

Die häufigste Art der Behandlung

Für die Druckstärke gilt:

- Bei akuten Schmerzen und bei Erstbehandlungen akupressieren Sie die Punkte durch leichte, kreisende Massage.
- Bei chronischen Beschwerden, aber gutem Allgemeinzustand akupressieren Sie mit mittelstarkem Druck.
- Nur in Ausnahmefällen ist die starke Akupressur mit dem Daumen angezeigt (jeweils im Beschwerdebild angegeben).

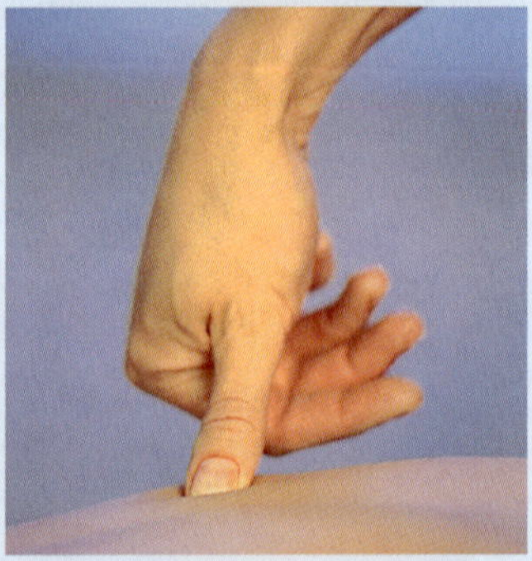

▶ Punktieren

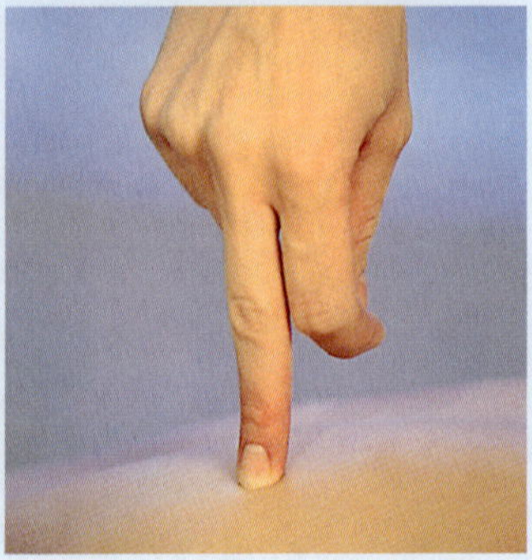

Am Behandlungspunkt werden mit dem Zeige- oder dem Mittelfinger Klopf- oder Stoßbewegungen durchgeführt.

▶ Schieben

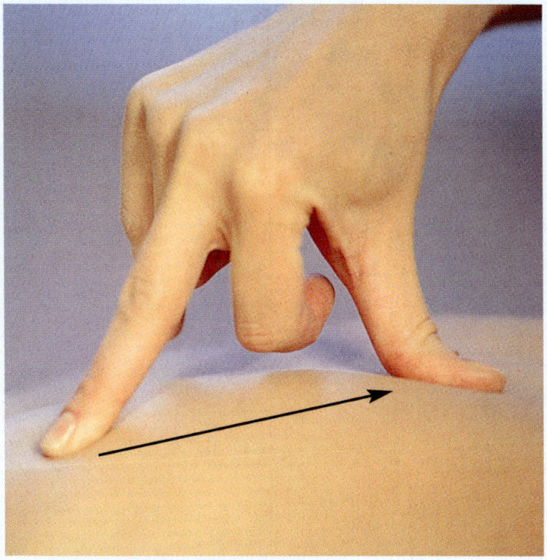

Mit dem Zeige- oder dem Mittelfinger werden Schiebebewegungen entlang einer Linie oder Zone durchgeführt. Der massierende Finger soll dabei möglichst gestreckt sein.

Die Richtung bestimmt die Wirkung

- Schieben in proximaler Richtung (dem zentralen Teil eines Körpergliedes beziehungsweise der Körpermitte zu) wirkt stärkend und aufbauend.
- Schieben in distaler Richtung (von der Körpermitte nach außen oder an den Extremitäten zu den Fingern oder Zehen hin) wirkt abschwächend und energieableitend.

▶ Teilen und Vereinigen

Dabei machen beide Daumen, ausgehend vom Behandlungspunkt, Schiebebewegungen nach außen beziehungsweise treffen von außen nach innen schiebend auf dem Behandlungspunkt zusammen.

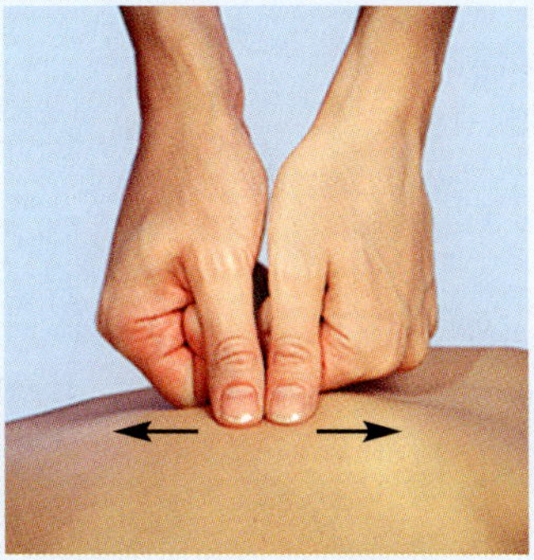

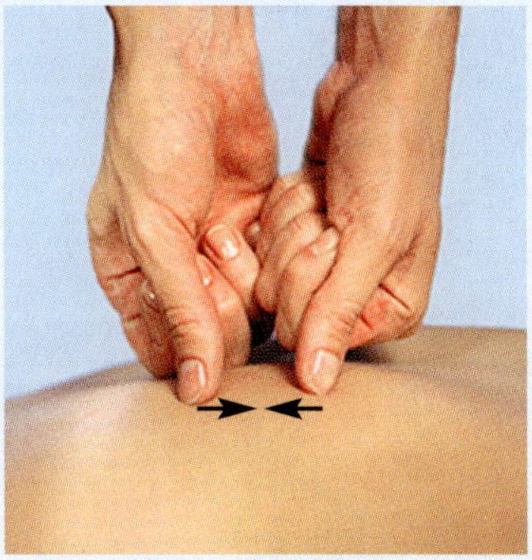

Kurzprogramme zur Vorbeugung

Das Hauptanliegen der chinesischen Heilkunde ist die Erhaltung der Gesundheit. Wenn Sie also unter keinen Beschwerden leiden, die Sie mit Hilfe der Akupressur lindern möchten, können Sie sie auch dafür nutzen, Ihr Wohlbefinden zu erhalten. Voraussetzung dafür ist, daß die polaren Kräfte, Yin und Yang, in einem ausgewogenen Verhältnis zueinander stehen. Die Energieform Yin beinhaltet die Materie, also unseren Körper. Die Energieform Yang steuert die Energie, die ihn durchdringt. Die Yang-Energie reguliert Aktivität und Ruhe. Funktioniert die Yang-Steuerung der Yin-Energie, dann steht uns dort Energie zur Verfügung, wo wir sie brauchen. In Phasen der Entspannung und Erholung sind wir ruhig und gelassen, und die Lebensenergie fließt gleichmäßig. Es gibt einfache Übungen, mit denen man das Gleichgewicht seiner inneren Kräfte erhalten und dafür sorgen kann, daß keine größeren Disharmonien entstehen.

Mehr Schwung und Energie

Eine dieser Übungen besteht darin, die Anfangs- beziehungsweise Endpunkte der Energiemeridiane als Harmonisierungspunkte zu akupressieren. Damit sorgen Sie dafür, daß der Energiekreislauf in Schwung bleibt und kleinere Abweichungen vom energetischen Gesamtgleichgewicht aus eigener Kraft ausgeglichen werden.

Das 20-Minuten-Programm

▶ An Händen und Füßen finden Sie die Harmonisierungspunkte in den Nagelfalzwinkeln.

- Akupressieren Sie jeden dieser Punkte an Händen und Füßen mit der Fingerkuppe etwa 1 Minute lang, insgesamt brauchen Sie dafür also etwa 20 Minuten.
- Nehmen Sie sich dafür zwei- bis dreimal pro Woche Zeit.

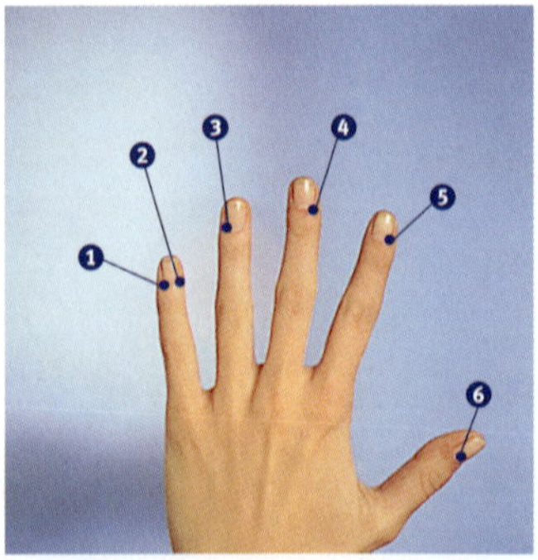

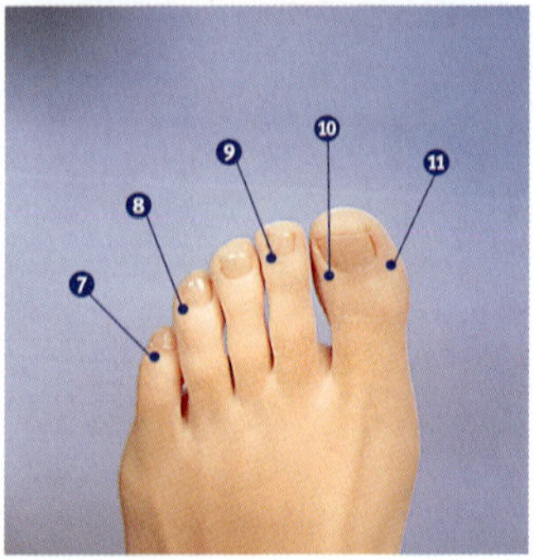

1. Dünndarmmeridian
2. Herzmeridian
3. Meridian Dreifach-Erwärmer
4. Kreislauf-Sexualitätsmeridian
5. Dickdarmmeridian
6. Lungenmeridian
7. Blasenmeridian
8. Gallenblasenmeridian
9. Magenmeridian
10. Lebermeridian
11. Milz-Pankreasmeridian

Ruhe und Ausgeglichenheit

Eine weitere einfache Möglichkeit, vorbeugend zu arbeiten, besteht in der Aktivierung des Energiepotentials von Yin und Yang. Nur wenn Yin (das Material) und Yang (die Regulation, die Ordnung), »Roß und Reiter« also, im Gleichgewicht sind, befinden auch wir uns im Gleichgewicht und fühlen uns gesund, aktiv und wohl.

Durch Akupressur von Yin-Energiezentren erzielen Sie »materialverbessernde« Wirkungen und unterstützen den Aufbau körperlicher Widerstandskraft. Zur Verbesserung der Steuerung der Körperenergien, zur Optimierung des Yang-Prinzips also, akupressieren Sie Körperstellen, über die Sie Zugang zur Yang-Energie haben. Sie stärken damit Ihre seelische Widerstandskraft. Sie merken die Wirkung spätestens nach drei Wochen.

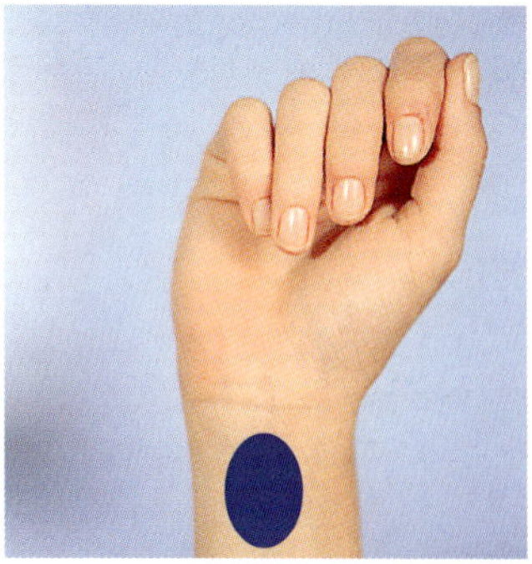

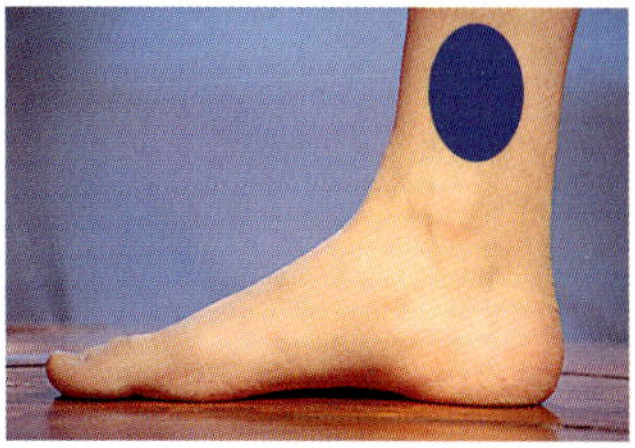

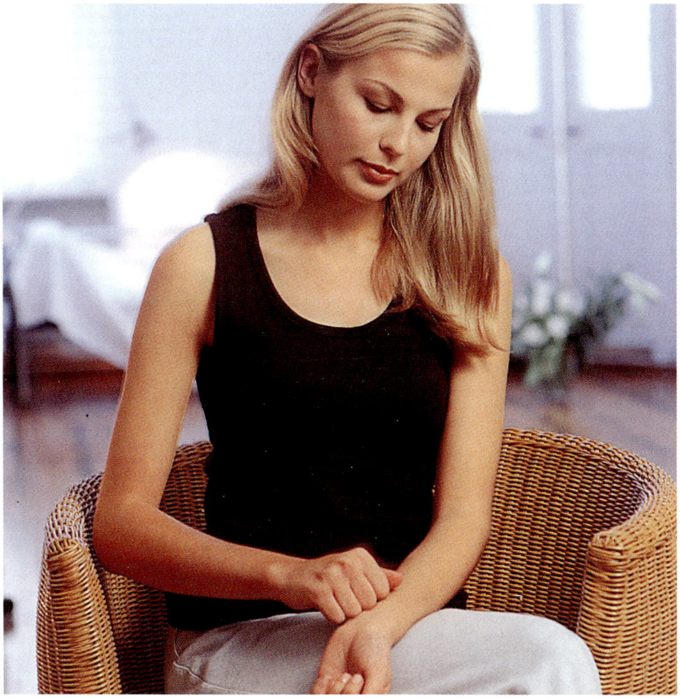

Das 5-Minuten-Programm

▶ An den Handinnenseiten oberhalb der Handgelenke und auf den Fußinnenseiten oberhalb der Innenknöchel befinden sich jene Stellen, über die Sie die Yin-Energien beeinflussen können.

● Reiben Sie die Yin-Bereiche an den Innenseiten beider Hände (bei locker geschlossener Faust) und Füße je 1 Minute mit der Fingeroberseite oder den Fingerknöcheln mit sanftem Druck warm. Am besten tun Sie dies täglich morgens nach dem Aufwachen, noch im Bett.

Kurzprogramme zur Vorbeugung

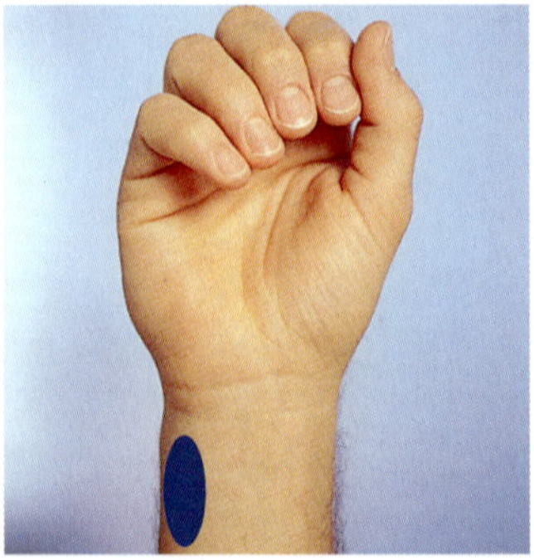

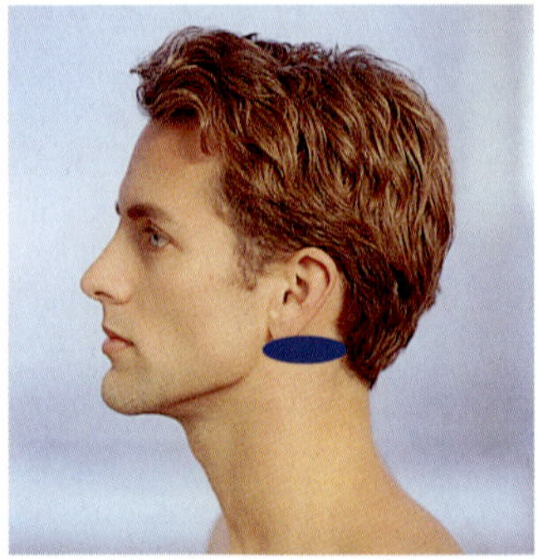

▶ Für die Aktivierung der geistig-seelischen Regulationskräfte stehen uns drei Bereiche zur Verfügung. Probieren Sie einfach aus, auf welchen Sie am besten reagieren. Am unteren Ende des Brustbeins (Bild unten), auf der Handkantenseite etwas oberhalb des Handgelenks (Bild Mitte) sowie hinter dem Ohrläppchen (etwa vier bis fünf Zentimeter in Richtung Hinterkopf, Bild rechts) befinden sich die Yang-Signalstellen, über deren Aktivierung Sie den Aufbau Ihrer seelischen Widerstandskraft unterstützen können.

- Reiben Sie den für Sie passenden Yang-Bereich morgens und abends ebenfalls etwa 1 Minute.

TIP!

Zur Unterstützung können Sie morgens ein paar Tropfen Johanniskrautöl und am Abend einige Tropfen Distelöl einmassieren. Johanniskraut- und Distelöl haben in sich die Informationen von Yin und Yang und unterstützen die Regulation von Aktivität (Tag) und Ruhe (Nacht).

Beschwerden (A bis Z) und ihre Behandlung

So lesen Sie die Beschwerdebilder

In den folgenden Behandlungsteil sind unter Berücksichtigung der Möglichkeiten und der Grenzen der Selbstbehandlung mit Akupressur Beschwerden aufgenommen, die bei vielen Menschen als alltägliche, oft unangenehme oder schmerzhafte Befindlichkeitsstörungen in Erscheinung treten. Die Beschwerdebilder finden Sie unter allgemeinverständlichen Bezeichnungen in alphabetischer Reihenfolge, mit allen für die Selbstbehandlung wichtigen Informationen:

- Nach den im einzelnen erläuterten Beschwerden sind die Behandlungspunkte abgebildet, Grifftechnik, Druckintensität und Behandlungsdauer sind neben den Punkten angegeben.
- In manchen Beschwerdebildern ist auf die Behandlung für ähnliche Gesundheitsstörungen und alltägliche Beschwerden hingewiesen, mit Akupressur oder mit anderen natürlichen Heilmethoden. Aufzufinden sind diese Störungen im Beschwerden- und Sachregister (Seite 94).

Wenn Sie sich an diese Hinweise halten, können Sie in vielen Fällen die Heilung beschleunigen.

- Für die Selbstbehandlung ausgewählt wurden nur jene Akupressur-Punkte, die leicht zugänglich sind und sich in der Praxis bewährt haben. Die Akupressur-Punkte sind unter ihren ins Deutsche übertragenen chinesischen Bezeichnungen vorgestellt, die in vielen Fällen besonders bildhaft sind.

■ Rufen Sie sich vor jeder Behandlung bitte nochmals die Behandlungsregeln (Seite 34) in Erinnerung – sind alle Voraussetzungen für den Erfolg der Behandlung erfüllt?

WICHTIG

Die bei den einzelnen Punkten angegebene Behandlungsdauer hat nur bei alleiniger Akupressur dieses bestimmten Punktes Gültigkeit. Wenn Sie mehrere Punkte akupressieren, achten Sie bitte darauf, daß Sie eine Behandlungsdauer von insgesamt 12 bis 15 Minuten nicht überschreiten!

Angstzustände

Angstzustände werden oft ohne erkennbare äußere Ursachen in körperlichen Symptomen erlebt wie Schwitzen, krampfartige Brustschmerzen, Atemnot, allgemeine Unruhe, Antriebsschwäche, Schwindel, Schlaflosigkeit. Kurze Phasen mit derartigen Symptomen sollte man nicht überbewerten.

■ Bei regelmäßig auftretenden Störungen dieser Art muß ein Arzt die Ursache klären.

Mit Angstzuständen können viele Krankheitssymptome in Verbindung stehen, ohne daß eine organische Störung vorliegt. Auch allen seelischen Beschwerden, die umgangssprachlich mit Depression in Verbindung gebracht werden (Niedergeschlagenheit, Schwermut und Antriebsschwäche), können verschiedene körperliche Störungen zugrunde liegen. In diesem Fall werden die jeweiligen Beschwerden mitbehandelt.

■ Unterstützen Sie die Behandlung mit natürlichen Maßnahmen: vollwertige Ernährung, Tees, Entspannung, richtige Atmung. So können die den Angstzuständen zugrundeliegenden psychischen Gleichgewichtsstörungen wieder in Harmonie gebracht werden.

Die Behandlung

▶ Der Erfolg der Akupressur ist nicht über Nacht zu erwarten; arbeiten Sie ruhig und konsequent die Punkte durch und beobachten Sie Ihre Reaktionen zwei oder drei Wochen lang.

WICHTIG

Bei Verstimmungen (Niedergeschlagenheit) niemals Punkte mit Beruhigungswirkung drücken!

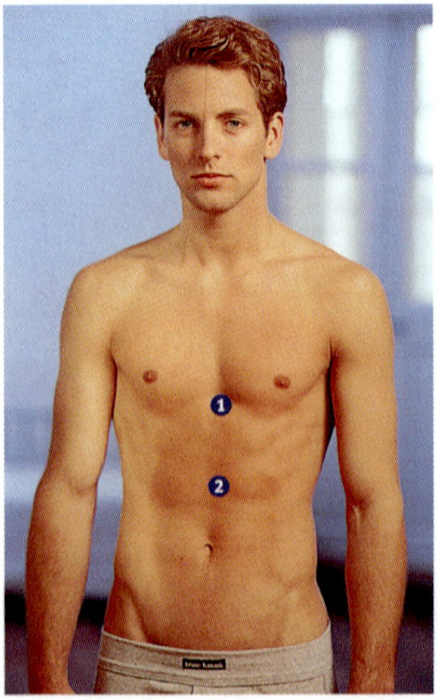

❶ Taubenschwanz (= ausgleichender Energiepunkt, am unteren Ende des Brustbeins) bis zu 4mal täglich mit dem Mittelfinger mit wechselndem Druck Richtung Hals akupressieren: drücken (mittelstark bis kräftig), 5–7 Minuten.

❷ Zentrum des Magens in Kombination mit der Zone Göttliche Pforte (Seite 45) und Taubenschwanz akupressieren: drücken (mittelstark), 3 Minuten.

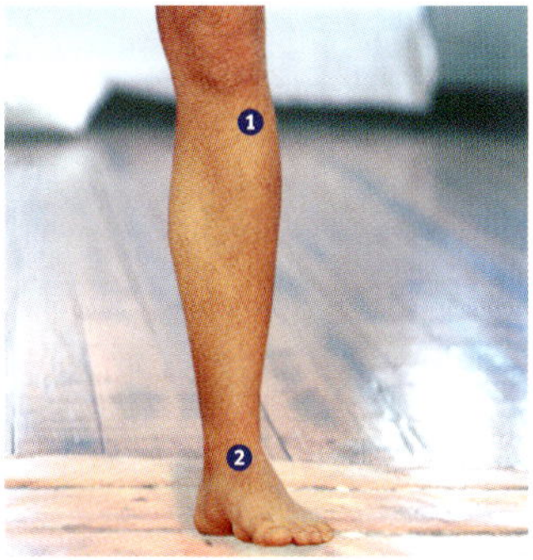

❶ Göttlicher Gleichmut (vier Querfinger unter der äußeren Kniegelenksgrube) morgens mit Johanniskrautöl (Signal für Aktivität), abends mit Distelöl (Signal für Ruhe) akupressieren: drücken (leicht bis mittelstark), 8 Minuten.
Die Akupressur des Göttlichen Gleichmuts sorgt für einen Ausgleich der Kräfte im vegetativen Nervensystem. Wir reagieren gelassener und mutiger auf die Belastungen des Alltags. Der Name dieses Punktes läßt erahnen, wie stark seine Wirkung sein kann.
❷ Tauender Bach (= Punkt mit Anregungswirkung): drücken (mittelstark), 5 Minuten.

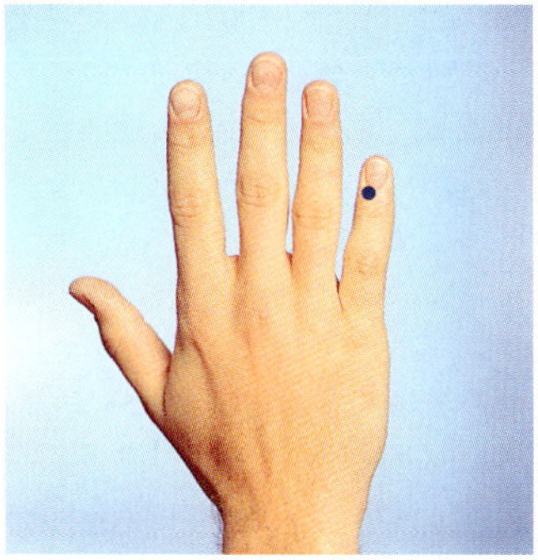

● Überschlagende Welle (= Punkt mit Anregungswirkung): drücken (kräftig), 3 Minuten.

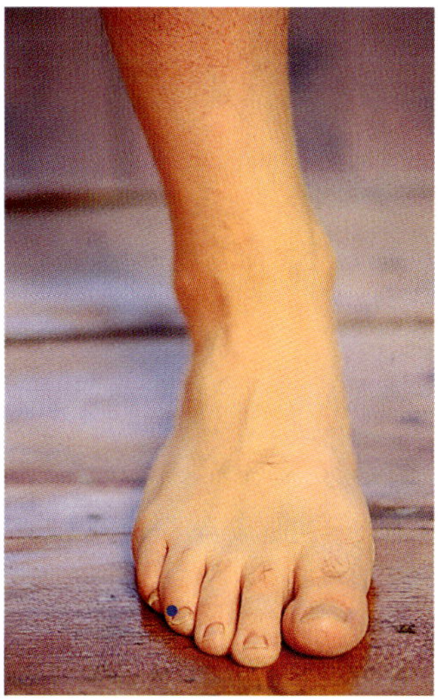

● Durchgang zum Yin (= Punkt mit Anregungswirkung): drücken (kräftig), 5 Minuten.

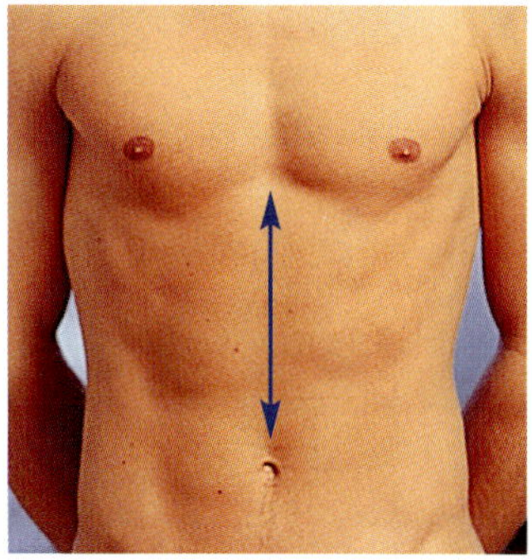

● Göttliche Pforte (Nabel) bis Taubenschwanz: schieben (mit sanftem Druck), 5 Minuten.

● Vorderer Scheitel (drei Querfinger vor dem Kreuzungsmittelpunkt von Symmetrieachse und der über den Kopf verlaufenden Linie zwischen den Ohrspitzen): drücken (sanft), 3–5 Minuten.

Appetitlosigkeit

Appetitlosigkeit ist meist eine vorübergehende Störung. Dauert sie länger an, kann sie auf ein ernsteres Problem (beispielsweise eine beginnende Infektionskrankheit) hinweisen.

■ Lassen Sie dies bitte von Ihrem Arzt abklären.

Bei Kindern kann ein ungewohnter Appetitwechsel auch entwicklungsbedingt sein; sinkt das Körpergewicht jedoch stark (20 Prozent unter die Norm), muß das Kind unbedingt einem Arzt vorgestellt werden. Die Pubertätsmagersucht (Anorexie) ist seelisch bedingt und bedarf einer psychotherapeutischen Behandlung. Bei Untergewicht verfügt der Körper im Bedarfsfall, zum Beispiel bei einer Grippe, über zu wenig Abwehrkräfte. Kurzfristige Appetitlosigkeit kann auch eine natürliche Reaktion des Körpers bei Störungen im Verdauungstrakt sein. Auch Schulschwierigkeiten wirken sich bei Kindern häufig in Appetitlosigkeit aus.

Die Behandlung

▶ Akupressur wirkt vor allem bei psychisch bedingter Appetitlosigkeit.
Mit Akupressur werden die natürlichen Steuerungsmechanismen für Appetit reaktiviert; am besten etwa 20 Minuten vor den Mahlzeiten akupressieren!

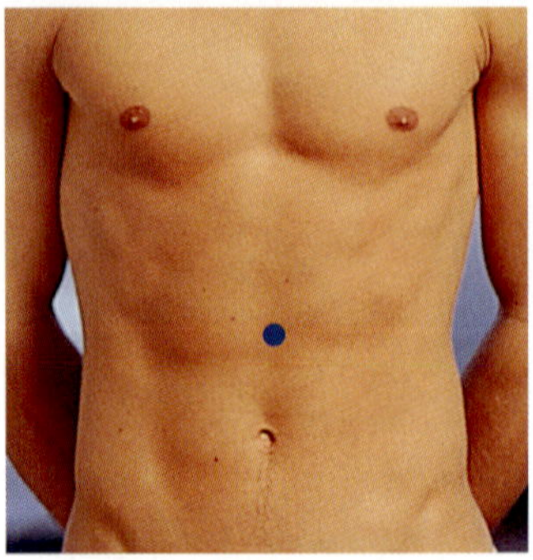

● Zentrum des Magens (in der Mitte zwischen Nabel und Brustbeinende) von unten nach oben akupressieren: drücken (sanft), 3 Minuten.

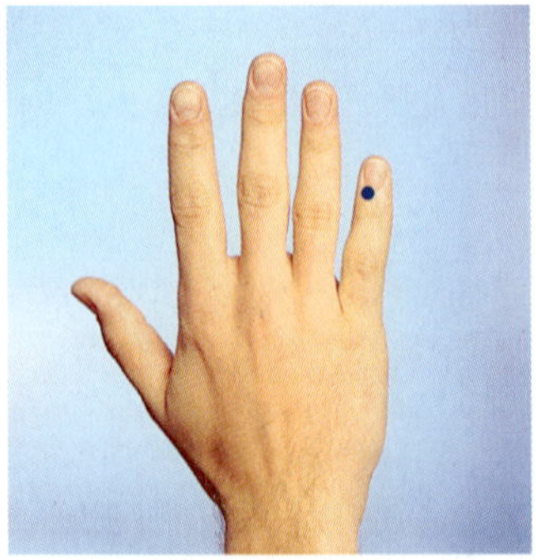

Vor allem bei psychisch bedingter Appetitlosigkeit:
● Überschlagende Welle (am Nagelbett des kleinen Fingers): drücken (kräftig), 5 Minuten.

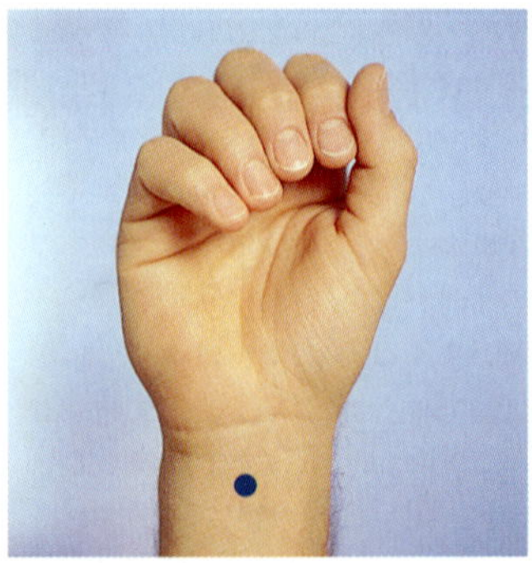

● Innerer Grenzwall (unter dem Handgelenk): drücken (sanft), 5–7 Minuten.

Atembeschwerden

Treten Kurzatmigkeit, Atemnot, starke Atemgeräusche oder beschleunigte Atmung in Ruhe auf, also nicht als Folge körperlicher Anstrengung, können sowohl organische als auch psychische Faktoren die Ursache sein. In der ganzheitlichen Lehre symbolisiert die Atmung das Leben schlechthin; in vielen Sprachen sind die Bezeichnungen für Atem, Geist, Seele oder Leben identisch. Die Beschwerden reichen von Beklemmungsgefühlen in der Brust bis zur völligen Verkrampfung der Bronchialmuskulatur beim Asthma. Wenn Sie unter Atembeschwerden leiden, dann lernen Sie die Grenzen Ihrer Belastbarkeit kennen, und haben Sie keine Scheu, sie zuzugeben. Drücken Sie deutlich aus, was Sie stört (zum Beispiel Zigarettenrauch).

TIP!

Machen Sie einen einfachen Test: Mit einmal Ausatmen sollten Sie einen Plastikbeutel (15 x 25 cm) straff mit Ihrer Atemluft füllen können.

Die Behandlung

▶ Mit Akupressur kann die Anfallshäufigkeit beim Asthma deutlich gesenkt werden.

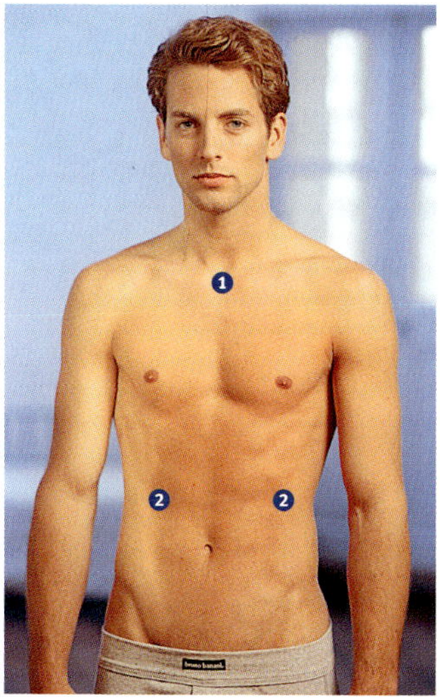

❶ cha-ba-ex (Spezialpunkt an der oberen Brustbeinspitze an der Grube des Schlüsselbeingelenks – kann auch punktiert werden): drücken (sanft beginnend bis mittelstark, nach oben), 5–10 Minuten.

❷ Spezialpunkt 1 (in der Mitte zwischen Brust und Nabel, senkrecht unterhalb der Brustwarzen), mit dem Mittelfinger akupressieren: drücken (kräftig kreisend), 5–10 Minuten.

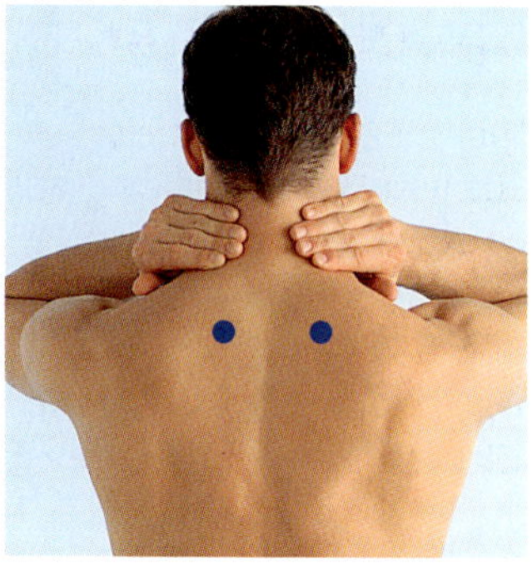

● Spezialpunkt 2 (zwei Querfinger links und rechts der Wirbelsäule in Höhe des dritten Rückenwirbels), mit Partnerhilfe akupressieren: drücken/teilen (leicht beginnend), 5–10 Minuten.

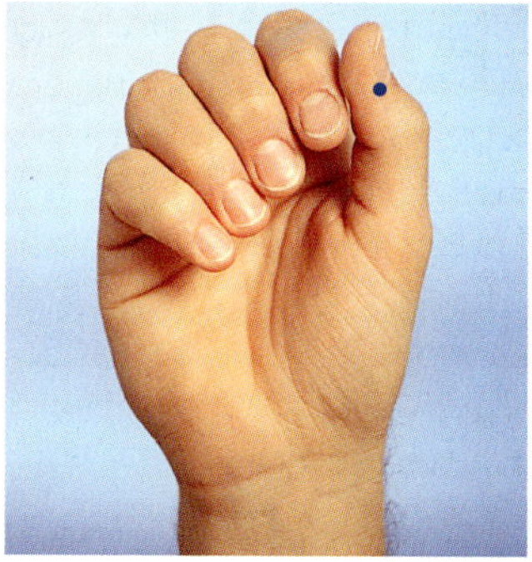

● Junger Händler (= Meisterpunkt der Lunge): drücken (kräftig), 5 Minuten. Diesen Punkt können Sie bei Asthma 3- bis 4mal täglich an jeder Hand akupressieren.

Bauch-schmerzen

Unspezifische Bauchschmerzen können ebenso durch Störungen des Verdauungstraktes verursacht sein wie durch psychische Spannungen und Verkrampfungen. Bei organischen Störungen im zusammenhängenden Verdauungssystem sind meist auch die benachbarten Organe betroffen. Unwohlsein, Völlegefühl, Bauchweh, Blähungen und Stuhlprobleme können die Folge sein.

■ Bei längeranhaltenden Bauchschmerzen wenden Sie sich bitte an Ihren Arzt, damit die genaue Krankheitsursache herausgefunden werden kann.

Der Magenmeridian steht in enger Verbindung mit dem psychischen Erleben. Die Behandlung der Harmonisierungspunkte ist vor allem dann wirksam, wenn Verdauungsprobleme mit »nicht verdauten« Belastungen des Alltags zusammenhängen.

Die Behandlung

▶ Sind Geschwüre oder Entzündungen Ursache der Bauchschmerzen, kann mit Akupressur nur der Schmerz gelindert werden; bei Schmerzen durch Krämpfe der glatten Muskulatur oder Fehlsteuerungen bei der Ausscheidung von Verdauungssäften kann Akupressur zu andauernder Beschwerdefreiheit führen.

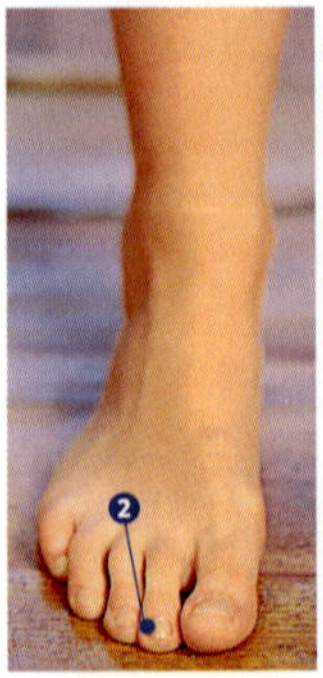

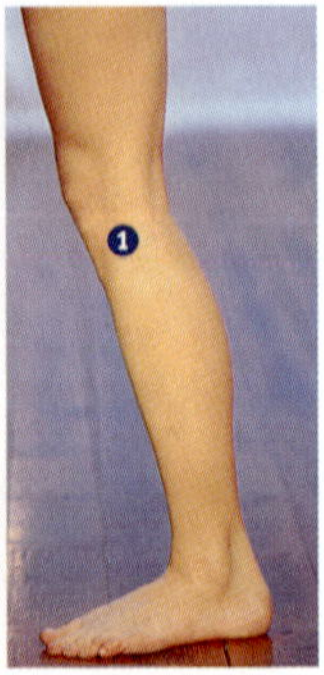

❶ Quelle des Hügels (am hinteren Rand des Schienbeins in einer deutlich spürbaren Rundung): drücken (teilen), 5–10 Minuten.
❷ Grausame Bezahlung (= Harmonisierungspunkt für die Magenfunktion): drücken (kräftig), 5–10 Minuten.

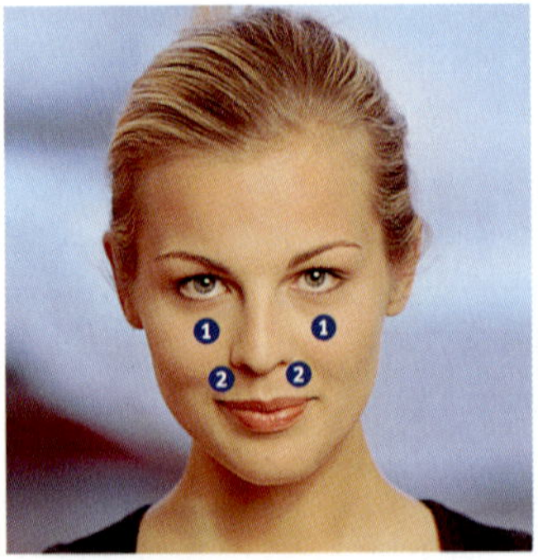

❶ Tränenfänger (= Harmonisierungspunkt für die Magenfunktion): drücken (leicht), 5 Minuten.
❷ Meister des Duftes (Schleimhaut-Punkt »Empfang des Duftes« rechts und links neben den Nasenöffnungen): drücken (sanft beginnend), 5 Minuten.

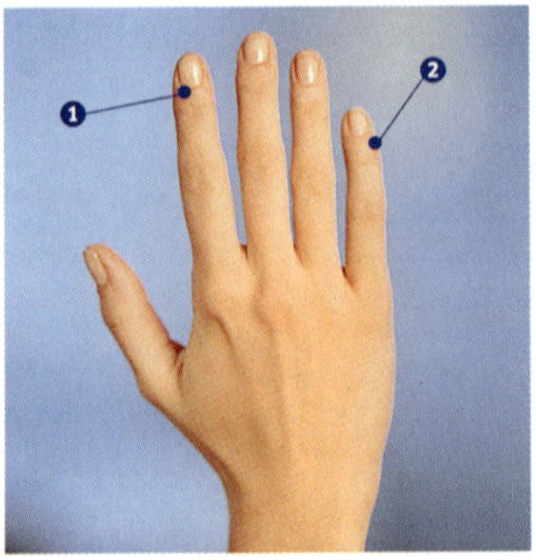

❶ Yang-Käufer und Niedriger Teich (❷) (= Harmonisierungspunkte für die Darmfunktion): drücken (mittelstark), 5–8 Minuten.

Beinschmerzen

Ursache von schmerzenden Beinen sind entweder Überbeanspruchungen des Muskel- und Sehnenapparates oder durch Gefäßveränderungen bedingte Krämpfe. Wenn sichtbare Schwellungen die Schmerzen verursachen, können auch Funktionsstörungen von Herz und Nieren vorliegen.

■ Bitte halten Sie Rücksprache mit Ihrem Arzt, damit Gefäßveränderungen oder andere Funktionsstörungen rechtzeitig behandelt werden können.

Machen Sie sich bitte bewußt, daß es Ihre Beine und Füße sind, die Sie durch Ihr Leben tragen. Die Beine und Füße symbolisieren das Prinzip Veränderung und Bewegung. Manchmal sind Fuß- oder Beinschmerzen ein Hinweis darauf, daß irgendeine Veränderung in Ihrem Leben notwendig ist, beziehungsweise Sie übermäßig belastet sind.

Die Behandlung

▶ Schmerzen durch Krampfadern können mit Akupressur deutlich gebessert werden. Im alten China wurde von den Soldaten bei langen Fußmärschen der Punkt Göttlicher Gleichmut zur Bekämpfung der Müdigkeit und zur Erhöhung der Marschleistung gedrückt.

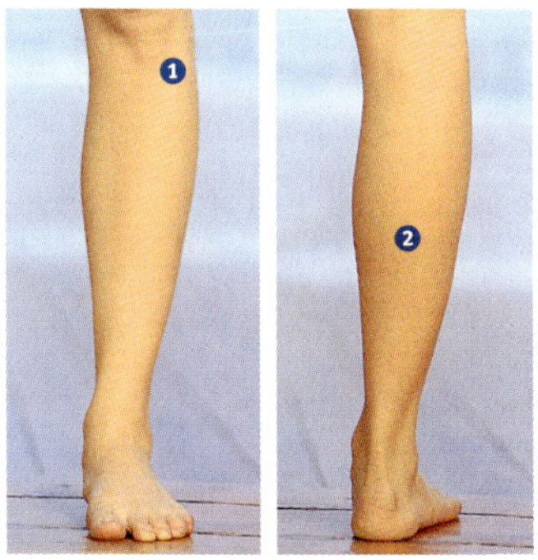

❶ Göttlicher Gleichmut bei Krämpfen kombiniert mit Stütze des Berges jeweils paarweise leicht kreisend akupressieren (Partnerhilfe): drücken (mittelstark, ausdauernd), 10–15 Minuten.
❷ Stütze des Berges: drükken/teilen (kräftig), 10 Minuten.

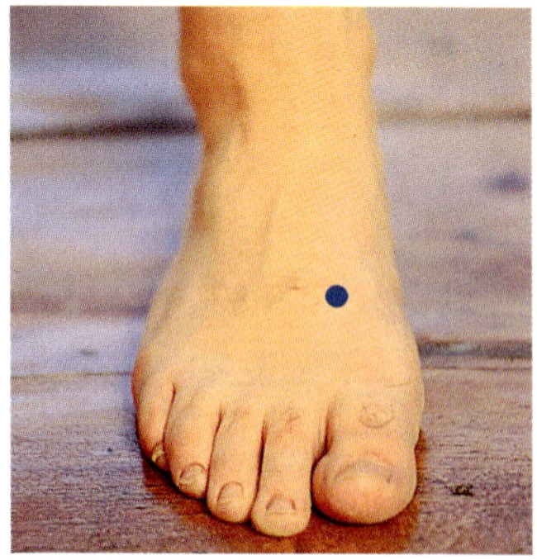

● Höchste Attacke (im Winkel von erstem und zweitem Mittelfußknochen), bei Schwellungen: drücken (mittelstark), 3–5 Minuten.

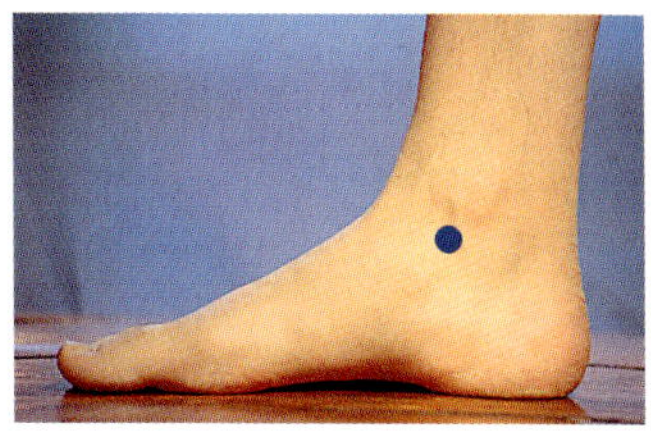

● Hügel des Händlers: drücken (mittelstark bis kräftig), 5 Minuten.

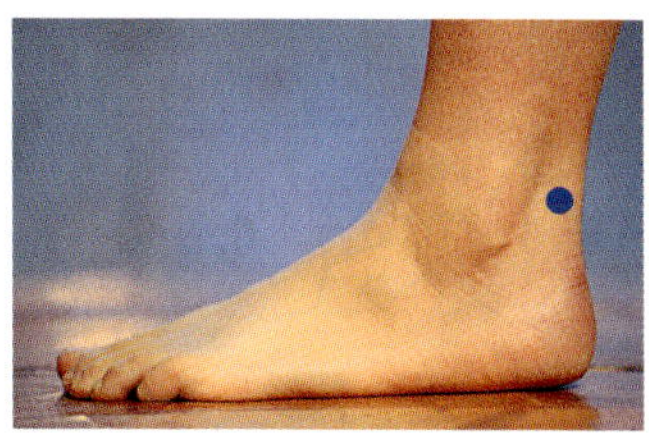

● Hochberg in Tibet (= Meisterpunkt der Schmerzen): drücken (mittelstark), bis zu 10 Minuten.

Bettnässen

Diese Blasenschwäche kann psychische, aber auch körperlich-organische Ursachen haben wie chronische Reizzustände, Störungen im Nervensystem.

Bettnässen bei Kindern

Wenn keine organische Störung vorliegt, dient es meist dazu, einen Druck (Schule, Elternhaus) abzuleiten; Strafen, Drohungen, Vorwürfe verstärken die Störung. Mögliche Konflikt- und Streßsituationen im Kindergarten, in der Familie oder in der Schule müssen hier mitberücksichtigt werden und können von einer psychologischen Beratung wirksam begleitet werden. Kinder im lernfähigen Alter sollten mit der Selbstbehandlung vertraut gemacht werden.

■ Das Einnässen bei Tag ist häufig ein Hinweis auf organische Ursachen (zum Beispiel Entzündungen der Nieren und Harnwege). Gehen Sie in diesem Fall mit Ihrem Kind unbedingt zum Arzt!

Bettnässen bei Erwachsenen

Eine länger andauernde Störung der Blasenfunktion kann auch Beginn eines Nervenleidens sein.

■ Bei Verdacht auf organische Störungen suchen Sie bitte Ihren Arzt auf!

Die Behandlung

▶ Mit Akupressur wird eine generelle psychische Harmonisierung erreicht und die Spannung der Blasenmuskulatur normalisiert.

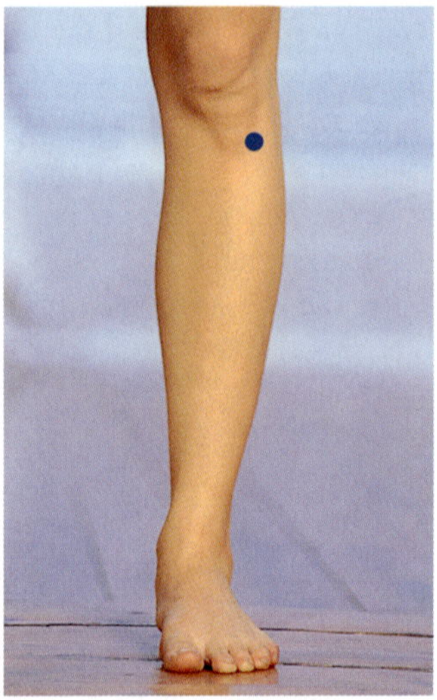

● Göttlicher Gleichmut: drücken (mittelstark), 5–10 Minuten.

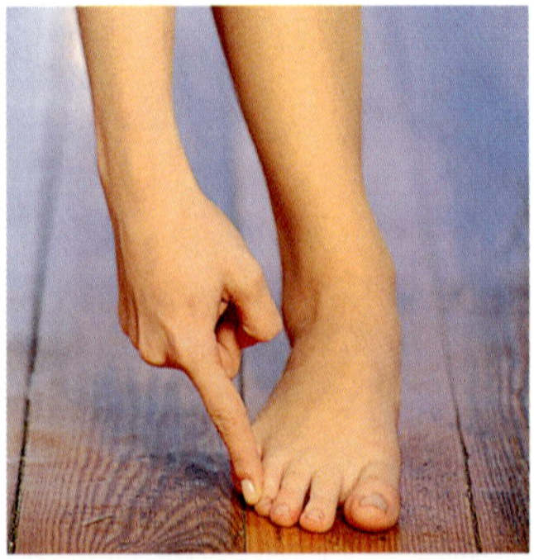

● Durchgang zum Yin (Seite 45), mit seitlichem Druck Richtung Großzehe akupressieren: drücken (leicht bis kräftig), 5 Minuten.

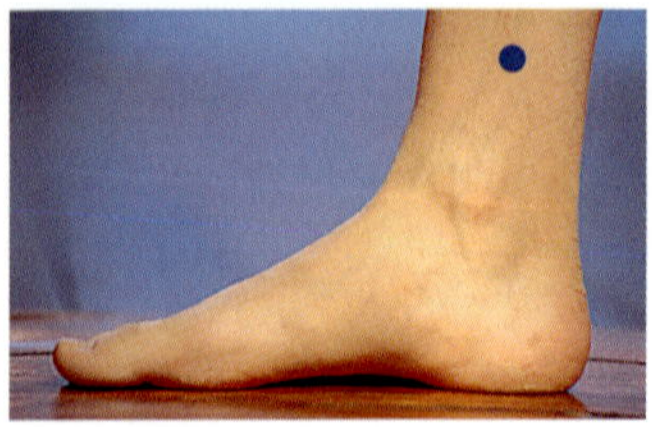

● Treffpunkt der 3 Yin (vier Querfinger über dem höchsten Punkt des inneren Knöchels), Richtung Knie akupressieren: drücken/teilen (sanft beginnend bis mittelstark), bis zu 10 Minuten.

WICHTIG

Bei längerer Behandlungsdauer täglich vor dem Schlafengehen alle Punkte 3 Minuten lang akupressieren.

Blasenstörungen

Psychisches Befinden und Blasenfunktion sind in engem Zusammenhang zu sehen. Jeder kennt den Druck in der Harnblase in Momenten großer Anspannung. Das Harnträufeln ist auf einen fehlenden Muskeltonus des Blasenmuskels zurückzuführen. Das Harnverhalten hat seine Ursache in Verkrampfungen der Muskulatur (Spasmen).

■ Vorsicht bei möglichen oder vorhandenen Blasensteinen. Lassen Sie organische Ursachen bitte von Ihrem Arzt abklären!

Die Behandlung

▶ Je nach der Art der Störung, die zu beheben ist, wird der Spannungszustand der Blasenmuskulatur gestärkt, oder es werden Verspannungen gelöst, indem man die jeweils entsprechenden Punkte akupressiert. Die Gefahr, daß aus einer Blasenverkühlung eine Blasenentzündung wird, kann mit Akupressur deutlich verringert werden.

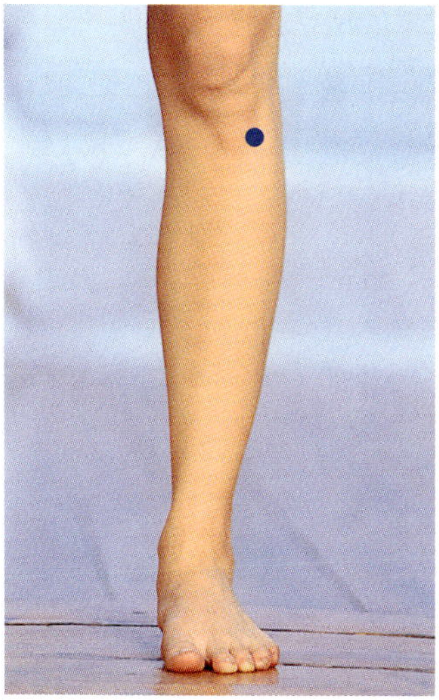

● Göttlicher Gleichmut, zur generellen Harmonisierung akupressieren: drücken (mittelstark), 5–8 Minuten.

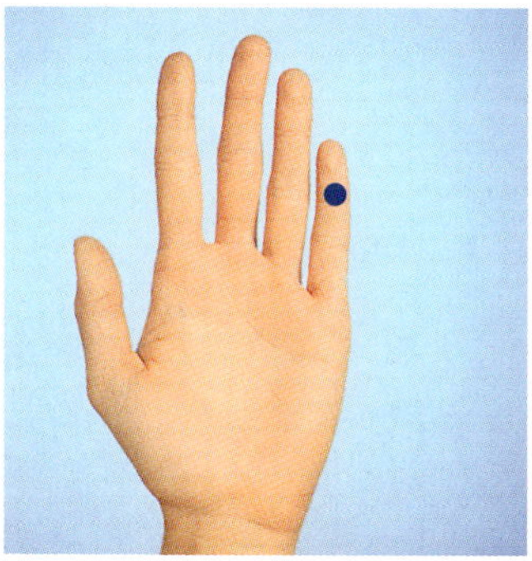

● Spezialpunkt am Kleinfingergelenk (erste Gelenkfurche): drücken (kräftig), 30 Sekunden.

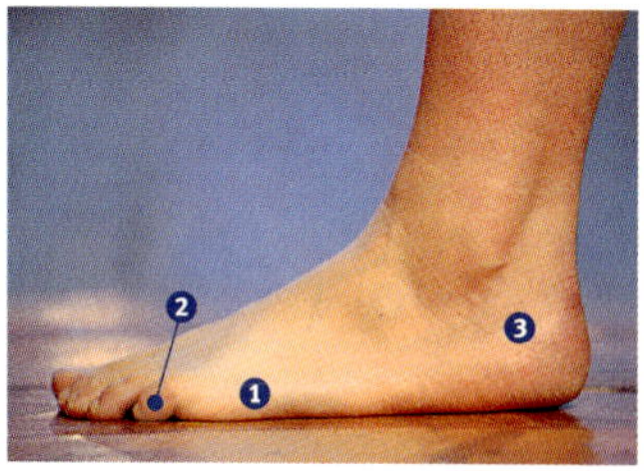

Bei Harnverhalten

❶ Knochen, der den Boden verläßt (in der Vertiefung des Mittelfußknochens vor dem Grundgelenk der Kleinzehe): drücken (kräftig), 3–5 Minuten.

❷ Erreichung des Yin: drücken (mittelstark), 5 Minuten.

Bei Harnträufeln

❸ Hilfe der Hausgeister (an der Fußaußenseite direkt auf dem Fersenbein) und Erreichung des Yin (❷): drücken (mittelstark), 5 bis zu 10 Minuten.

TIP!

Akupressieren Sie bei Harnträufeln und bei Harnverhalten täglich zweimal, am besten morgens und abends.

Bluthochdruck

Etwa zehn Prozent der Menschen mittleren Alters leiden unter Bluthochdruck, der selten Symptome verursacht. Festgestellt wird der Bluthochdruck meist erst dann, wenn man sich aus anderen Gründen vom Arzt untersuchen läßt.
Blutdruckprobleme müssen zunächst durch den Arzt geklärt sein. Der Bluthochdruck (Hypertonie – der systolische Druck, also der höhere der beiden Werte bei der Blutdruckmessung, liegt andauernd über 140 mm Hg) ist die Folge einer Verengung der Blutgefäße und der dadurch notwendigen höheren Herzleistung. Ursachen des Bluthochdrucks können unter anderen sein: Veranlagung, Infektionen, Hormonstörungen, Allergien und Fehlernährung. Begleiterscheinungen sind Kopfschmerzen, Schwindelgefühl, Ohrensausen, ständige Gereiztheit, dauerndes »Unter-Druck-Stehen«, Schlafstörungen. Vor allem Übergewichtige sind hochdruckgefährdet. Sollten Sie an Bluthochdruck leiden, müssen Sie wissen, daß Sie herzinfarktgefährdet sind!

Die Behandlung

▶ Mit Akupressur kann eine ärztliche Therapie des Bluthochdrucks wirkungsvoll unterstützt werden.

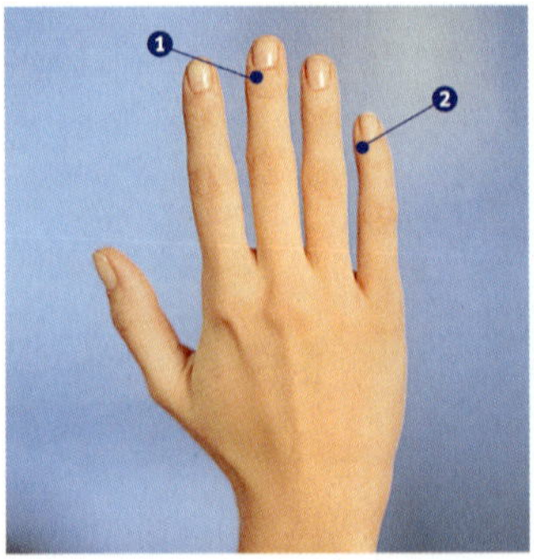

❶ Konzentrierter Angriffspunkt und Überschlagende Welle (❷) (= Harmonisierungspunkte am Nagelbett von Mittel- und Kleinfinger) können mehrmals täglich akupressiert werden: drücken (mittelstark bis kräftig), 5 Minuten.

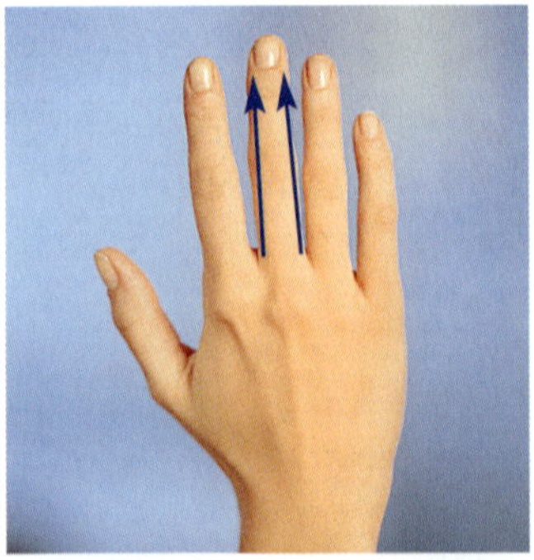

● Mittelfinger-Zone = energieableitende Wirkung durch »Längerziehen« mit Daumen und Zeigefinger der anderen Hand; Wechsel der Hände nach jeweils 5 Zügen: schieben (Richtung Fingerspitze) jeweils 5mal pro Hand, mehrmals täglich.

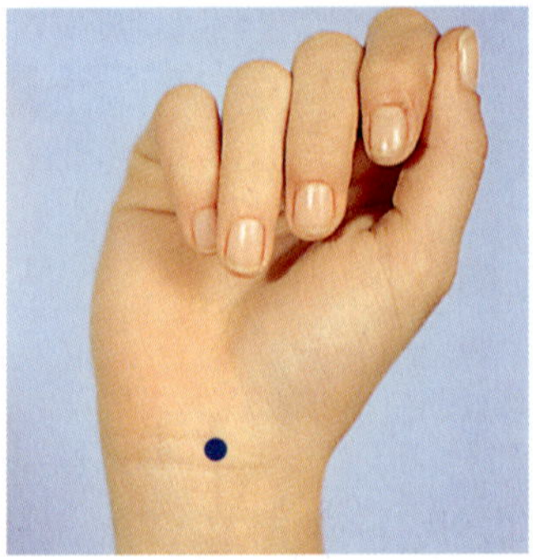

● Große Erhebung (= Beruhigungspunkt in der Mitte des Handgelenks, direkt hinter den Handwurzelknochen): drücken (mittelstark), 5 Minuten.

Blutniederdruck

Vom Blutniederdruck (Hypotonie) sprechen wir bei einem systolischen Wert (der höhere der beiden Werte bei der Blutdruckmessung) von unter 100 mm Hg. Die begleitenden Beschwerden sind wie bei Bluthochdruck Kopfschmerzen und Schwindelgefühl. Hinzu kommen meist Antriebslosigkeit, starke Müdigkeit mit erhöhtem Schlafbedürfnis, Wetterfühligkeit. Zur Kreislaufanregung eignen sich am besten Bewegung sowie Wechselduschen. Viele Menschen leben mit einem gering niedrigen Blutdruck, ohne darunter zu leiden. Aufgrund ihrer geringen Gefäßbelastung haben sie eine durchschnittlich höhere Lebenserwartung als Menschen mit normalen Blutdruckwerten.

Die Behandlung

▶ Mit Akupressur kann man eine ärztliche Therapie des Blutniederdrucks unterstützen und Beschwerden lindern.

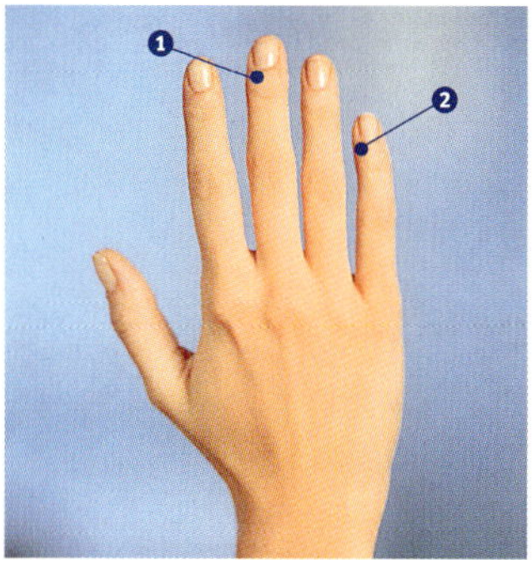

❶ Konzentrierter Angriffspunkt und Überschlagende Welle (❷) (= Harmonisierungs- und Anregungspunkte) bei Bedarf mehrmals am Tag akupressieren: drücken (mittelstark bis kräftig), 5 Minuten.

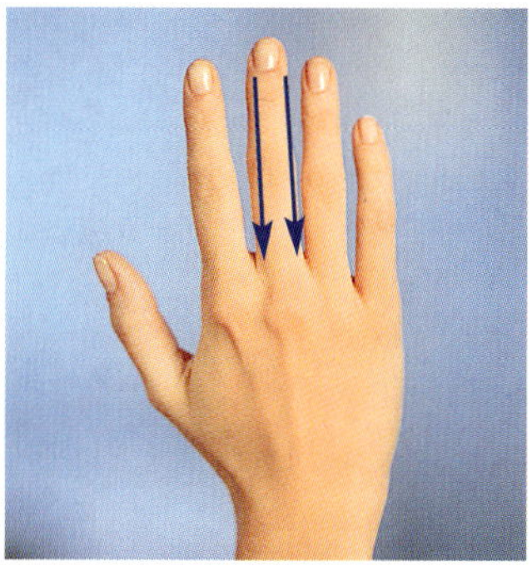

● Mittelfinger-Zone (aufbauende, stärkende Wirkung): schieben (Richtung Handgelenk), jeweils 5mal pro Hand, mehrmals täglich!

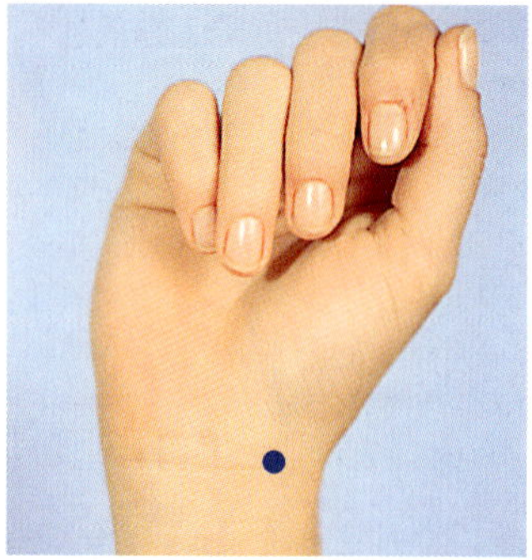

● Große Stockung (auf der Handgelenkslinie unter dem Daumenballen, in der Verlängerung des Zeigefingers): drücken (mittelstark), 5 Minuten.

TIP!

Blutdruckregulierend wirkt auch das Ziehen der Haut zwischen den Mittelhandknochen. Streichen Sie mehrmals am Tag einige Minuten entlang der Furchen auf der Handoberfläche vom Handgelenk in Richtung Fingergelenk.

Durchblutungsstörungen

Kalte Hände und kalte Füße haben – so sagt schon der Volksmund – für Entstehung und Verlauf von Krankheiten große Bedeutung. Durchblutungsstörungen können funktionell (nervös-unbewußte Muskelverkrampfungen) und organisch bedingt sein (beispielsweise durch Arteriosklerose). In Statistiken ist bei mehr als der Hälfte aller peripheren Durchblutungsstörungen das Rauchen als Ursache ausgewiesen! Vollwertige Ernährung und regelmäßige Bewegung (Kreislaufanregung) sind wichtige Behandlungsmethoden! Zusätzlich sollten Sie als Vorbeugemaßnahmen Ihr Normalgewicht halten, so weit wie möglich auf alkoholische Getränke verzichten und ein regelmäßiges (tägliches!) Bewegungsprogramm als Ausgleich zu einseitigen beruflichen Belastungen absolvieren. Eine funktionierende Durchblutung versorgt den gesamten Körper mit lebenswichtigen Nährstoffen.

■ Unter welcher Art von Durchblutungsstörung Sie leiden, sollte Ihr Arzt klären!

Die Behandlung

▶ Akupressur hilft, die überhöhte Spannung der Blutgefäße zu normalisieren.

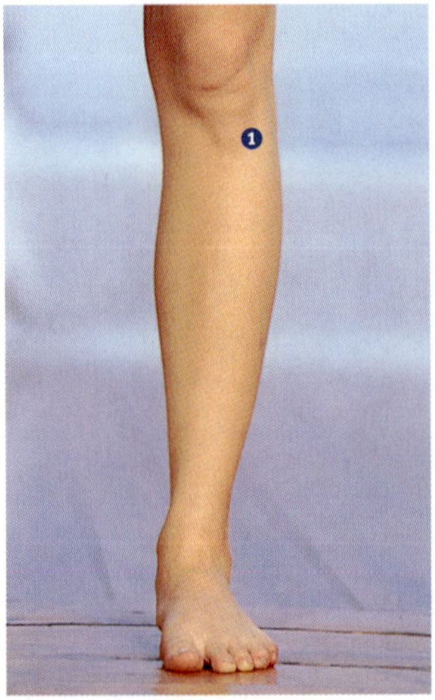

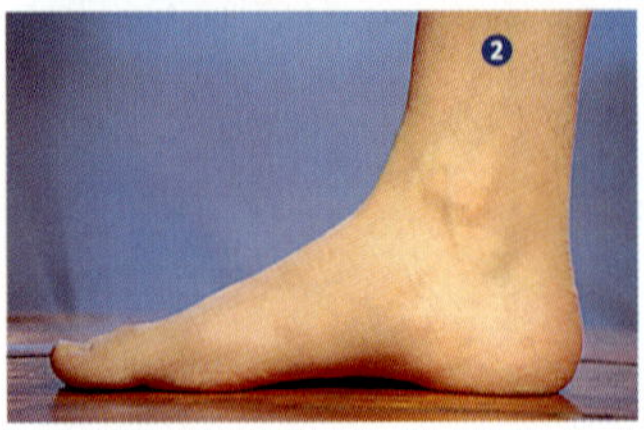

❶ Göttlicher Gleichmut und Treffpunkt der 3 Yin (❷), am besten links und rechts gleichzeitig: drücken (kräftig), 10–15 Minuten.
❷ Treffpunkt der 3 Yin: drücken/vereinigen (sanft beginnend bis mittelstark), 5–10 Minuten.

● Spezialpunkt (direkt zwischen den Augenbrauen), speziell bei Schwindel: drücken (kräftig), 5 Minuten.

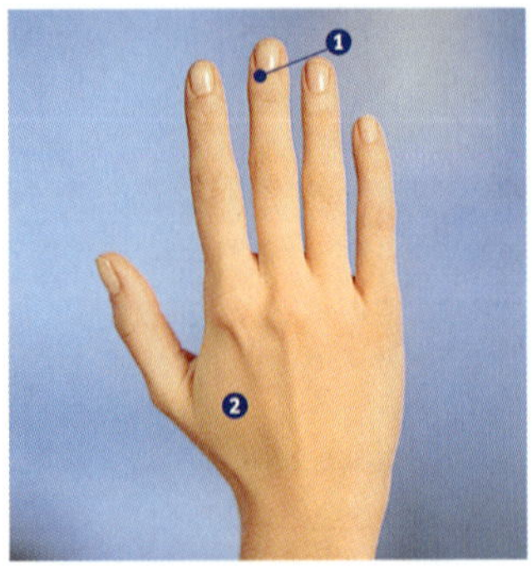

❶ Konzentrierter Angriffspunkt (= Anregungspunkt), besonders wirkungsvoll ist die Akupressur im Herzrhythmus – die Punkte beider Hände nacheinander akupressieren: drücken (kräftig, im Pulsrhythmus), 1 Minute pro Hand.
❷ Talsenke, in Richtung Ellbogen akupressieren: drücken (kräftig), bis zu 10 Minuten.

Durchfall

Es gibt viele Ursachen von Durchfall: Ernährungsfehler, Infektionen, Entzündungen, Stoffwechselstörungen, Medikamenteneinfluß. Starker Durchfall ist immer mit Verlust von Flüssigkeit und Mineralsalzen im Körper verbunden; diese Verluste müssen unbedingt ausgeglichen werden! (Ungesüßter Kräutertee mit Kochsalzzusatz oder fertige Lösungen aus der Apotheke.) Organisch bedingter Durchfall (Infektion) darf auf keinen Fall gewaltsam gestoppt werden – dem Körper würde damit eine wichtige Schadstoffabfuhr genommen.

■ Harmlose bakteriell bedingte Durchfälle verschwinden nach kurzer Zeit von selbst. Durchfall kann akut sein, chronisch (mehrere Tage andauernd) oder in längeren Abständen auftreten. Die Ursachen von chronischem Durchfall müssen unbedingt fachärztlich geklärt werden!

Die Behandlung

▶ Akupressur ist wirksam bei Durchfall, der durch psychische Fehlsteuerung verursacht ist (so vor Prüfungen, bei Aufregung, Angst), und verhindert Darmkrämpfe sowie eine zu starke Reizung der Darmschleimhäute.

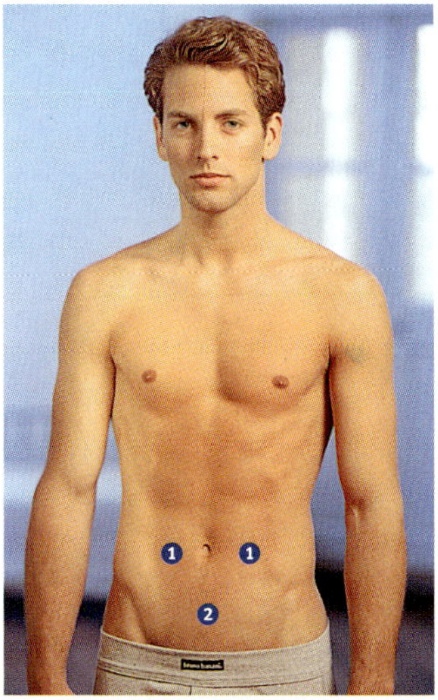

❶ Himmelsachse (drei Querfinger links und rechts vom Nabel): drücken/vereinigen (mittelstark), 3–5 Minuten.
❷ Grenzquelle (eine Handbreit oberhalb des Schambeinansatzes): drücken/vereinigen (mittelstark), 5 Minuten.

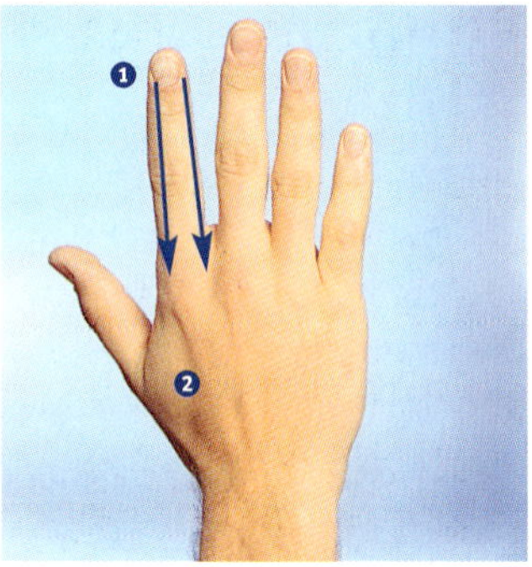

❶ Spezialzone Zeigefinger: schieben (seitlich in Richtung Grundgelenk), mehrmals täglich bis zu 2 Minuten.
❷ Talsenke: drücken (kräftig), bis zu 10 Minuten.

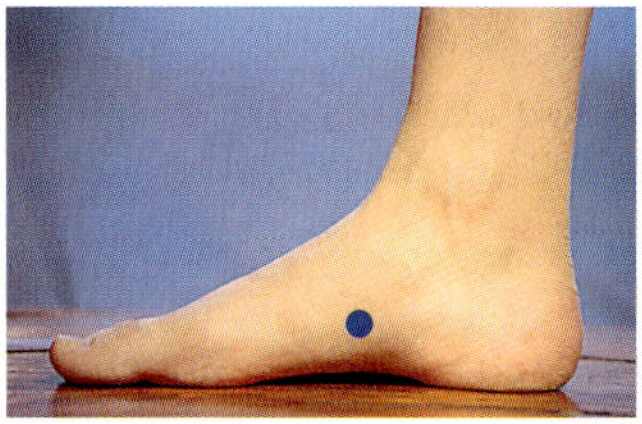

● Tal der Bewährung (über der Mitte des Fußgewölbes): drücken (mittelstark), 5 Minuten.

Ellbogen-schmerzen

Einseitige Belastung oder Überanstrengung durch falschen Bewegungsablauf sind meist unmittelbare Ursache von Ellbogenschmerzen. Bei bestimmten Sportarten und einigen beruflichen Tätigkeiten kommt es durch den stets gleichbleibenden Bewegungsablauf zu einem Reizzustand oder einer Entzündung im Bereich des Gelenkfortsatzes, mit dem die Sehnen und Muskeln des Unterarms verbunden sind (Tennisellbogen). Häufig stehen mit Ellbogenschmerzen auch Probleme der Halswirbelsäule in Verbindung (Wirbelsäulenprobleme, Seite 90). Beim akuten Tennisellbogen treten folgende Einzelphänomene in Erscheinung: Entzündungen, Kalkablagerungen, schmerzhafte Veränderungen der Gelenkbänder und Nervenschmerzen. Entsprechend umfassend sollte die ärztliche Therapie sein! Akupressur wirkt dem Entzündungsprozeß entgegen und dämpft den akuten Schmerz.

■ Woher Ihre Ellbogenschmerzen rühren, sollte ein Orthopäde abklären!

Die Behandlung

▶ Akupressiert wird der »locus-dolendi-Punkt« (»Ort des Schmerzes«), also ein Punkt im schmerzenden Bereich.

● Biegung des Teiches: drücken (mittelstark), 10 Minuten.
Am besten den schmerzenden Ellbogen in die offene Hand legen und mit dem Mittelfinger drücken; dabei mit der Hand des schmerzenden Armes leichte Drehbewegungen machen (wie etwa beim Schlüsseldrehen).

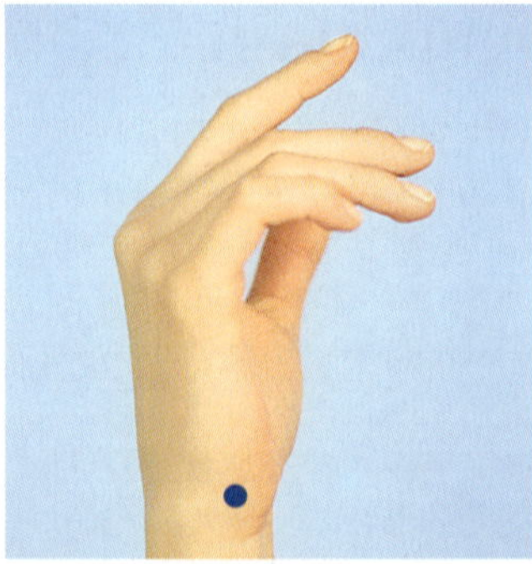

● Handgelenksknochen: drücken (kräftig, Richtung Ellbogen), 5–10 Minuten.

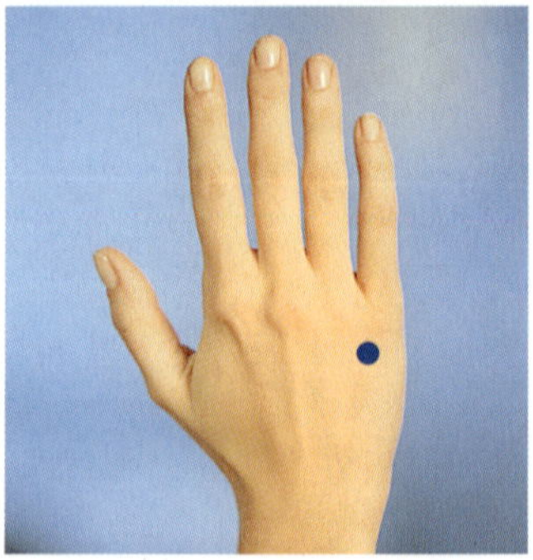

● Insel der Mitte (auf dem Handrücken zwischen den beiden äußeren Mittelhandknochen): drücken (kräftig), 5–10 Minuten.

TIP!

Bei Problemen der Halswirbelsäule sollten Sie die entsprechenden Punkte mitbehandeln (Seite 90).

Erkältungen

Erkältungen sind im allgemeinen leichte Infektionskrankheiten, zurückzuführen auf eine Unterkühlung des Körpers. Begleiterscheinungen sind leichtes Fieber, Kopfschmerzen, Entzündungen der oberen Luftwege, unter Umständen auch Magen- oder Darmstörungen.

Die Behandlung

▶ Ziel der Akupressur ist eine allgemeine Kräftigung des Organismus, um die Abwehrkräfte zu mobilisieren. Akupressur kann die Infektion bei einer Grippe natürlich nicht heilen, aber eine Reihe von Begleiterscheinungen (Müdigkeit, Kopfdruck, behinderte Nasenatmung) sehr positiv beeinflussen und damit auch die Krankheitsdauer verkürzen.

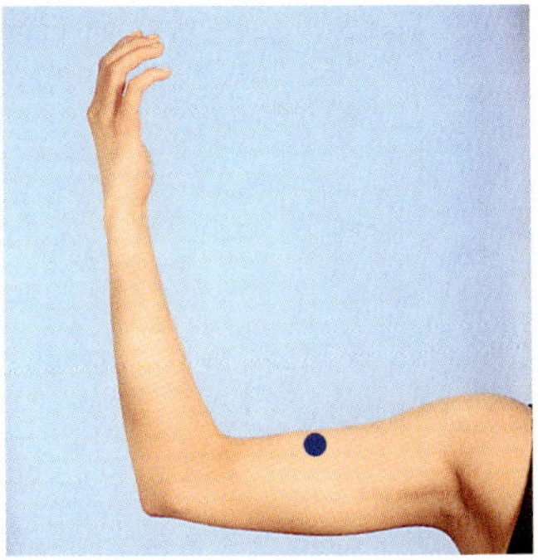

● Weiße Seite (in der Mitte des Oberarms, direkt auf Bizepshöhe): drücken (sanft), 2–3 Minuten.

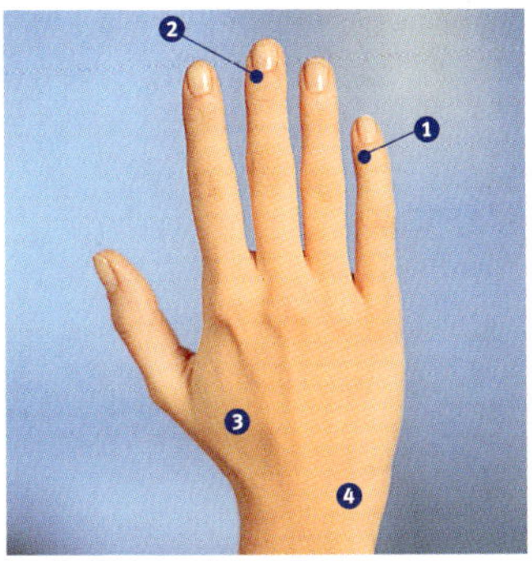

❶ Überschlagende Welle und Konzentrierter Angriffspunkt (❷), in Zeiten erhöhter Infektionsgefahr vorbeugend akupressieren: drücken (kräftig), 3–5 Minuten.
❸ Talsenke: drücken (kräftig), 5 Minuten.
❹ Yang-Teich: drücken (mittelstark), bis zu 10 Minuten.

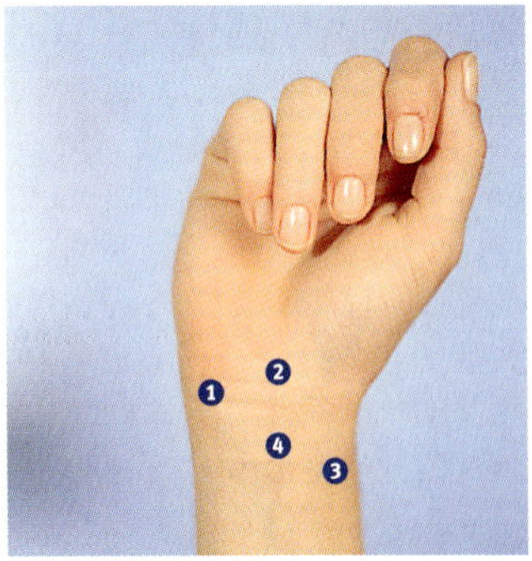

❶ Tor der Götter: drücken (mittelstark), 3–5 Minuten.
❷ Große Erhebung: drücken (mittelstark), 3–5 Minuten.
❸ Durch die Enge, am besten mit Daumen und Zeigefinger (Zangengriff um die Hand) akupressieren: drücken (kräftig), bis zu 10 Minuten.
❹ Innerer Grenzwall (drei Querfinger über dem Handgelenk): drücken (mittelstark), 5 Minuten.

TIP!

Es kann sein, daß drei oder vier Punkte dabei sind, auf welche Sie besonders gut reagieren. Akupressieren Sie diese Punkte dann auch vorbeugend bei Erkältungsgefahr!

Gallenblasen-Funktions-störungen

»Wenn die Galle überläuft« – diese Redensart weist auf die Verbindung zwischen psychischem Erleben und körperlich-organischen Reaktionen hin. Bevor sich Funktionsstörungen der Gallenblase als Krankheiten bemerkbar machen, kann vorbeugend dafür gesorgt werden, daß die natürlichen Funktionen wieder in Gang kommen. Vorsicht ist geboten, wenn bereits Ablagerungen in Gallenblase oder Gallengängen vorliegen! Gallensteine könnten durch anregende Akupressur zum Wandern animiert werden; Behandlung nur durch den Arzt!

Die Behandlung

▶ Bei einem schmerzhaften Anfall (Kolik), der ausgelöst werden kann durch überfette Mahlzeiten oder Überlastung und Ärger, darf nur stark beruhigend (mit gleichbleibendem Druck) akupressiert werden.

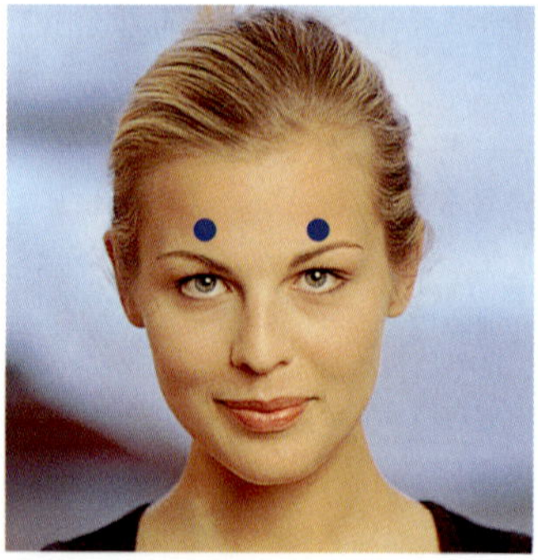

● Strahlendes Yang (eineinhalb Querfinger über der Augenbrauenmitte), bei kolikartigen Anfällen akupressieren; links meist besserer Erfolg als rechts. Mittelstarke Akupressur mit gleichbleibendem Druck, bis die Wirkung eintritt: drücken (kräftig), 5 Minuten.

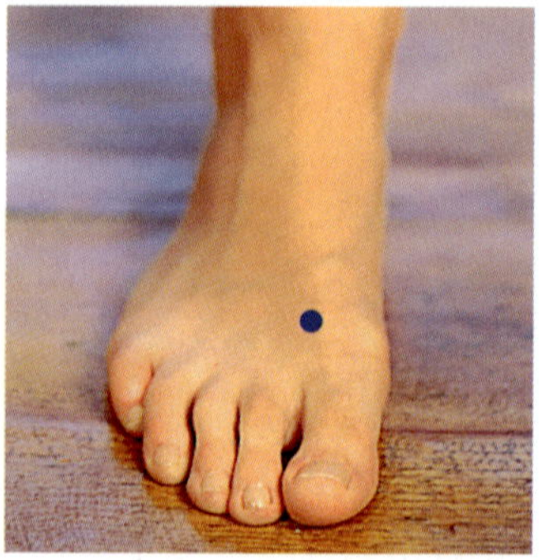

● Höchste Attacke, bei kolikartigen Anfällen: drücken (kräftig), 3–5 Minuten.

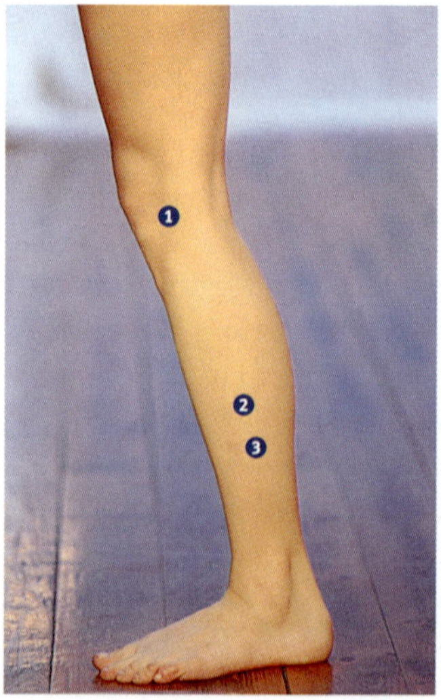

❶ Quelle des Yang-Hügels (= Meisterpunkt der Galle, schräg vor dem deutlich spürbaren Wadenbeinköpfchen), Richtung Knöchel akupressieren: drücken/vereinigen (kräftig), 5 Minuten.

❷ Strahlendes Licht: drücken/vereinigen (kräftig), 5 Minuten.

❸ Yang-Ergänzung: drücken/vereinigen (kräftig), bis zu 10 Minuten.

Gelenkschmerzen

Neben Verletzungen (beispielsweise Verstauchungen) sind für Gelenkschmerzen meist durch Rheumatismus bedingte Störungen verantwortlich. Die Ursachen für Rheuma sind bislang noch nicht eindeutig bekannt; Infektionen und Abnutzungen kommen genauso in Frage wie Veranlagung, Ernährungsfehler, Stoffwechselstörungen oder Unterkühlungen.
Bei Entzündungen infolge einseitiger Belastung drückt das Sehnenband schmerzhaft auf die darunterliegenden Nervenstränge.

Die Behandlung

▶ Mit Akupressur werden die Schmerzen behandelt, die durch entzündliche Prozesse in den Gelenken entstehen. Bewegungseinschränkungen und Schwellungen oder Gelenksteifigkeit lassen sich mit Akupressur ebenfalls positiv beeinflussen.

● Biegung des Teiches (Seite 56): drücken (mittelstark), bis zu 10 Minuten.

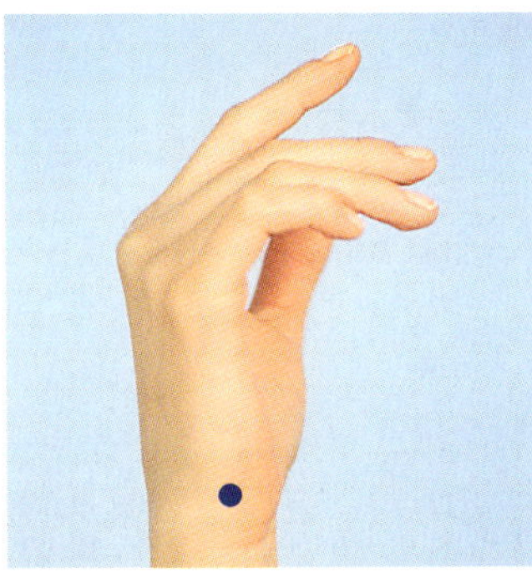

● Handgelenksknochen: drücken (kräftig), 5–10 Minuten.

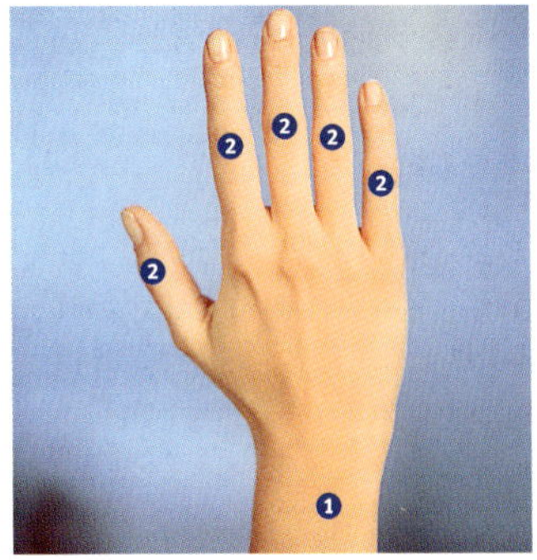

❶ Äußere Grenze (zwei Querfinger hinter dem Handgelenk, zwischen Elle und Speiche): drücken (kräftig), 5 Minuten.
❷ Spezialzonen an den Fingergelenken, mit dem Daumen akupressieren, den behandelten Finger dabei fest umschließen. Sind die Finger der ganzen Hand betroffen, schreibt die chinesische Heilkunde folgende Reihenfolge vor: Ringfinger, Daumen, Mittelfinger, Zeigefinger, Kleinfinger: drücken (mittelstark), 5–10 Minuten.

Halsschmerzen

Halsschmerzen können viele Ursachen haben, sie sind meist Begleitsymptom einer anderen Störung, beispielsweise grippaler Infekt, Mandelentzündung. Eine akute Angina, die nicht ausgeheilt wird, kann viele Folgebeschwerden (zum Beispiel Nierenleiden) auslösen.

■ Bei starken Halsschmerzen mit Schluckbeschwerden muß unbedingt der Arzt aufgesucht werden!

Ein geröteter Hals und Halsschmerzen sind bei Kindern und Erwachsenen keine Seltenheit. Stechende Halsschmerzen, Appetitlosigkeit, Schluckbeschwerden und ein trockenes Gefühl im Hals sind meist der Beginn einer akuten Gaumenmandel-Entzündung; Fieber, geschwollene Lymphdrüsen am Unterkieferwinkel sowie eine starke Mandelschwellung treten auf. Wenn es sich um eine Erkältung handelt: Je früher Sie Akupressur anwenden, desto einfacher gestaltet sich der Krankheitsverlauf.

Die Behandlung

▶ Die Akupressur schafft Erleichterung beim unkomplizierten Halsschmerz, der sich in Form von Heiserkeit oder leichten Schluckbeschwerden bemerkbar macht.

❶ Spezialzone Hals: schieben (sanft), 3–5 Minuten.
❷ Himmlisches Antlitz: drücken (sehr sanft), 1 Minute.

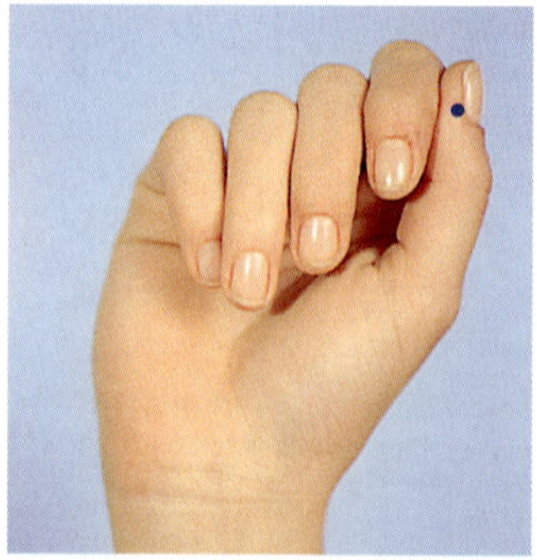

● Junger Händler (= Meisterpunkt der Lunge), mehrmals täglich mit dem Daumennagel stark akupressieren: drücken (kräftig), 5 Minuten.

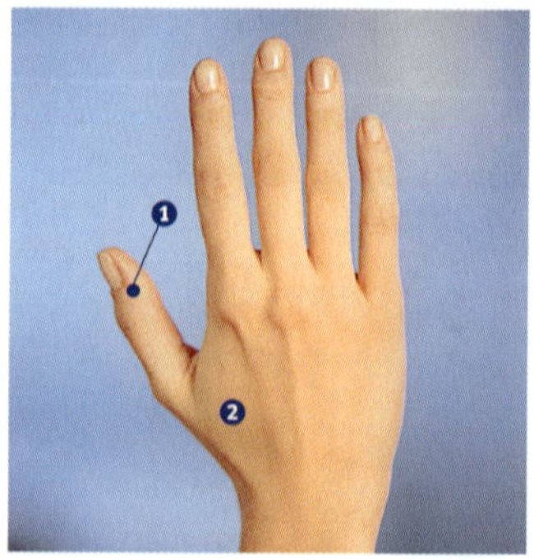

❶ Lymphpunkt am Daumen, speziell für das Lymphsystem wirksam: drücken (mittelstark), 5 Minuten.
❷ Talsenke, wirkt regulierend auf die Schleimhautfunktion: drücken (kräftig), bis zu 10 Minuten.

Hämorrhoiden

Die Darmschleimhäute haben im Afterbereich die Form von längsgestellten Falten, in denen viele Venen verlaufen. Durch das Aussacken der Venenwände entwickeln sich Hämorrhoiden. Verantwortlich dafür sind unter anderem Bindegewebsschwäche, falsche Ernährung und damit einhergehende Verstopfung oder Bewegungsmangel. Eine Schwangerschaft begünstigt die Entstehung von Hämorrhoiden.

Die Behandlung

▶ Durch Hämorrhoiden auftretende Schmerzen beim Sitzen und bei der Darmentleerung sowie unangenehmes Afterjucken lassen sich mit Akupressur günstig beeinflussen.

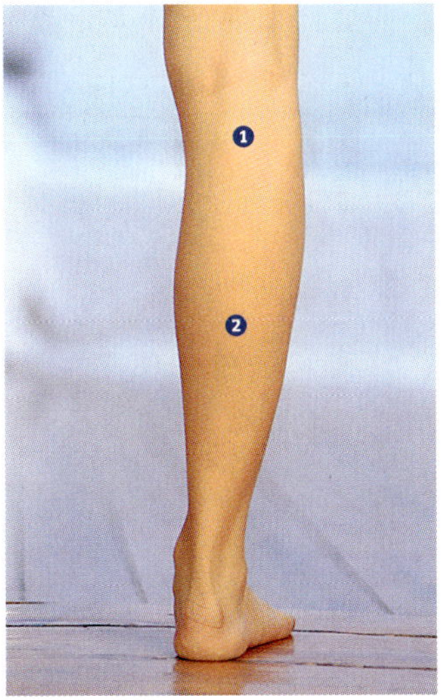

❶ Yang-Vereinigung (zwei Querfinger unter dem Mittelpunkt der Kniekehle), Richtung Ferse akupressieren: drücken/vereinigen (mittelstark), 3 Minuten.
❷ Stütze des Berges (in der Mitte der Erhebungen des Zwillingsmuskels), gleichzeitig auf beiden Seiten mit den Daumen akupressieren: drücken/vereinigen (kräftig), bis zu 10 Minuten.

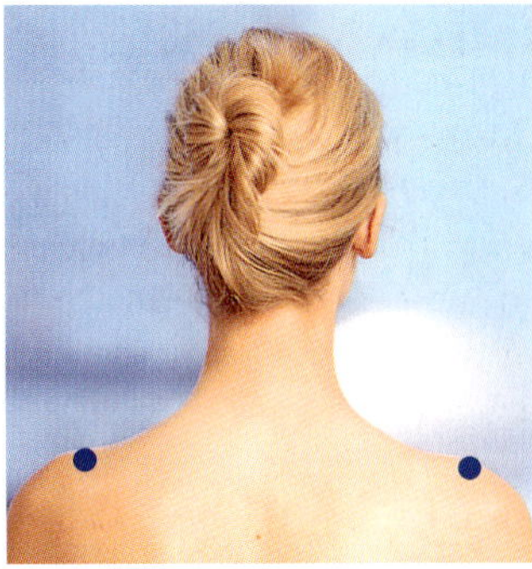

● Schulterknochen (bei waagerecht ausgestrecktem Arm im Grübchen über dem Schultergelenk), wirkt speziell gegen Juckreiz, beeinflußt das Gefäßsystem der Haut über das Vegetativum: drücken (kräftig), 5–10 Minuten.

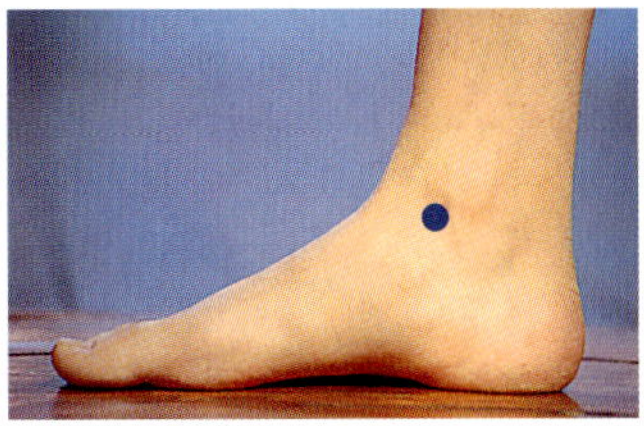

● Hügel des Händlers, zur allgemeinen Stärkung des Bindegewebes: drücken (mittelstark), 5–10 Minuten. Der Hügel des Händlers ist der Meisterpunkt des Bindegewebes und kann bei Bindegewebsschwäche zweimal täglich akupressiert werden.

Husten

Husten ist ein natürlicher Reflex des Körpers, um sich von Schadstoffen aus dem Atembereich zu befreien. Alles, was in den Atemwegen störend wirkt (Fremdkörper, Staub, Schleim, Schadstoffe durch Rauchen) und dadurch die Atmung behindert, löst einen Hustenreiz aus und wird durch krampfartige Luftstöße abgesondert. Husten ist notwendige Selbsthilfe des Körpers. Hustenunterdrückende Medikamente sollten deshalb mit Vorsicht und nur nach ärztlicher Verordnung genommen werden.

■ Husten kann allerdings auch ein Anzeichen anderer Krankheiten sein. Ziehen Sie bitte unbedingt einen Arzt zu Rate, wenn stechende Brustschmerzen beim Husten spürbar sind, wenn der Auswurf Spuren von Blut enthält oder wenn der Husten länger als zwei bis drei Wochen anhält!

Die Behandlung

▶ Akupressur wirkt beruhigend auf die gereizten Schleimhäute.
Versuchen Sie bei einem Hustenanfall – während Sie akupressieren – tief und langsam durchzuatmen.

● cha-ba-ex (im Halsgrübchen, Seite 47), bei starkem Hustenanfall mit kräftigem, gleichbleibendem Druck, abwechselnd mit Talsenke (rechts) akupressieren: drücken (kräftig), 5 Minuten.

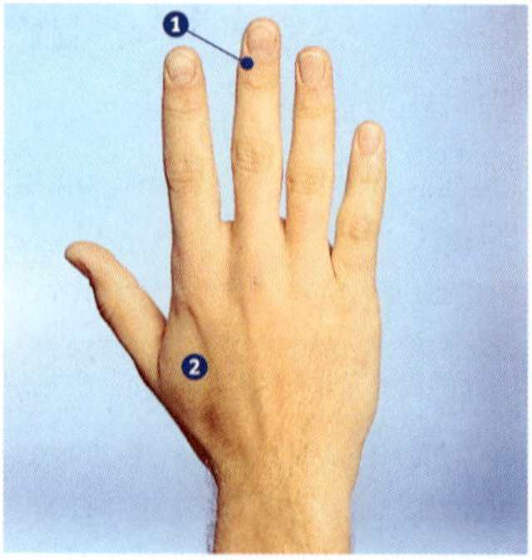

❶ Konzentrierter Angriffspunkt: drücken (mittelstark), 5–10 Minuten.
❷ Talsenke: drücken (kräftig), 5 Minuten.

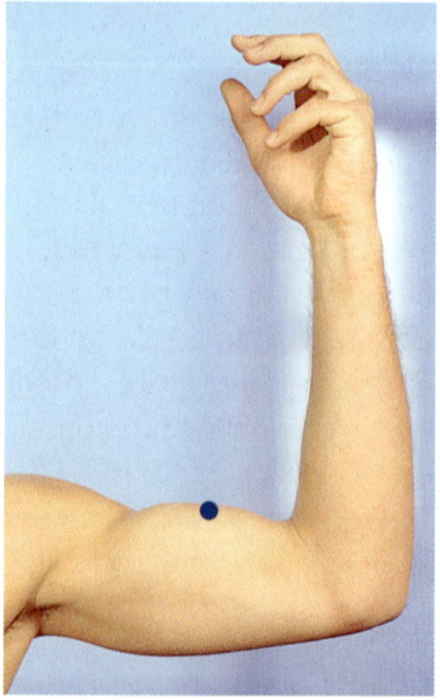

● Weiße Seite (in Mitte des Oberarms direkt auf Bizepshöhe), zur Reizhustenlinderung nur 30 Sekunden (!) akupressieren: drücken/teilen (sanft), 1–2 Minuten.

Ischiasprobleme, Hexenschuß

Der Ischiasnerv ist einer der längsten Nervenstränge im menschlichen Körper; er verläuft von der Kreuzbeingegend bis zu den Zehen. Wird ein Nervenast eingeklemmt (durch Bandscheibenvorfall oder Wirbelverschiebung), dann tritt der typische ziehende Ischiasschmerz mit Bewegungseinschränkung auf. Wird der Nerv an seinen Austrittsstellen am Wirbelkörper gequetscht, kann es zu Lähmungen kommen. Plötzlich nach einer ungünstigen Körperbewegung oder durch Verheben auftretende Beschwerden werden als »Hexenschuß« bezeichnet. Die Beschwerden können chronisch werden, wenn der Orthopäde die Ursache nicht beseitigt (Wirbelsäulenprobleme, Seite 90).

Die Behandlung

▶ Akupressur bringt Schmerzerleichterung und lockert Muskelverspannungen.

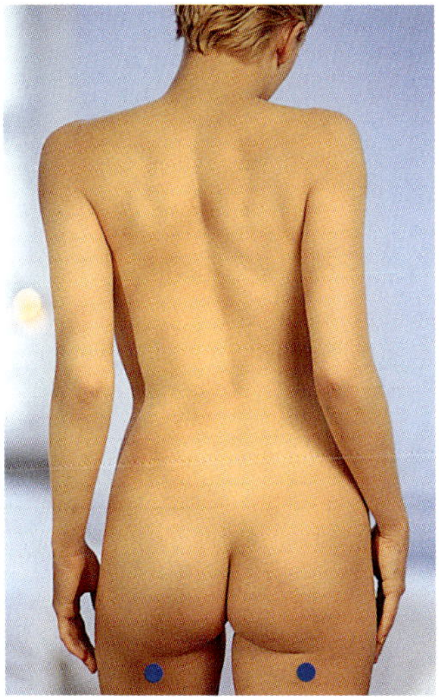

● Stützende Stelle, wird in entspannter Bauchlage von einem Partner akupressiert: drücken/vereinigen (kräftig), bis zu 10 Minuten.

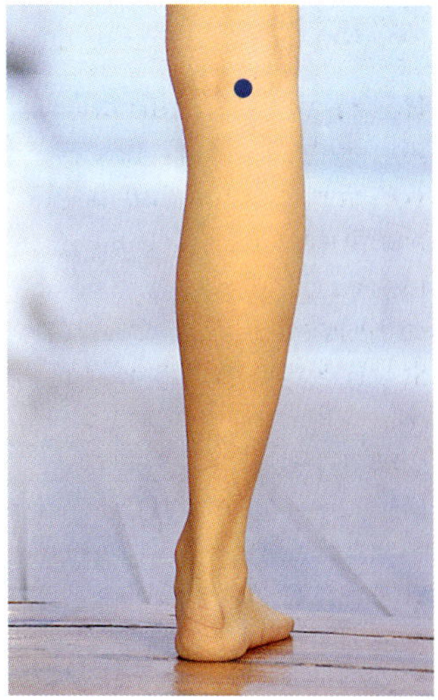

● Mitte der Beugefalte (im Mittelpunkt der Kniekehle), kann vor dem Akupressieren etwa 2 Minuten lang akupunktiert werden: drücken/teilen (sanft bis mittelstark), 3 Minuten.

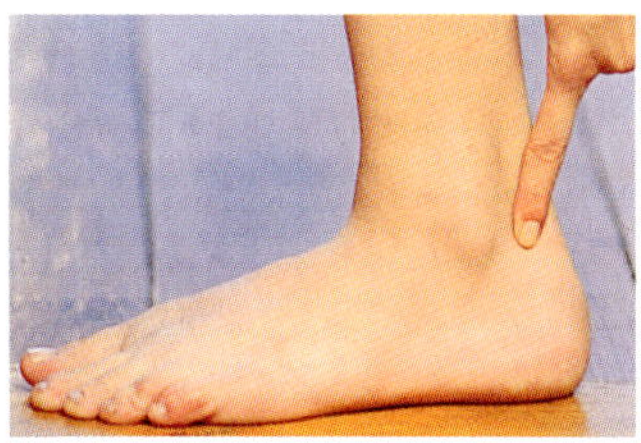

● Berg der Götter (= Meisterpunkt des Schmerzes; auch Hochberg in Tibet genannt, Seite 49), bei schmerzenden Gliedmaßen Richtung Ferse akupressieren: drücken (kräftig), 5 Minuten.

Knieschmerzen

Das Kniegelenk ist (ähnlich dem Ellbogen) besonders häufig Verletzungen und Überlastungen ausgesetzt. Ob altersbedingte Gelenkschmerzen oder Bewegungseinschränkungen, ob berufsbedingte Belastungen, Überforderungen der Kniegelenke durch sportliche Betätigung oder Übergewicht vorliegen – die Akupressur repariert zwar keine vorhandenen Schäden, verbessert aber die Schmerzsituation wesentlich und hilft in Einzelfällen, weitere Degenerationsprozesse aufzuhalten.

Ältere Menschen wissen die Vorteile der Akupressur zu schätzen: Kleinere, lästige Alltagsbeschwerden bei Bewegungen können in vielen Fällen ausgeschaltet werden. Gerade für ältere Menschen ist dies ein wesentlicher Beitrag zur Lebensqualität. Kürzere Wegstrecken (kleinere Besorgungen, kurze Spaziergänge, Besuche) können wieder fast beschwerdefrei zurückgelegt werden.

■ Bei häufigen oder andauernden Knieschmerzen sollten Sie den Arzt aufsuchen!

Die Behandlung

▶ Die wichtigste Behandlung besteht in der »locus-dolendi«-Therapie, der direkten Akupressur der schmerzenden Stellen.

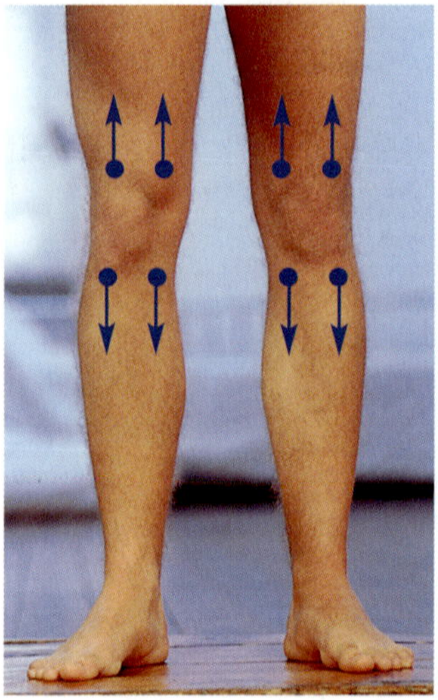

● Spezialpunkte: drücken/teilen (mittelstark), 5–15 Minuten.

Durch das Akupressieren der 4 Spezialpunkte rund ums Knie wird der Schmerz verteilt und zerrieben. Dauer der Behandlung je nach Bedarf; es kann auch mehrmals täglich akupressiert werden.

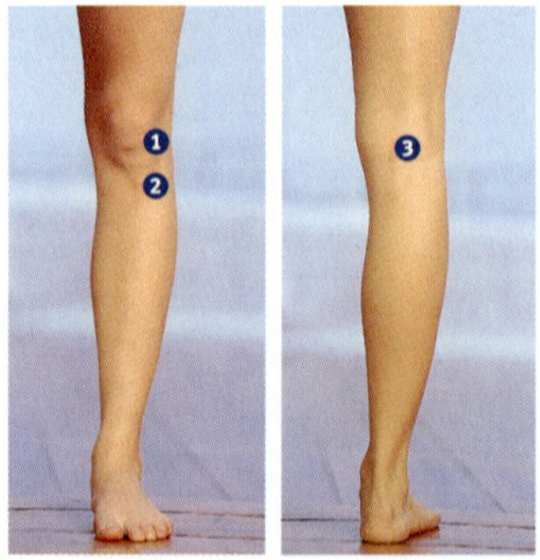

❶ Quelle des Yang-Hügels (in der Vertiefung vor und unter dem Wadenbeinköpfchen): drücken (kräftig), 10 Minuten.

❷ Göttlicher Gleichmut: drücken (kräftig), 5–15 Minuten.

❸ Mitte der Beugefalte: drücken/teilen (mittelstark), 3 Minuten.

Konzentrationsschwäche

Die Vielfalt der Einflüsse, die im Laufe eines Tages auf jeden von uns – vom Schulkind bis zum Berufstätigen – einwirken, macht es uns schwer, unsere Aufmerksamkeit über längere Zeit auf eine Sache zu konzentrieren. Dabei spielt es natürlich eine große Rolle, ob man das, was man tun soll, auch wirklich tun will.

Die Behandlung

▶ Liegt der Konzentrationsschwäche keine Funktionsstörung des Gehirns zugrunde, die nur der Arzt diagnostizieren und behandeln kann, hilft Akupressur, Energiedefizite im geistigen Bereich auszugleichen. Schulkinder mit Konzentrationsstörungen jeden Morgen 10 Minuten lang ruhig und ohne zeitlichen Druck akupressieren.

● Meer der Energie (= Hauptenergiepunkt zwei bis drei Querfinger, bei dicken Menschen oft vier bis fünf Querfinger unterhalb des Nabels) kann durch »Kneifen« mit Daumen und Zeigefinger zwischendurch aktiviert werden: drücken/teilen (sanft bis mittelstark), 5 Minuten.

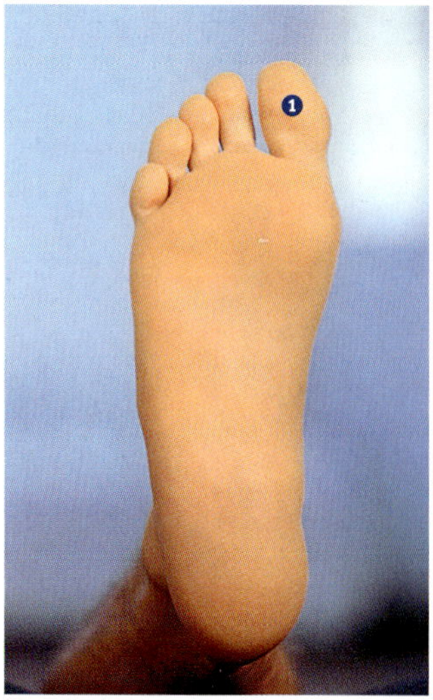

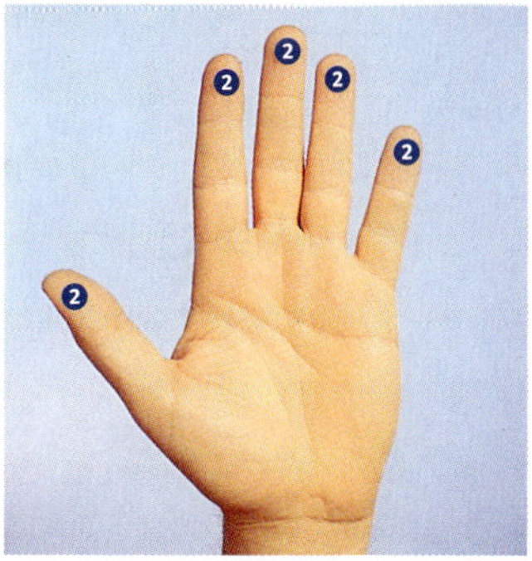

❶ Spezialzone Zehe und Spezialzonen Finger (❷), mit mäßigem Druck am besten morgens und abends akupressieren: drücken (mittelstark), 5–10 Minuten.

■ Beide Punkte haben eine reflektorische Beziehung zur Hirnanhangsdrüse, die die Hormondrüsen steuert.

Kopfschmerzen, Migräne, Stirnkopfschmerzen

Kopfschmerzen sind keine Krankheit, sondern ein Symptom. Kopfschmerz und Migräne können viele Ursachen haben – von Übermüdung über Hunger, Wetterfühligkeit und Sehproblemen bis hin zu einer trägen Gallenblase; sie können aber, vor allem bei Frauen, auch hormonell bedingt sein. Durch Kopfschmerzen signalisiert der Körper, daß irgend etwas nicht in Ordnung ist – Schmerz ist ein Alarmsignal.

■ Wenn die Behandlung der genannten Punkte keinen Erfolg bringt oder die Kopfschmerzen anhalten oder immer wiederkehren, sollten Sie sich unbedingt von einem Arzt untersuchen lassen! Denn gerade Kopfschmerzen verweisen oft auf organische Störungen oder aber auf eine Dauerbelastung, die zu organischen Störungen führen kann.

Um gezielt behandeln zu können, muß die Ursache von Kopfschmerz und Migräne geklärt werden. Bei Kopfschmerzen sollte man sich fragen, was den Kopf belastet. Oft überfordern wir ihn, wir wollen alles im Kopf haben, alles mit dem Kopf (Verstand) erledigen – und werden »kopflastig«. Kopfschmerzen sind aus ganzheitlicher Sicht auch ein Hinweis auf eine gestörte Balance zwischen oben und unten, zwischen dem Verstandes- und dem Gefühlsbereich, zwischen Denken und Handeln.

In den wenigsten Fällen ist der Kopf die eigentliche Ursache von Kopfschmerzen, und die auf Symptom-Beseitigung ausgerichtete Schulmedizin kennt keine wirksame Therapie, mit der die Schmerzursache zu heilen ist, auch keine Vorbeugemaßnahmen. Es hilft aber wenig, den Kopfschmerz mit schmerzstillenden Medikamenten vertreiben zu wollen. Solche Medikamente haben oft starke Nebenwirkungen und bringen nur vorübergehend ein Symptom zum Verschwinden; sie sollten wirklich nur als Notlösung in Ausnahmefällen genommen werden.

- Sorgen Sie für eine geregelte Verdauung, viel Bewegung in frischer Luft, und versuchen Sie, unvermeidbare körperliche und seelische Überlastung durch Entspannung stets auch wieder auszugleichen.

Die vier Arten von Kopfschmerzen

- Vorübergehende, situationsbedingte Kopfschmerzen (hier helfen meist schon Ruhe, Entspannung, frische Luft).
- Kopfschmerz, verursacht durch organische Störungen wie Magenbeschwerden oder durch Nackensyndrom. Klärung der Ursachen durch den Arzt!
- Migräne, der periodisch wiederkehrende heftige Kopfschmerz, wird oft von Übelkeit, Lichtempfindlichkeit, Sehstörungen und Erbrechen begleitet. Zwischen den Anfällen fühlen sich die Betroffenen aber ganz gesund.
- Kopfschmerz als Folge von Verletzungen, zum Beispiel Blutungen.

Die Behandlung

▶ Akupressur bei Schädeldach- und Hinterhauptschmerzen (siehe auch Wirbelsäulenprobleme, Seite 90).

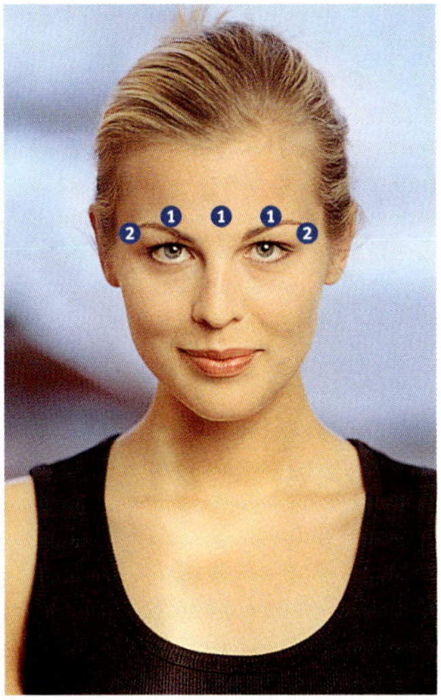

❶ Spezialpunkte, den Schmerz gleichmäßig in alle Richtungen »zerreiben«: drücken/»zerreiben«, bei Bedarf.
❷ Schwanz des Fisches (am Ende der Augenbrauen als leichte Vertiefung spürbar), bei Spannungskopfschmerz und Migräne: drücken (mittelstark), 5 Minuten.

● Weiher des Windes (unterm Schädel, zwischen Kopfwender- und Trapezmuskel), bei beginnendem Kopfweh: drükken (mittelstark), 3 Minuten.

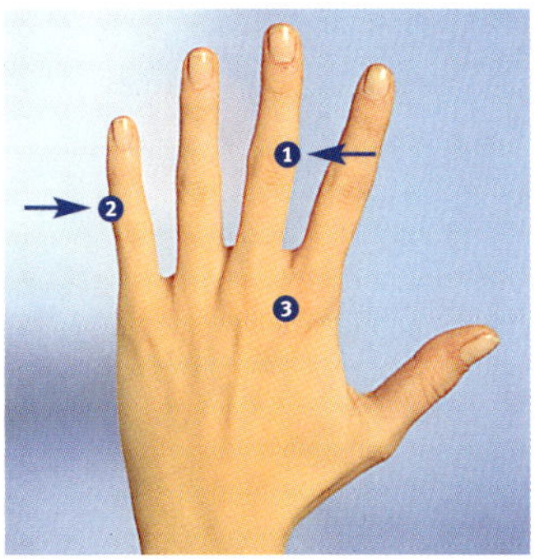

❶ Scheitelpunkt (Mittelfinger-Innenseite, am Mittelgelenk) und Hinterhauptpunkt (❷, Kleinfinger-Außenseite, am Mittelgelenk): in Pfeilrichtung drücken (kräftig), 5 Minuten.
❸ Hals-Nackenpunkt (direkt zwischen den Fingergrundgelenken): drücken (kräftig), 5 Minuten.

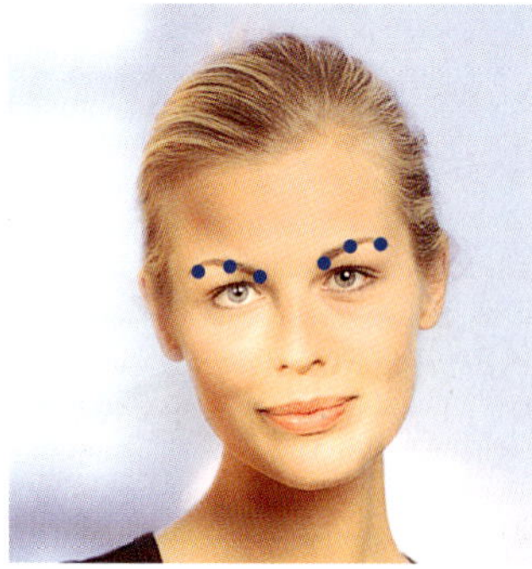

● Augenpunkte, wirksam auch bei Migräne: Jeden der Augenpunkte von innen nach außen einzeln akupressieren; zusätzlich die weiteren Schmerzpunkte vorsichtig »verreiben«: sanfte, rhythmische Massage, bei Bedarf.

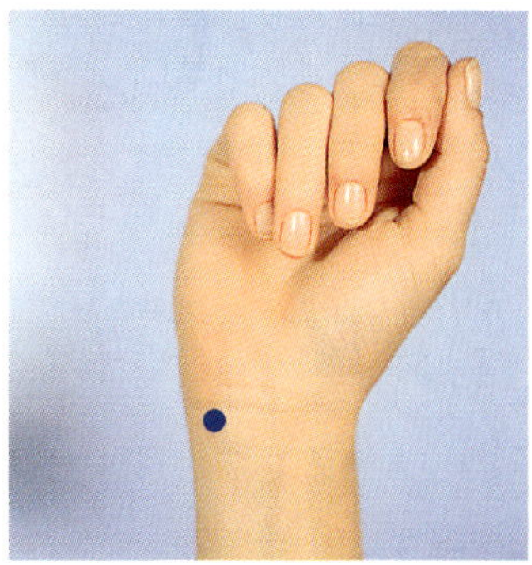

● Göttliches Tor (= ausgleichender Energiepunkt): drücken (mittelstark), 5 Minuten.

Beschwerden und ihre Behandlung

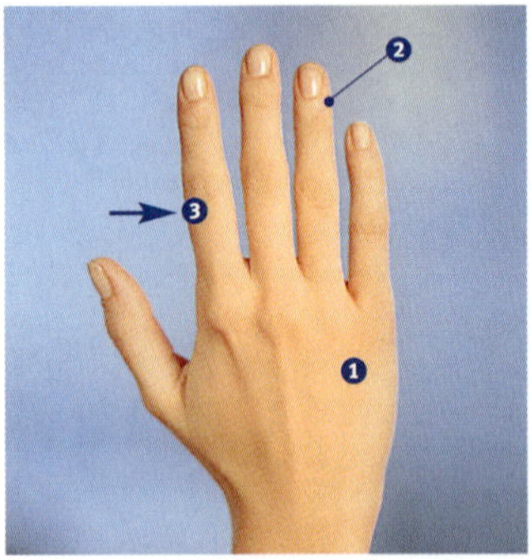

❶ Insel der Mitte, zur Schmerzlinderung: drücken (mittelstark), 5 Minuten.
❷ Grenzpunkt des Angreifers, speziell bei Spannungskopfschmerzen: drücken (kräftig), 3 Minuten.
❸ Vorderkopfpunkt (auf der Zeigefinger-Innenseite am Mittelgelenk) in Pfeilrichtung akupressieren: drücken (kräftig), 5–10 Minuten.

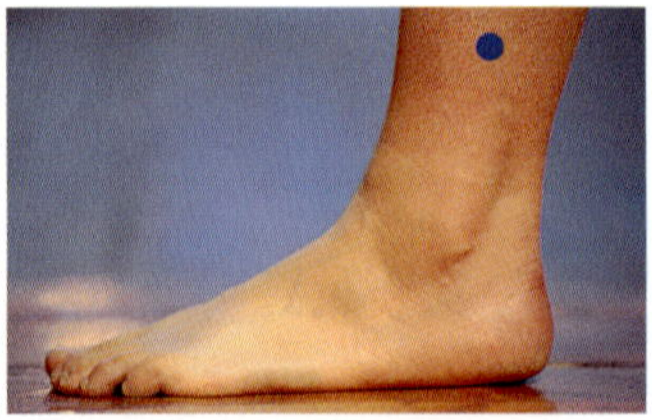

● Hängende Glocke (fünf Querfinger über der äußeren Knöchelspitze am Rand des Wadenbeins), wirkt spannungslösend: drücken (mittelstark), 3 Minuten.

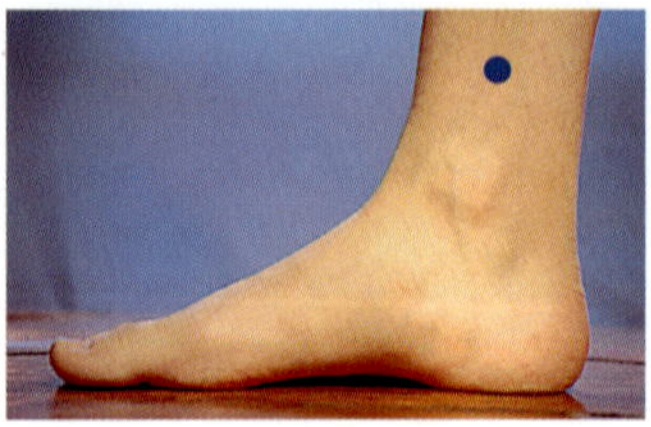

● Treffpunkt der 3 Yin, bei hormonellen Störungen als Ursache und bei Kopfweh während der Periode zusätzlich mit den Augenpunkten akupressieren: drücken/teilen (sanft beginnend), 5–10 Minuten.

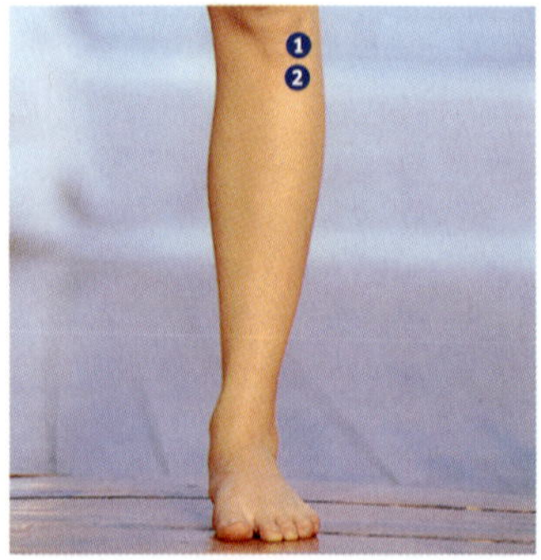

❶ Quelle des Yang-Hügels, wirkt krampflösend: drücken (kräftig), 10 Minuten.
❷ Göttlicher Gleichmut harmonisiert die Psyche: drücken (kräftig), 10 Minuten.

WICHTIG

Drücken Sie nicht zu viele Punkte auf einmal! Warten Sie bei Kopfschmerzen etwa 20 Minuten, bevor Sie einen nächsten Punkt akupressieren! Es kann einige Zeit dauern, bis Sie jene Punkte gefunden haben, auf deren Behandlung Sie gut reagieren. Wenn die Schmerzen von nervösen Reiz- und Angstzuständen ausgelöst sind, werden andere Punkte (Göttlicher Gleichmut oder Göttliches Tor) Erfolg bringen als zum Beispiel bei Frauen, die Kopfschmerzen vor allem in Verbindung mit dem Menstruationszyklus erleben (Treffpunkt der 3 Yin). Lassen Sie sich Zeit, um Ihre spezielle Punktekombination zu entdecken!

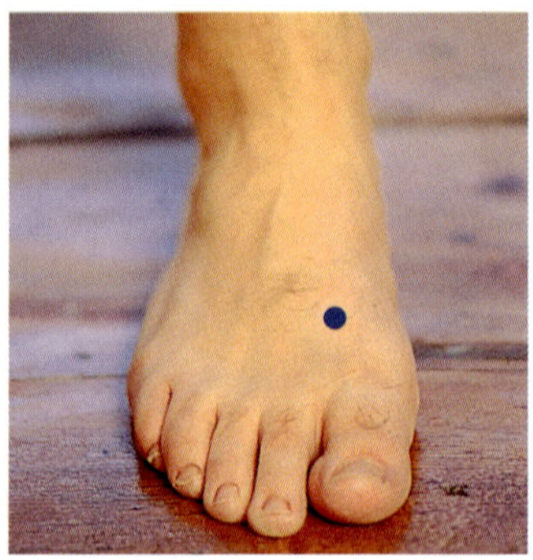

● Höchste Attacke, wenn der Schmerz unerträglich wird: drücken (kräftig), bei Bedarf.

Magen-Darm-Störungen

Entzündungen der Schleimhäute gehören zu den häufigsten Störungen im Verdauungstrakt. Vorübergehende Magenbeschwerden im Alltag sind in den meisten Fällen verursacht durch Schleimhautreizungen: Aufgrund nervöser Impulse kann die Magenwand zuviel Säure produzieren, wodurch die Schleimhäute gereizt und entzündet werden. Redensarten wie »Es liegt mir etwas im Magen« – »Daran habe ich zu kauen« – »Das habe ich noch nicht verdaut« – »Ich habe viel schlucken müssen« weisen auf die enge Verbindung zwischen seelischem Erleben und körperlichen Reaktionen hin.
Natürliche Heilverfahren sind in der Regel wirksamer als schulmedizinische Behandlungen, die nur in einer chemischen Neutralisierung der überschüssigen Magensäure bestehen; säurebindende Medikamente haben zwar auch eine schmerzlindernde Wirkung, beeinträchtigen aber zugleich den Verdauungsvorgang. Eine gezielte naturgemäße Therapie sollte die Säureüberproduktion verhindern können.
Um die Darmtätigkeit zu normalisieren, ist eine ausgewogene, ballaststoffreiche Ernährung sehr wichtig. Schonkost erleichtert zwar die Verdauung und bessert damit die Schmerzen, trägt aber nicht zur Heilung bei. Im Bedarfsfall für Entleerung und Entschlackung des Darmes durch Fasten sorgen (Bücher, Seite 92).

■ Lassen Sie vom Arzt Ursache und Ausmaß möglicher Magen-Darm-Störungen abklären!

Die Behandlung

▶ Leichte Magenschleimhautentzündungen können mit Akupressur innerhalb von 3 bis 7 Tagen zum Abklingen gebracht werden.

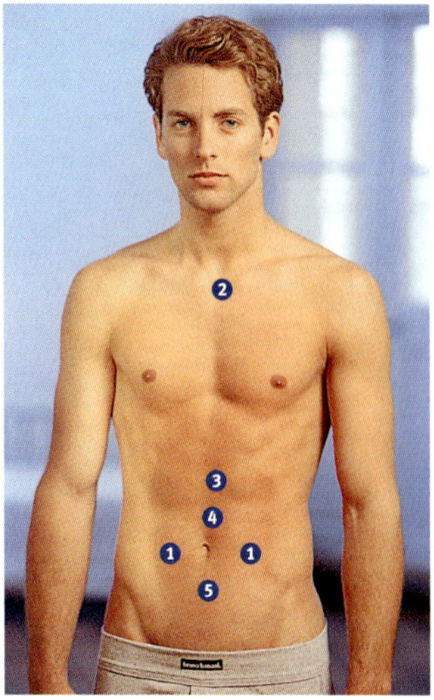

❶ Himmelsachse (drei Querfinger vom Nabel entfernt): drücken/teilen (mittelstark), 5 Minuten.
❷ Jade-Perle und Zentrum des Magens (❸), bei Aufstoßen (Sodbrennen) kombiniert akupressieren: drücken (leicht), 3 Minuten.
❸ Zentrum des Magens: drücken/teilen (mittelstark), 5 Minuten.
❹ Unterer Kanal, vor allem bei Krämpfen: drücken/teilen (mittelstark), 5–10 Minuten.
❺ Meer der Energie (drei Querfinger vom Nabel entfernt): drücken (mittelstark bis kräftig), 3 Minuten.

Beschwerden und ihre Behandlung

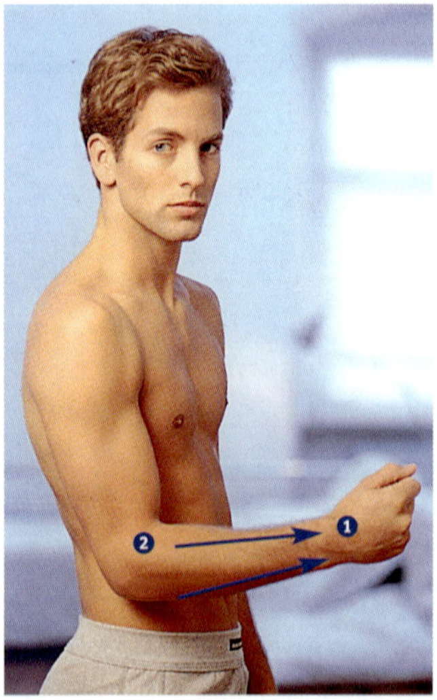

❶ Unterarm-Zone: schieben (Richtung Handgelenk), 7 Minuten.
❷ Biegung des Teiches: drücken (mittelstark bis kräftig), 10 Minuten.
Der Punkt Biegung des Teiches liegt auf dem Dickdarmmeridian. Die Akupressur dieses Punktes hat stark regulierende Wirkung auf die gesamte Darmfunktion.

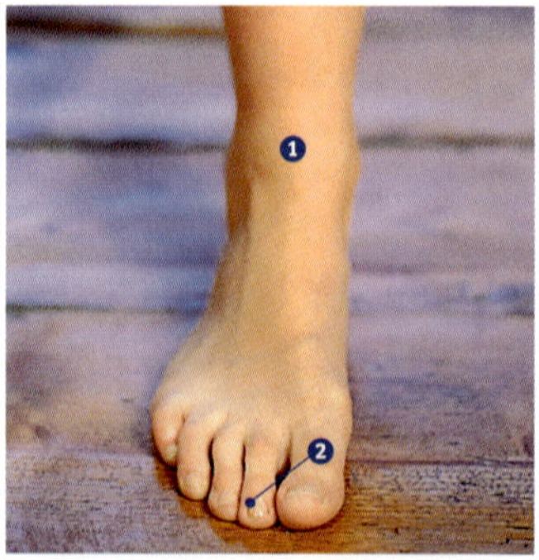

❶ Tauender Bach: drücken (kräftig), 5 Minuten.
❷ Grausame Bezahlung (= Harmonisierungspunkt), am besten bei Bettruhe mit Partnerhilfe akupressieren: drücken (kräftig), 3–5 Minuten.

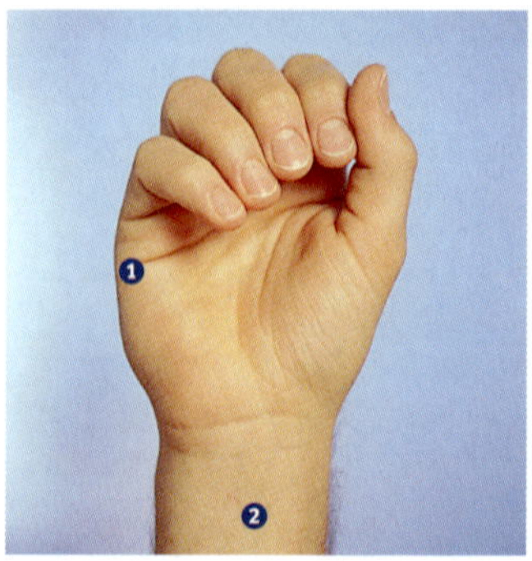

❶ Hintere Furche (an der Außenkante der Handinnenfläche): drücken (kräftig), 5 Minuten.
❷ Innerer Grenzwall (drei Querfinger hinter dem Handgelenk): drücken (sanft beginnend), 3 Minuten.

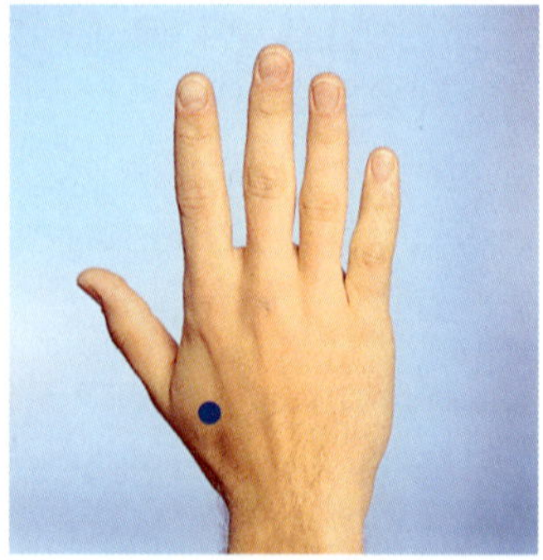

● Talsenke, beruhigt und normalisiert die Schleimhäute: drücken (kräftig), bis zu 10 Minuten.

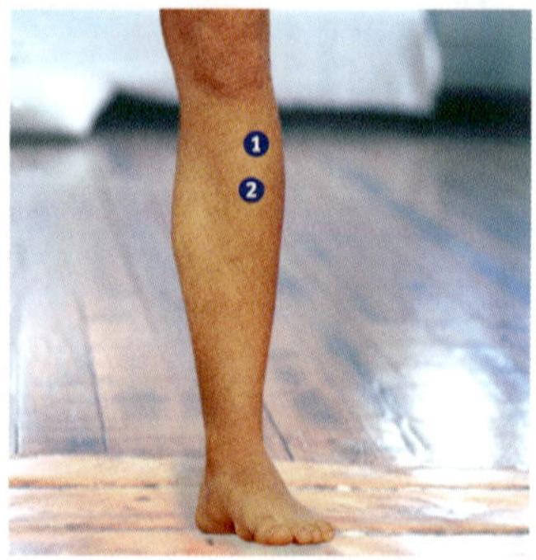

❶ Göttlicher Gleichmut, kann zusätzlich zu den anderen Punkten akupressiert werden.
❷ Oberer großer Marktplatz (zwei Querfinger oberhalb der Mitte zwischen Knöchel und Kniegelenk), bei Blähungen und Völlegefühl: drücken/vereinigen (mittelstark), 10 Minuten.

Menstruationsbeschwerden

Vor allem junge Frauen leiden häufig daran. Unregelmäßige Monatsblutungen oder Regelschmerzen (nicht selten sogar beides) werden meist durch leichte Störungen im Hormonhaushalt verursacht. Psychische Faktoren spielen dabei eine große Rolle. Besonders unangenehm ist das prämenstruelle Syndrom mit vor der Periode auftretenden Beschwerden wie Kopf-, Bauch- und Rückenschmerzen, Schwellungen, Ausschlägen, Depressivität, Lethargie, Reizbarkeit, Schwächung der Libido und sogar erhöhter Unfallneigung.

Die Behandlung

▶ Akupressur harmonisiert den Gesamtzustand und aktiviert die körpereigene Kontrollinstanz der Hormonproduktion, die Hirnanhangsdrüse (Hypophyse). Dadurch stabilisiert sich die hormonelle Versorgung.

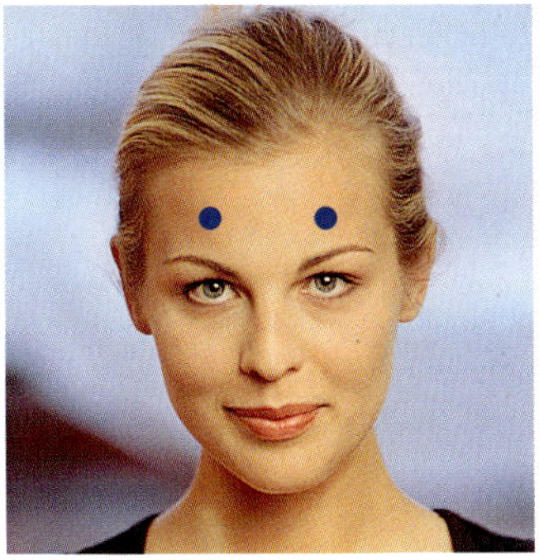

● Konzeptionspunkt (drei Querfinger über der Augenbrauenlinie): drücken (mittelstark), 5 Minuten.

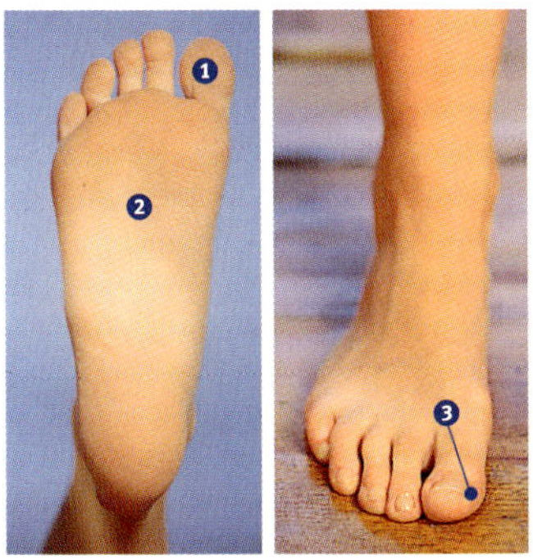

❶ Punkt der Großzehenbeere, steht in reflektorischer Beziehung zur Hypophyse, also zum hormonellen Steuerungszentrum: drücken (mittelstark), 5–10 Minuten.

❷ Hervorströmender Frühling: drücken (sanft), 10–15 Minuten. Gleichbleibender leichter Druck mit dem Daumenballen wirkt entspannend und beruhigend (Partnerhilfe).

❸ Geheime Helle, bei zu starken Blutungen: drücken (mittelstark bis kräftig), 5 Minuten.

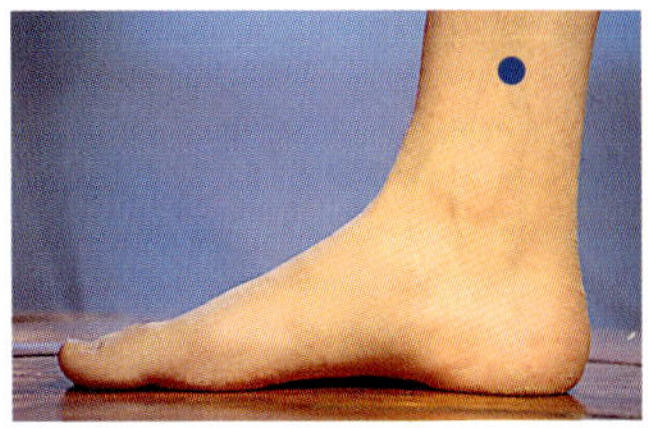

● Treffpunkt der 3 Yin, bei Krämpfen während der Regel (Krämpfe der Gebärmuttermuskulatur) und bei unspezifischen Monatsschmerzen: drücken (sanft beginnend), 5–10 Minuten.

WICHTIG

Nach der Behandlung dieser Punkte 30 Minuten ruhen!

Müdigkeit

Müdigkeit und spürbarer Energiemangel sind meist Begleiterscheinungen anderer Störungen und Symptome, so von Kreislaufproblemen, grippalen Infekten, Verdauungsstörungen oder Angstzuständen.

■ Dauernde Müdigkeit und Antriebsschwäche können auch auf eine unzureichende Nährstoffversorgung des Organismus, auf gestörte Schilddrüsen- oder Leberfunktion hinweisen. Lassen Sie die Ursachen von Ihrem Arzt klären!

Müdigkeit kann auch eine körperliche Reaktion auf einen Lebensalltag sein, mit dem sich auseinanderzusetzen Sie kaum mehr die Lust haben. Es ist Ihnen in diesem Fall gleichsam die Mühe und Energie nicht wert, aktiv und gestaltend in Ihre belastende Alltagssituation einzugreifen.
Akupressur kann Ihnen dabei helfen, Ihr Energiepotential neu zu ordnen und zielgerichtet freizusetzen. Sorgen Sie für ausreichende Ruhe, für Erholung und genügend Schlaf!

Die Behandlung

▶ Die Akupressur dient der Kreislaufanregung und setzt kurzfristig Energiereserven frei – gehen Sie mit diesen Kraftreserven auf keinen Fall verschwenderisch um.

● Meer der Energie, wird durch »Kneifen« zwischen Daumen und Zeigefinger aktiviert: drücken (mittelstark), 5–10 Minuten.

TIP!

Zusätzlich können Sie die Punkte Göttlicher Gleichmut und Biegung des Teiches (Seite 45 und 70) akupressieren.

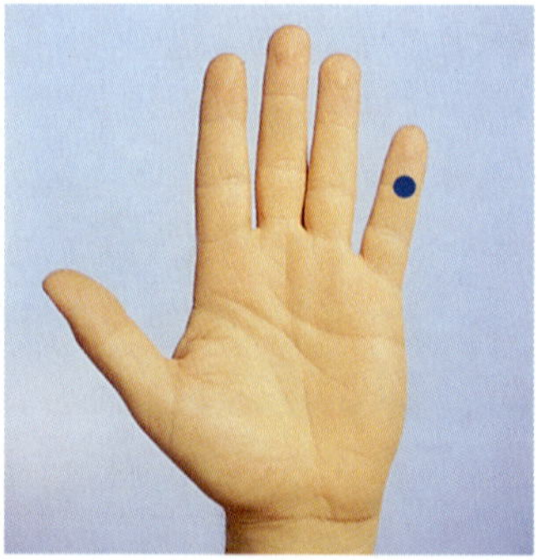

● Spezialpunkt am ersten Kleinfingergelenk (Gelenkfurche), bei Bedarf mit dem Daumennagel akupressieren: drücken (kräftig), maximal 30 Sekunden.

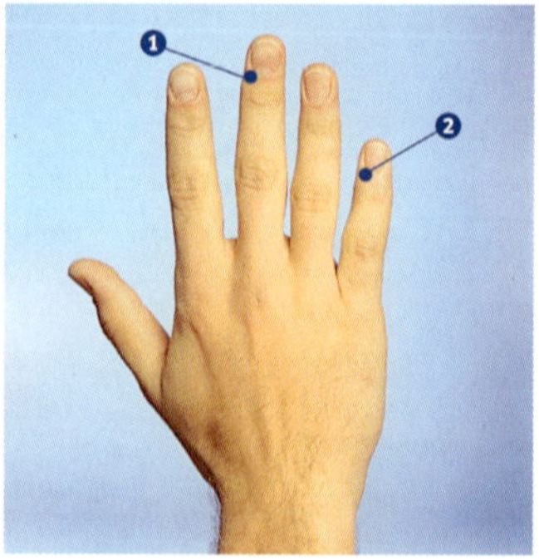

❶ Konzentrierter Angriffspunkt und Überschlagende Welle (❷) wirken als Anregungspunkte zur Mobilisierung von Kraftreserven: drücken (kräftig), 5 Minuten.

Nasenbluten

Nasenbluten ist meist die Folge einer Einwirkung von außen (Schlag, Sturz, Kratzen, kräftiges Schneuzen); sehr selten ist es Anzeichen von schwereren Störungen (Bluthochdruck, krankhafte Veränderungen im Blut). Häufigste Ursache ist das Aufreißen von ausgetrockneten Nasenschleimhäuten. Für das Bluten aus nur einem Nasenloch ist meist eine örtliche, direkte Ursache verantwortlich, während das Bluten aus beiden Nasenlöchern gleichzeitig meist durch eine allgemeine Störung verursacht wird.

Die Behandlung

▶ Im allgemeinen klingt Nasenbluten nach wenigen Minuten der Behandlung ab.

WICHTIG

Ein Arzt ist unbedingt hinzuzuziehen, wenn

- das Nasenbluten stark und anhaltend ist,
- dem Nasenbluten eine Kopfverletzung vorausgegangen ist, von der die Nase nicht direkt betroffen war.

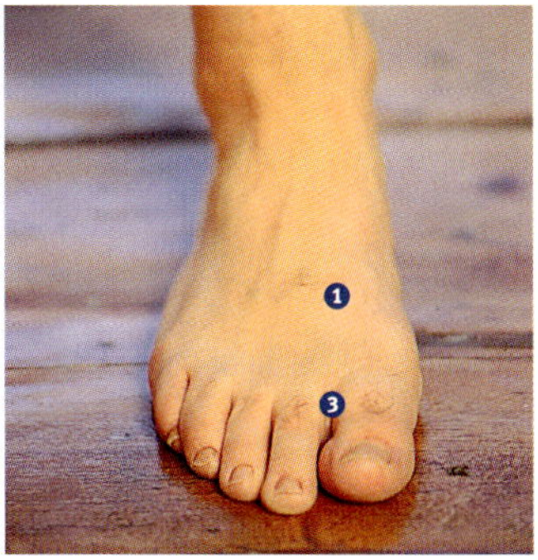

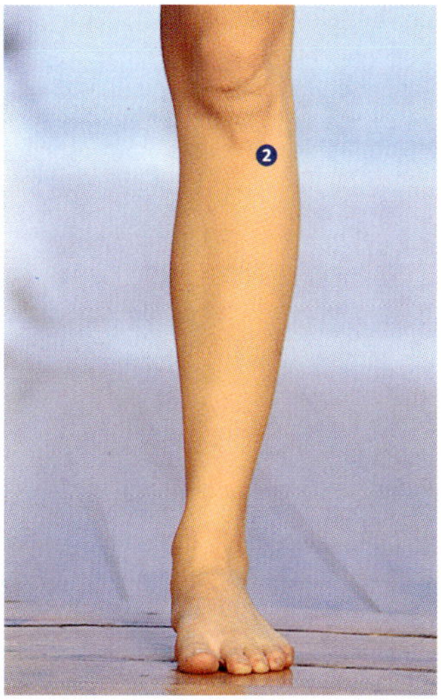

❶ Höchste Attacke und Göttlicher Gleichmut (❷), können von einem Partner gleichzeitig akupressiert werden: drücken (mittelstark), 5 Minuten.
❸ Bestimmter Weg: drücken (kräftig), 5 Minuten.

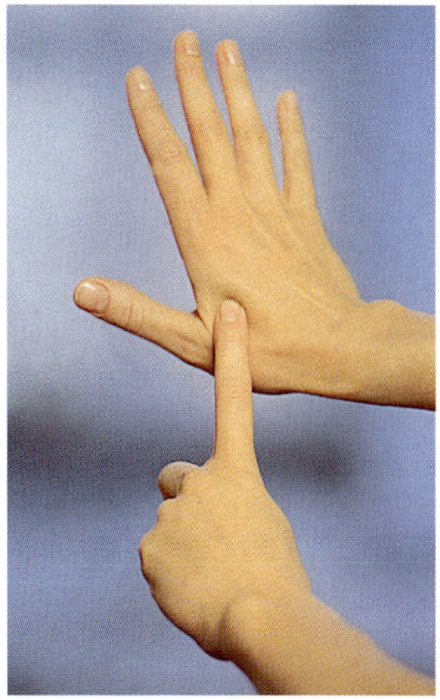

● Talsenke (= Schleimhautpunkt, Seite 74), eignet sich am besten für die Selbstbehandlung: drücken (kräftig), 5 Minuten.

TIP!

Allgemeine Maßnahmen: Aufrecht sitzen, nicht sprechen, nicht schneuzen, ruhig durch den Mund atmen, Kopf nicht nach hinten lagern! Eisbeutel oder mit kaltem Wasser getränkte Tücher in den Nacken legen, die Nasenöffnungen leicht zusammendrücken.

Nebenhöhlen-Entzündung

Bei vielen Menschen sind die Schleimhäute in den Nebenhöhlen (Kiefer-, Stirn- und Siebbeinhöhlen) chronisch gereizt. Schon durch geringe Anlässe wie Zugluft oder Temperaturschwankungen kann die Entzündung akut werden (Sinusitis). Begleiterscheinungen sind erhöhte Druckempfindlichkeit im Bereich der Nebenhöhlen, verstopfte Nase, nasale Stimme, manchmal Kopfschmerzen oder erhöhte Körpertemperatur. Dauert ein Schnupfen länger als eine Woche, deutet dies meist auf eine Nebenhöhlenentzündung hin.

■ Lassen Sie eine Nebenhöhlenentzündung bitte vom Arzt diagnostizieren und behandeln.

Akupressur erleichtert den Verlauf einer Nebenhöhlen-Entzündung entscheidend und kann bei früher Anwendung verhindern, daß die Entzündung sich von der Nase ausgehend bis in den Kiefer- und Stirnhöhlenbereich ausbreitet.

Eine akute Nebenhöhlen-Entzündung kann mit Begleiterscheinungen bis zu drei Wochen dauern – akupressieren Sie rechtzeitig bei den ersten Anzeichen!

Die Behandlung

▶ Akupressur unterstützt die Behandlung mit Dampfinhalation, Wärme und Nasentropfen; bei langfristiger Anwendung wird durch Ausheilen der Schleimhautentzündung eine deutliche Besserung erreicht.

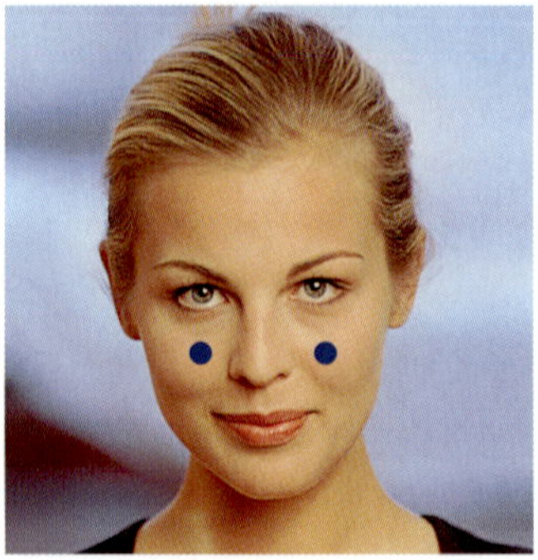

● Vierfache Helligkeit (spürbar in einem leichten Grübchen), sanft und ausdauernd akupressieren! Bis fünf Behandlungen täglich (!): drücken (sanft beginnend), 3–5 Minuten.

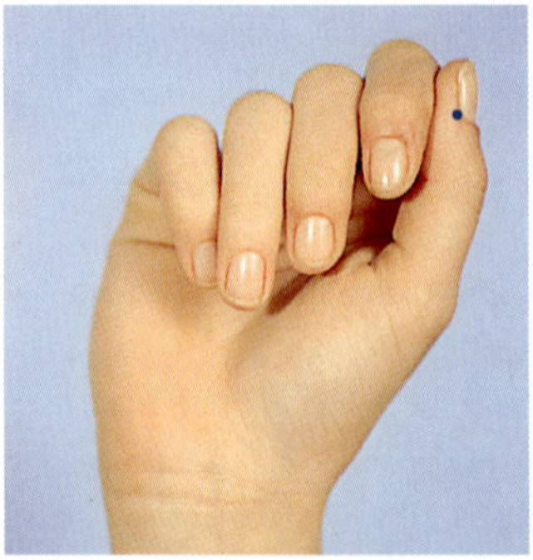

● Junger Händler, ist als Lymphpunkt wirksam: drücken (mittelstark), 3–5 Minuten.

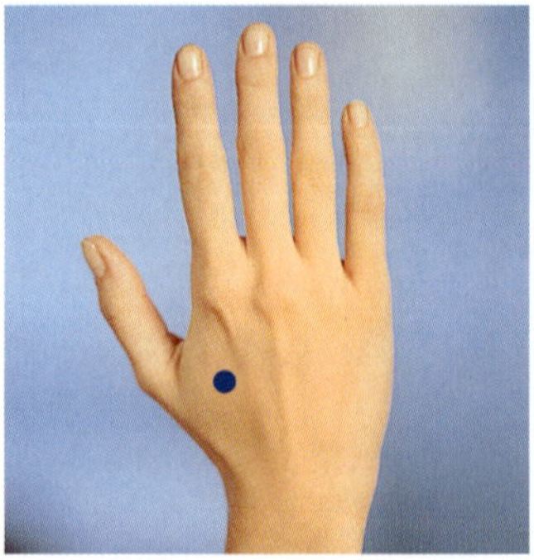

● Talsenke, heilende Wirkung bei Reizzuständen der Schleimhäute: drücken (mittelstark bis kräftig), 5 Minuten.

Nervosität, Neurasthenie

»Neurasthenie« – diese Diagnose wird relativ schnell gestellt – bedeutet, daß aufgrund eines nervlichen Reizzustandes auf eine Übererregbarkeit sehr rasch Erschöpfung und Ermüdung folgen. Diese unharmonischen Zustände im Nervensystem zeigen eine weitgefächerte Symptomatik: Übermäßiges Schwitzen, Schlaflosigkeit, Herzklopfen (ohne organische Störungen) oder allgemeine Unruhe und Angst sind meistens Zeichen einer nervösen Fehlsteuerung. Störungen des Nervensystems – in welcher Form auch immer – sind in fortgeschrittenem Stadium ein deutlicher Hinweis darauf, daß die körpereigenen Selbststeuerungskräfte mit irgendwelchen Einflüssen nicht fertigwerden.

Die Behandlung

▶ Mit Akupressur werden die Energien im psychovegetativen Bereich reguliert und harmonisiert.

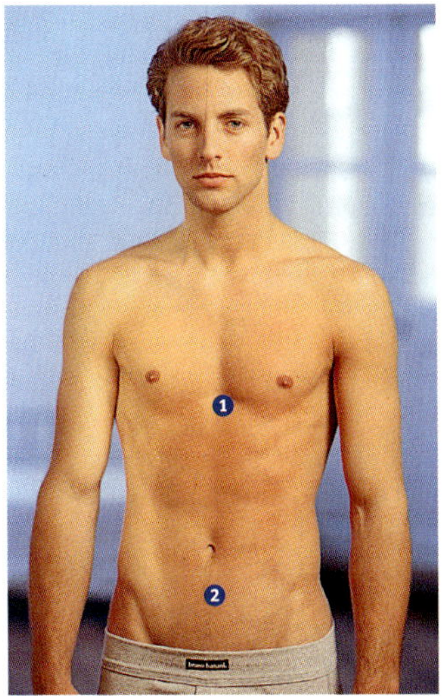

❶ Taubenschwanz: drücken (mittelstark), 5–10 Minuten.
❷ Meer der Energie, setzt auch bei allgemeiner Schwäche Energien frei: drücken (sanft bis mittelstark), 5–10 Minuten.

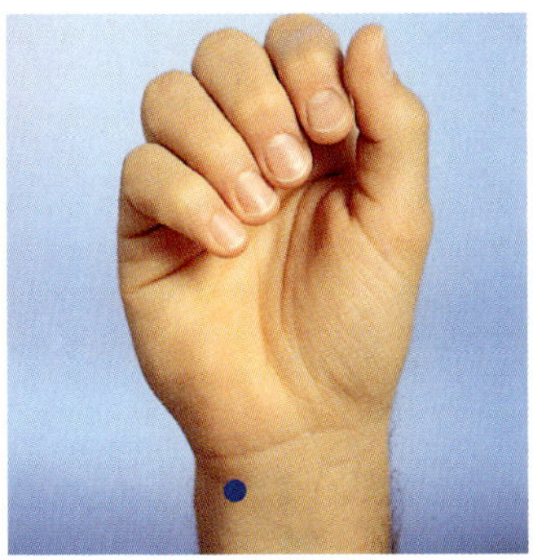

● Göttliches Tor: drücken (mittelstark), 3–5 Minuten.

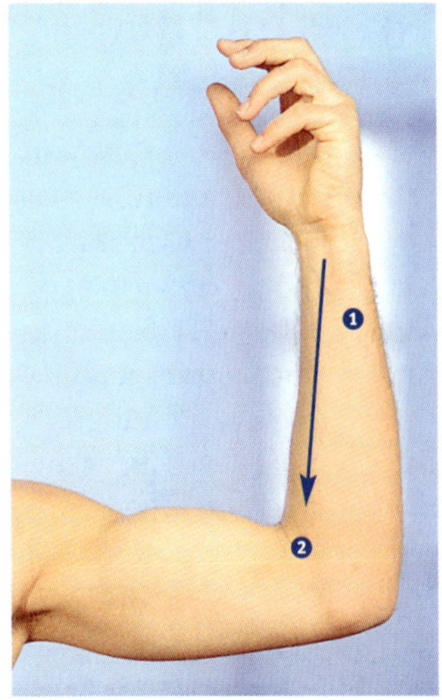

❶ Unterarm-Zone: schieben (Richtung Ellbogen), 10mal pro Arm.
❷ Niedriges Meer (in der Mitte zwischen den Gelenkknochen des Oberarms und dem Ende der Ellbogenfalte), bei innerer Unruhe und seelischen Störungen allgemein: drücken (sanft), 5 Minuten.

TIP!

Zusätzlich können Sie den Punkt Göttlicher Gleichmut (Seite 45) akupressieren: morgens mit Johanniskrautöl (Signal für Aktivität), abends mit Distelöl (Signal für Ruhe)!

Nikotin-abhängigkeit

Rauchen erhöht das Risiko für viele Krankheiten enorm. Das Risiko für Arteriosklerose und einen Herzinfarkt steigt um ein Vielfaches. Lungenveränderungen und der oft damit verbundene »Raucherhusten« sind bei Rauchern nicht selten anzutreffen.
Die Akupressur setzt bei der Stärkung des Nervensystems an. Ist der Betroffene stark genug, sich aus dieser Abhängigkeit zu befreien, wird Rauchen als Ausgleich eines Energiedefizits überflüssig. Rauchen ist aber auch oft nur ein erlerntes Verhalten und als solches Gewohnheit. In diesem Fall sollte man »umlernen«, das heißt statt zur Zigarette zu greifen, sich anderen Tätigkeiten zuwenden (wie wär's zum Beispiel mit Akupressur?).
Beachtliche Erfolge wurden auch mit der Akupunktur spezieller Ohrpunkte erzielt. Wenn Sie eine Ohrakupunktur wegen Nikotinabhängigkeit durchführen lassen, dann wenden Sie sich unbedingt an einen ausgewiesenen Experten. Die Ohrpunkte müssen präzise gestochen werden, soll die Behandlung den erwünschten lang andauernden Erfolg bringen.

Die Behandlung

▶ In einer Entwöhnungsphase können viele unangenehme Entzugserscheinungen mit Hilfe von Akupressur entschärft werden.

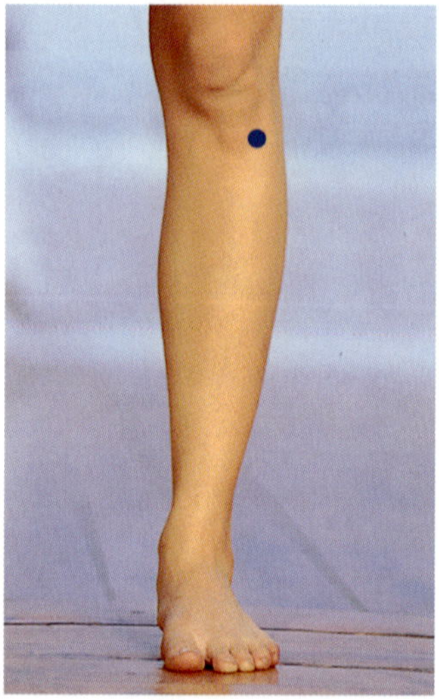

● Göttlicher Gleichmut und Göttliches Tor (siehe Bild rechts), Spezialpunkte für Ausgeglichenheit und Harmonie: drücken (kräftig), 10 Minuten.

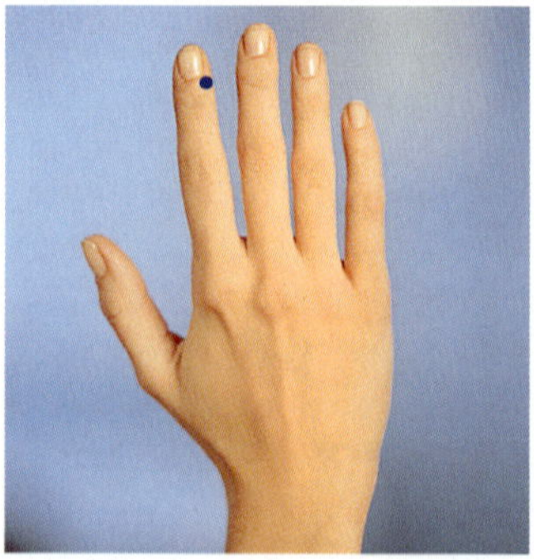

● Spezialpunkt am Zeigefinger (dem Mittelfinger zugewandter Nagelfalzwinkel), bei Nervendegenerationserscheinungen: drücken (kräftig), 5–10 Minuten.

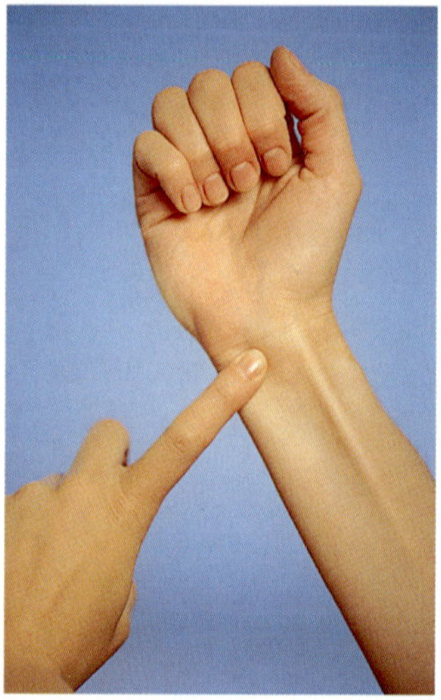

● Göttliches Tor (Seite 78): drücken (mittelstark), 5 Minuten.

Prostata-beschwerden

Die Prostata (Vorsteherdrüse) am Blasenausgang ist etwa kastaniengroß und umschließt die Harnröhre des Mannes. Vergrößerung und Entzündungen dieser Drüse sind die häufigsten Beschwerden. Eine Prostatavergrößerung engt den Blasenausgang ein. Häufiger Harndrang, Brennen beim Harnlassen, verzögerter Beginn des Harnabflusses (Harnträufeln) bis zur völligen Unmöglichkeit der Blasenentleerung sind die Folge. Rückenschmerzen, häufiger Harndrang und Schwierigkeiten beim Harnlassen sind Symptome einer Prostataentzündung; sie kann leicht chronisch werden. Prostataprobleme wirken oft auf das psychische Empfinden (Nervosität, Schlaflosigkeit).

■ Sobald sich Symptome bemerkbar machen, ist fachärztlicher Rat einzuholen! Für den Behandlungserfolg ist es wesentlich, daß sich aus einer akuten Entzündung keine chronische entwickelt.

Die Behandlung

▶ Mit Akupressur läßt es sich verhindern, daß die Beschwerden einer Prostatavergrößerung oder -entzündung chronisch werden.

● Meer der Energie, möglichst in entspannter Lage akupressieren (Partnerhilfe); kann auch wirkungsvoll durch »teilen« und »vereinigen« beeinflußt werden: drücken/teilen/vereinigen (mittelstark bis kräftig), bis zu 10 Minuten.

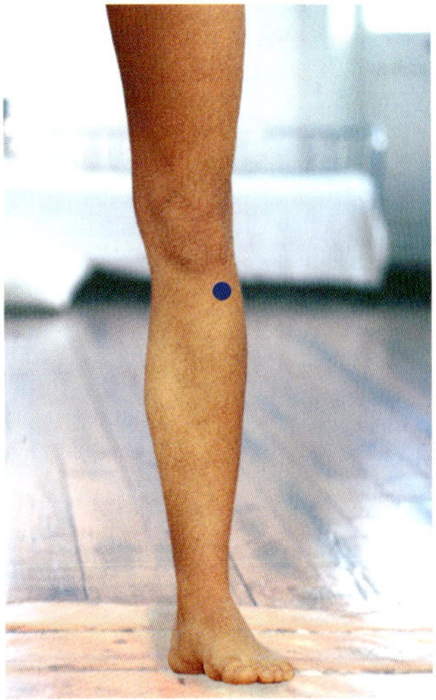

● Göttlicher Gleichmut: drücken (mittelstark), 10 Minuten.

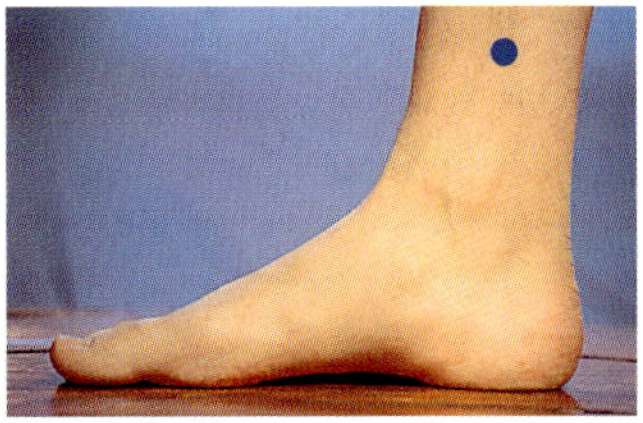

● Treffpunkt der 3 Yin, wirkt harmonisierend auf den gesamten Genitalbereich: drücken/teilen (mittelstark bis kräftig), 5 Minuten.

Reisekrankheit, Seekrankheit

Schweißausbrüche, Übelkeit, Erbrechen oder Kreislaufstörungen sind die Erscheinungen dieser Störung. Ursache ist eine Fehlleitung der motorischen Nervenimpulse. Meist hilft schon das intensive Konzentrieren auf einen festen Bezugspunkt, um den Brechreiz zu bekämpfen (bei verdorbenem Magen darf das Erbrechen nicht unterdrückt werden!). Häufiges Erbrechen führt zu hohem Flüssigkeits- und Mineralsalzverlust, der lebensbedrohend werden kann, wenn er nicht rasch wieder ausgeglichen wird! Geeignet sind ungesüßter Kräutertee mit Kochsalzzusatz oder fertige Lösungen aus der Apotheke.

Die Behandlung

▶ Akupressur wirkt beruhigend auf die Motorik des Verdauungstraktes und bewirkt eine ruhigere, gelöstere Haltung bevorstehenden Ereignissen gegenüber.

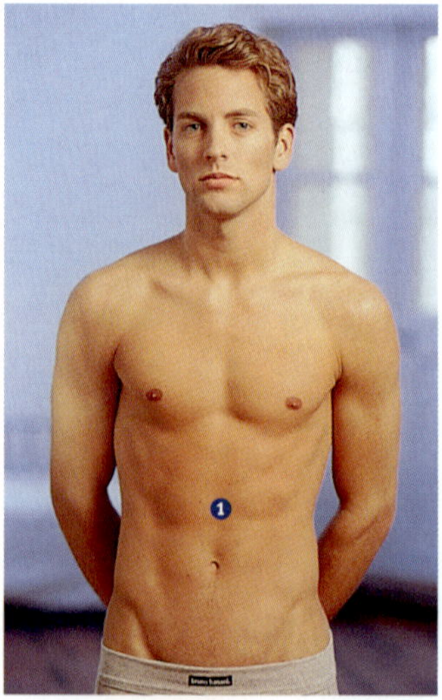

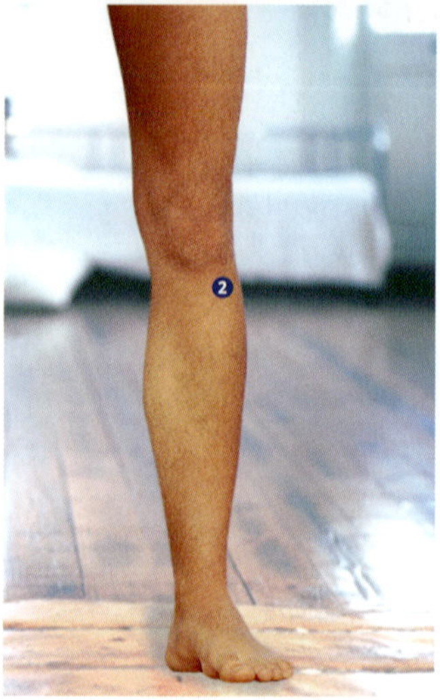

❶ Meisterpunkt des Magens und Göttlicher Gleichmut (❷), zunächst sanft, allmählich kräftiger akupressieren: drücken (leicht bis kräftig), 5–10 Minuten.

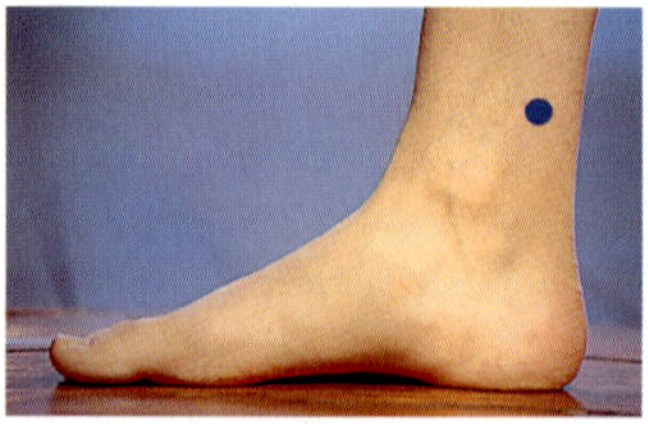

● Strom im Hinterland (zwei Querfinger oberhalb der Spitze des inneren Knöchels, direkt neben der Achillessehne), wirkt auch bei Problemen der Schweißausscheidung: drücken (kräftig), 5 Minuten.

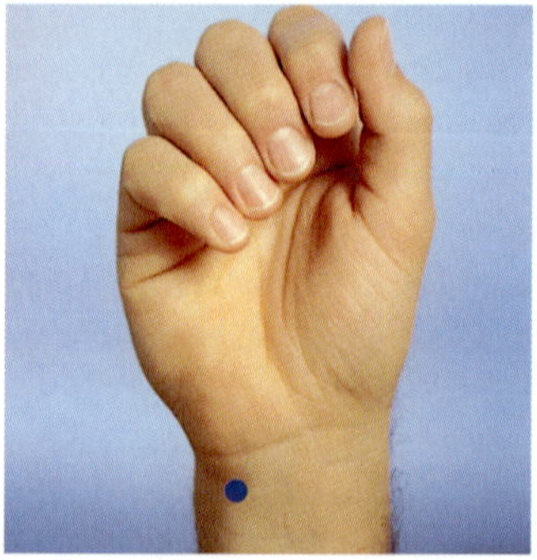

● Göttliches Tor (= ausgleichender Energiepunkt): drücken (mittelstark), 5 Minuten.

Rheumatische Beschwerden

Rheuma kann als »Volkskrankheit« bezeichnet werden; überaus große Häufigkeit und Vielfalt der Entstehungsursachen und Erscheinungsformen sowie die Tatsache, daß es keine wirksame schulmedizinische Rheuma-Therapie gibt, machen diese Krankheit zu einem gesundheitspolitischen Problem. Als Rheumatismus werden sehr viele und sehr verschiedenartige Veränderungen in den Teilen des Bewegungsapparates bezeichnet. Bewegungseinschränkungen, starke Schmerzen und Schwellungen sind die Beschwerden, unter denen Rheumakranke leiden.
Sehr schmerzhaft sind die entzündlichen Gelenkschwellungen; Finger- und Zehengelenke werden meist zuerst befallen. Handgelenke, Knie und Schultern sind die nächsten Entzündungsbereiche, wenn nicht rechtzeitig etwas dagegen unternommen wird. Akupressieren Sie zur Schmerzlinderung auch die Schmerzpunkte (Seite 82).

■ Sollte Ihr Arzt bei Ihnen Rheuma festgestellt haben, kann die Akupressur eine wertvolle und unterstützende Maßnahme sein.

Die Behandlung

▶ Akupressur greift in den Stoffwechsel ein (Ernährung überprüfen! Bücher, Seite 92) und lindert den Schmerz (auch Beinschmerzen, Seite 49, Gelenkschmerzen, Seite 59, Schmerzen, Seite 82).

● Biegung des Teiches (Seite 56), bei Bewegungseinschränkungen, Schmerzen, Lähmungen oder Empfindungsstörungen in Armen und Schultern: drücken (mittelstark), 5 Minuten.

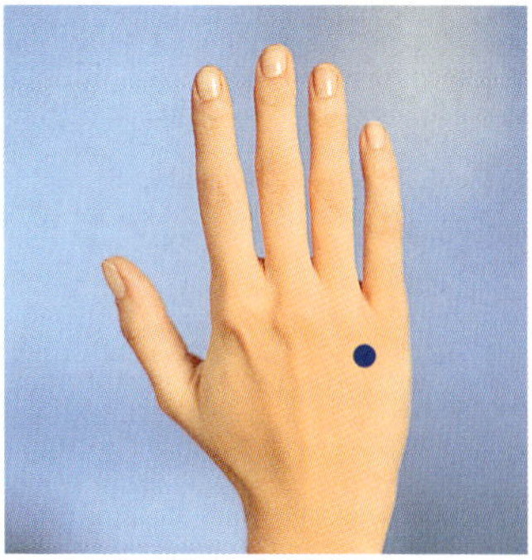

● Insel der Mitte, zur raschen Schmerzlinderung (spannungslösender, harmonisierender Punkt bei vielen Formen von Bewegungseinschränkung): drücken (kräftig), bei Bedarf.

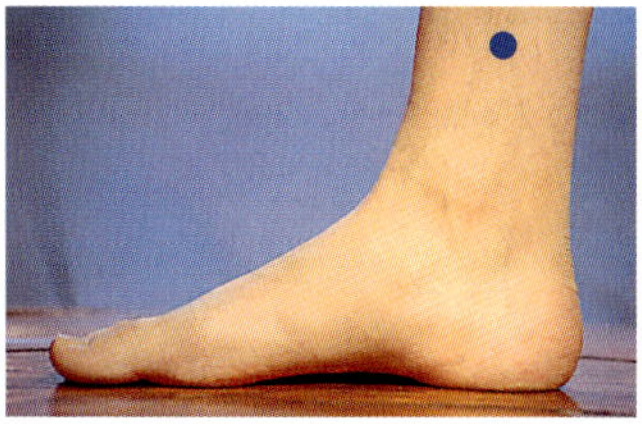

● Treffpunkt der 3 Yin: drücken/teilen (mittelstark), 5 Minuten.

Rückenschmerzen

Verkrampfungen der Rückenmuskulatur und Wirbelsäulenschäden (siehe auch Seite 90) durch Abnutzung der Bandscheiben, verursacht durch sitzende Tätigkeit im Beruf oder durch einseitige Belastungen in der Freizeit, führen in vielen Fällen zu chronischen Rückenschmerzen.

■ Bei chronischen Rückenschmerzen ist der Gang zum Arzt unerläßlich, damit irreparablen Wirbelsäulenschäden vorgebeugt werden kann.

Die Behandlung

▶ Akupressur wirkt harmonisierend auf den Spannungszustand der Muskulatur (Muskeltonus) ein. Über den Spezialpunkt KA-TE wird eine generelle Entspannung der Wirbelsäulenmuskulatur erreicht, dadurch wiederum eine Entlastung der Nervenaustrittsstellen an den Wirbelkörpern.

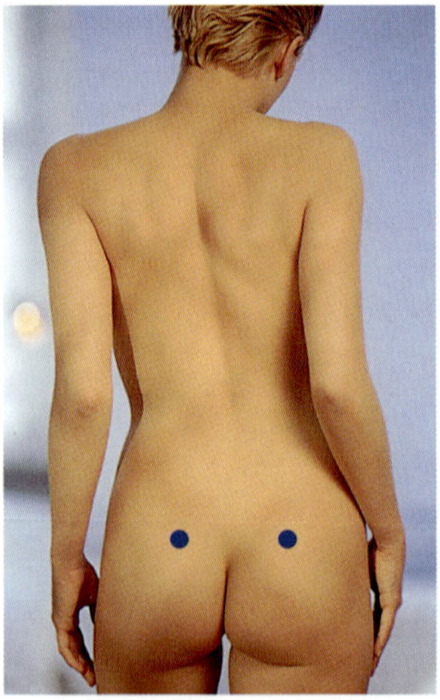

● Spezialpunkt KA-TE (links und rechts direkt über dem Beckenknochen), in entspannter Lage akupressieren (Partnerhilfe): drücken/teilen (sanft bis mittelstark), 10 Minuten.

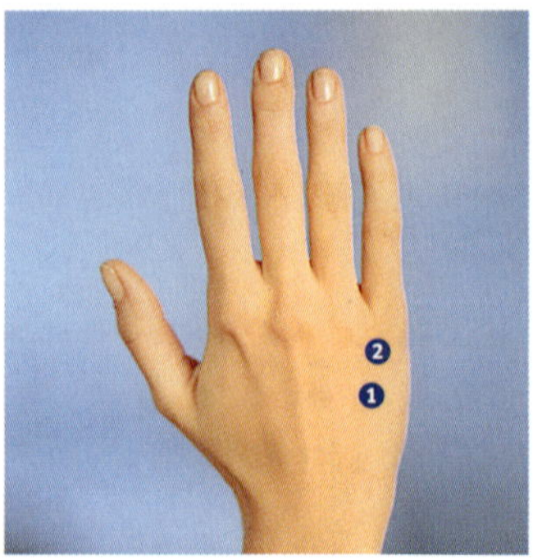

❶ Insel der Mitte (im Winkel der Vereinigung von viertem und fünftem Mittelhandknochen): drücken (kräftig), 5 Minuten.

❷ Spezialpunkt der Reisbauern – sie drücken ihn bei Rückenschmerzen, die durch die gebeugte Haltung bei der Feldarbeit entstehen – (direkt hinter den Knöcheln, ein Querfinger hinter dem Punkt Insel der Mitte): drücken (kräftig), 5 Minuten.

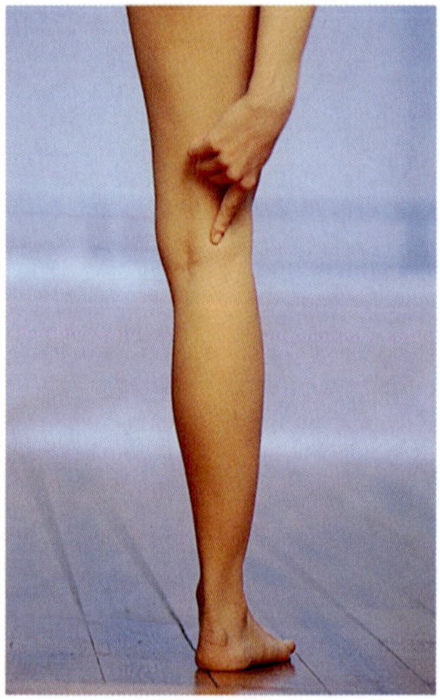

● Mitte der Beugefalte (Seite 63): drücken (sanft), 3 Minuten.

TIP!

Zusätzlich können Sie alle schmerzenden Stellen »zerreiben«.

Schlafstörungen

Schlafstörungen, oft Beginn des Teufelskreises von verändertem Wach-Schlaf-Rhythmus und Flucht in Tablettenabhängigkeit, sind zum einen meist Symptom anderer Probleme, zum anderen können sie Ursache weiterer Störungen werden. Mit Akupressur lassen sich sowohl Einschlaf- als auch Durchschlafstörungen wirkungsvoll behandeln. Bei Einschlafstörungen ist die Leitung für das Ruhesignal des Körpers blockiert (durch übergroße Gehirnaktivität oder seelische Belastungen). Wenn es mit Einschlafen- oder Weiterschlafenwollen überhaupt nicht geht, scheint vielen der Griff zur Schlaftablette die einzige Rettung zu sein (Gewöhnungseffekt, Suchtgefahr!).

Die Behandlung

▶ Ziel der Akupressur ist die Wiederherstellung der inneren Ruhe durch psychische Harmonisierung. So wird die Einnahme von Schlafmitteln vermieden (siehe auch Nervosität und Angstzustände, Seite 75 und 44).

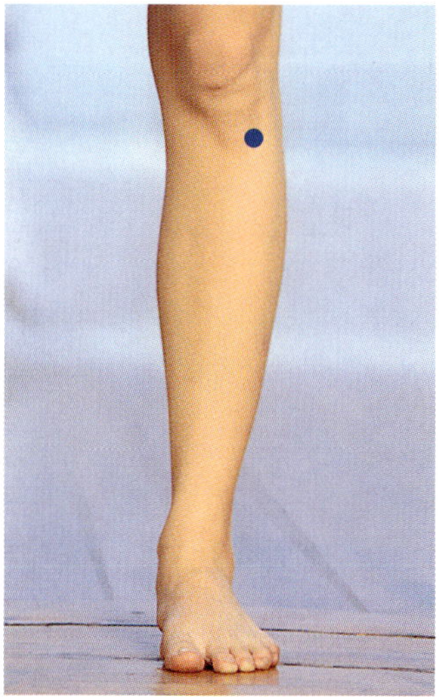

● Göttlicher Gleichmut: drücken (langsam und mit voller Konzentration, kräftig), 10 Minuten.

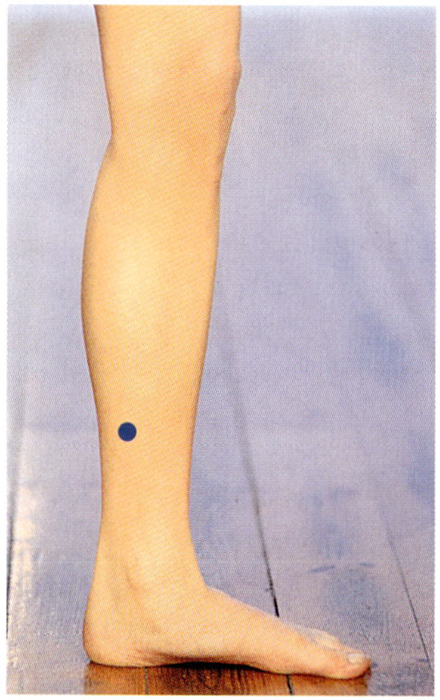

● Stadt der Mitte: drücken/vereinigen (langsam und mit voller Konzentration, mittelstark), 5 Minuten.

● Spezialpunkt (zwischen den Augenbrauen): drücken (langsam und mit voller Konzentration, sanft), 3–5 Minuten.

TIP!

Bei Einschlafstörungen Spezialpunkt und Göttlicher Gleichmut, bei Durchschlafstörungen Stadt der Mitte und Göttlicher Gleichmut akupressieren. Zusätzlich: Fingerkuppen-Akupressur (siehe Konzentrationsschwäche, Seite 65).

Schmerzen als Krankheitsbild

Schmerzen gelten in der Medizin erst seit wenigen Jahren als Krankheitsbild eigener Art. Allzu lange wurde der Schmerz als Signal für eine Störung in dem Körperteil betrachtet, in dem er auftrat (mechanistische Schmerztheorie), während Schmerzen außerhalb von erkrankten Körperpartien auf Fehlschaltungen im Leitungsnetz (Nerven) zurückgeführt wurden. Erfolge der Nadelstichanalgesie und die Entdeckung der körpereigenen Schmerzmittel (Encephaline und Endomorphine) machten diese Theorie zunichte. Schmerz wird nicht unbedingt durch körperliche Störungen verursacht, und die Intensität des Schmerzes entspricht nicht zwangsläufig der Schwere einer Verletzung.

Die Behandlung

▶ Akupressur regt die Produktion körpereigener Schmerzmittel an.

● Zentrum des Menschen, besonders wirksam bei akuten Schmerzen; kann auch im 10-Sekunden-Rhythmus mit der Zeigefingerspitze kräftig akupressiert werden: drücken (mittelstark), 3 Minuten.

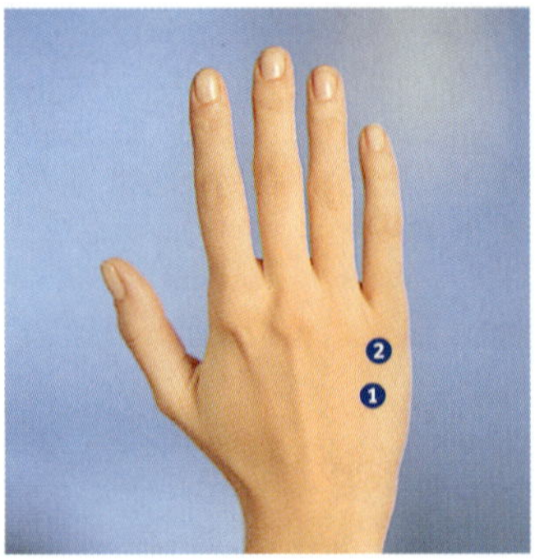

❶ Insel der Mitte, bei chronischen Schmerzen: drücken (kräftig), 5 Minuten.
❷ Spezialpunkt (auf dem Handrücken): drücken (kräftig), 2–5 Minuten.

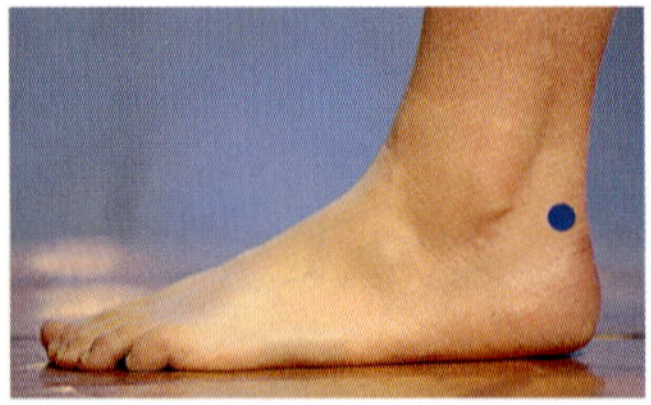

● Hochberg in Tibet, bei Schmerzen aller Art (Hauptpunkt): drücken (mittelstark bis kräftig), 5–10 Minuten.

Bei Phantomschmerzen

Wenn die gespeicherte Schmerzinformation in einen nicht mehr vorhandenen Körperteil projiziert wird:

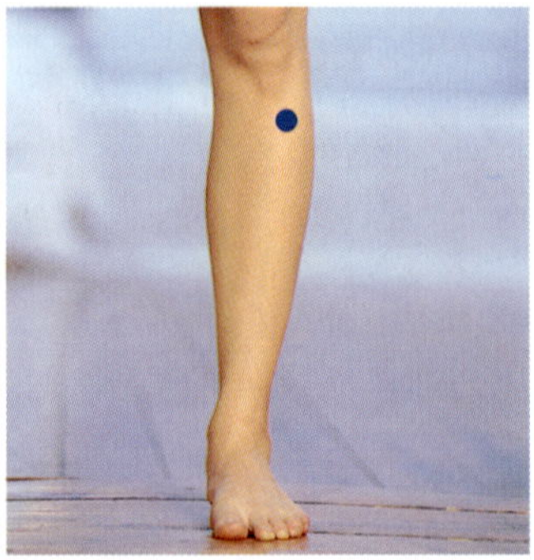

● Göttlicher Gleichmut und Talsenke (Seite 74) kombiniert akupressieren.

Schnupfen, Heuschnupfen

Schnupfen ist Symptom vieler, oft unspezifischer Virusinfektionen. Aber auch mit der psychischen Verfassung (geschwächte Abwehr) steht der Schnupfen in Zusammenhang.
Heuschnupfen gehört zu den allergischen Erkrankungen. Er entwickelt sich meist im Kindesalter und kann zu Störungen in den Bronchien oder sogar zu Asthma führen. In der Hochsaison des Heuschnupfens (Blütezeit) können vorbeugend drei Behandlungsserien pro Tag durchgeführt werden (siehe auch Nebenhöhlen-Entzündung, Seite 74).
Auch ein leicht beginnender Schnupfen kann auf Nasenneben-, Kiefer- oder Stirnhöhlen übergreifen. Der von den entzündeten Schleimhäuten produzierte Schleim kann auch im Rachen Entzündungen auslösen und zu Husten führen (Seite 62).
Der chronische Schnupfen wird oft bedeutend besser, wenn es gelingt, dahinterstehende seelische Spannungszustände zu lösen.

Die Behandlung

▶ Akupressur vermag einen beginnenden Schnupfen abzufangen und trägt wesentlich zur Linderung der Beschwerden bei.

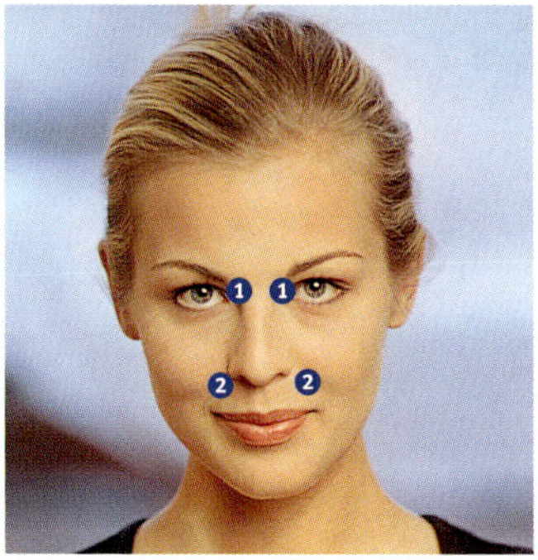

❶ Spezialpunkt, bei Infektionen im Nasen-Rachen-Raum: drücken (leicht), 5 Minuten.
❷ Meister des Duftes, wirkt wie Talsenke (siehe rechts) harmonisierend, durchblutungsfördernd und schleimhautabschwellend: drücken (sanft beginnend), 5 Minuten.

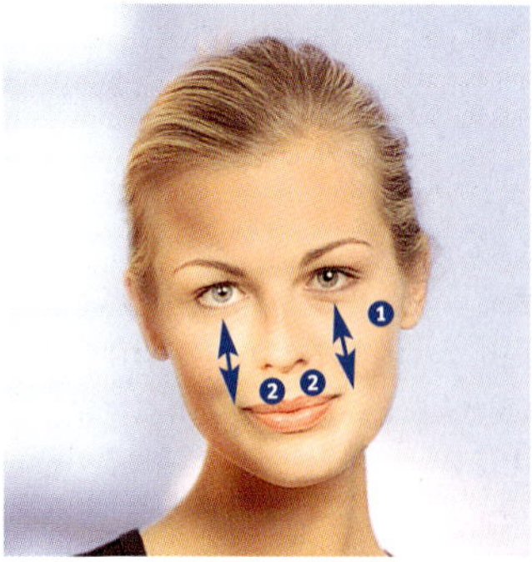

❶ Große Grube (Zone): schieben, 3 Minuten.
❷ Getreidespeicher, speziell bei Heuschnupfen: drücken (mittelstark), 5 Minuten.

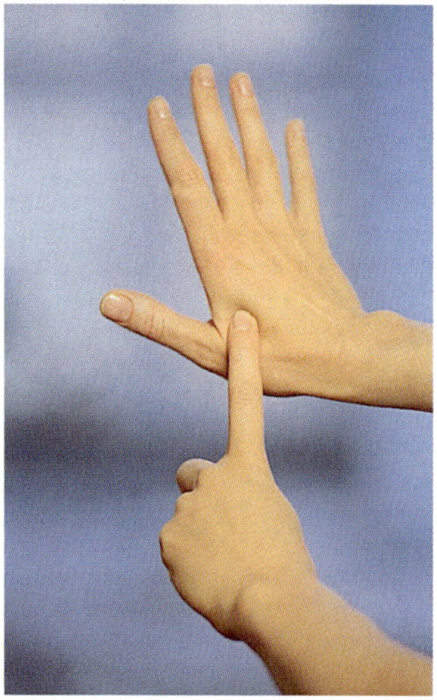

● Talsenke (Seite 74): drücken/schieben (mittelstark), bei Bedarf mehrmals täglich 2 Minuten.

Sexualstörungen

Seelische Probleme (unbewußte Ängste, Schwierigkeiten mit dem Partner) stehen bei den Sexualstörungen im Vordergrund. Deshalb ist eine rein medikamentöse Therapie oft unwirksam. Ein befriedigendes Sexualleben ist auf die Dauer nur möglich, wenn die Partner körperlich und seelisch entspannt sind und sich in einer Atmosphäre begegnen können, die frei ist von Angst, Schuldgefühlen und Leistungszwängen. Bei Frauen sind die Störungen oft versteckter, weil der Vollzug des Geschlechtsverkehrs dadurch nicht unbedingt verhindert wird (siehe auch Nervosität, Seite 75; Angstzustände, Seite 44).
Wenden Sie sich bitte an eine Beratungsstelle, wenn derartige Probleme Sie oder Ihre Partnerschaft belasten!

Die Behandlung

▶ Wenn es den Partnern gelingt, die Akupressur gemeinsam durchzuführen, kann das schon der erste Schritt zu einer erfolgreichen Behandlung sein.

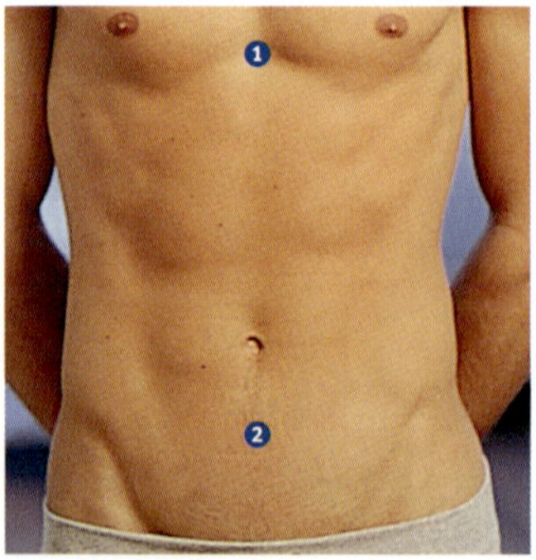

❶ Taubenschwanz, bei vorzeitigem Samenerguß; kann von der Partnerin vor und während des Verkehrs akupressiert werden: drücken (kräftig), 5 Minuten.
❷ Meer der Energie: drücken (mittelstark), 5 Minuten.

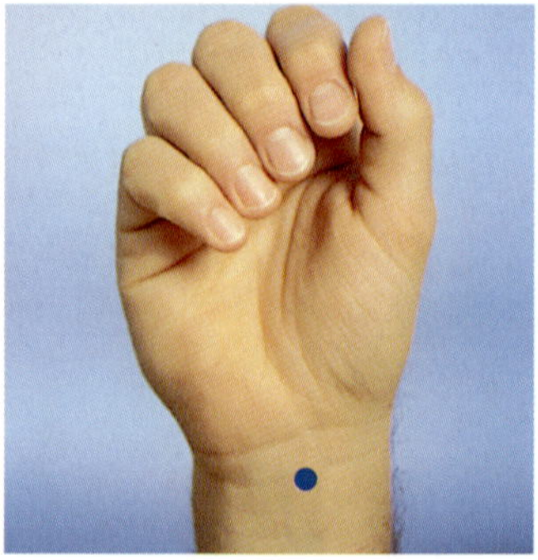

● Große Erhebung, sorgt – wie Göttlicher Gleichmut (siehe rechts) – für seelische Ausgeglichenheit: drücken (mittelstark), 5 Minuten.

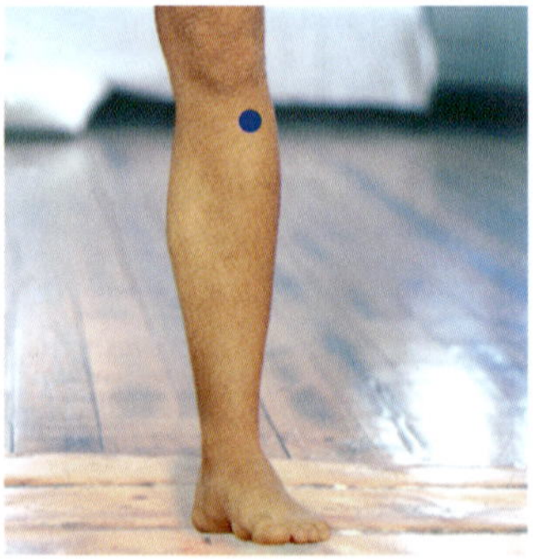

● Göttlicher Gleichmut: drücken (mittelstark), 5 Minuten.

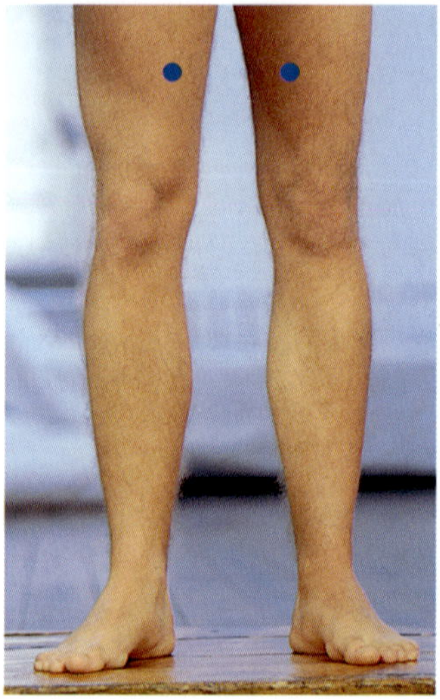

● Spezialpunkt am Oberschenkel, bei Frigidität (Gefühlskälte) und bei ejakulativer Impotenz (Unfähigkeit zum Samenerguß): drücken/teilen/vereinigen (mittelstark), 5–10 Minuten.

Stottern

Es ist eine interessante Tatsache, daß etwa viermal so viele Männer wie Frauen stottern. Solche Sprachstörungen sind nicht erblich vermittelt, auch wenn zu beobachten ist, daß Stottern manchmal familiär gehäuft auftritt. In den meisten Fällen liegt dem Stottern eine psychische Ursache zugrunde (Angstzustände, Seite 44). Stottern wird in den meisten Fällen durch Ängstlichkeit und nervöse Spannungen hervorgerufen.
Bei Kindern ist es eine entwicklungsbedingte und vorübergehende Sprachstörung, die man nicht dadurch verstärken sollte, daß man das Kind andauernd auf seine Fehler aufmerksam macht. Familiäre Spannungen und Konflikte erhöhen die Neigung zum Stottern! Im Alter von 4 bis 5 Jahren zeigt sich meist, ob noch Reste des Stotterns vorhanden sind.

■ Sollten weiterhin Sprachprobleme bei Ihrem Kind vorhanden sein, ist es sinnvoll, den Ursachen auf den Grund zu gehen. Hierbei wird Ihnen Ihr Kinderarzt sicher behilflich sein.

Die Behandlung

▶ Neben einer Therapie arbeitet man mit Akupressur an den seelisch bedingten Voraussetzungen, um Atmung und Sprechen wieder in Einklang zu bringen. Kinder sollten lernen, sich selbst zu behandeln. Erfolgversprechend ist die langfristige Akupressur aller Punkte jeweils morgens und abends.

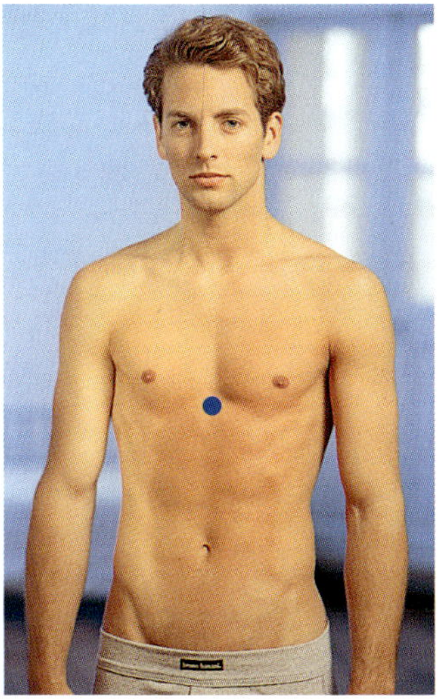

● Taubenschwanz: drücken (mittelstark), 10 Minuten.

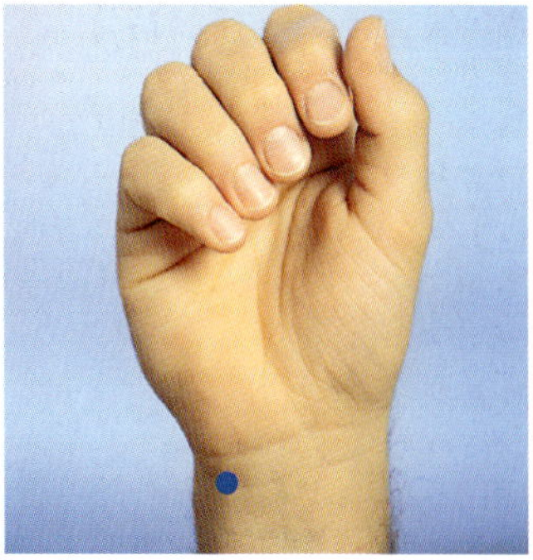

● Verbindung zur Innenwelt (eine Daumenbreite oberhalb des Handgelenks): drücken (mittelstark), bis zu 5 Minuten.

● Flüssige Nahrung (zwischen Unterlippe und Kinnspitze): drücken (kräftig), 2–3 Minuten.

TIP!

Zusätzlich können Sie den Punkt Göttlicher Gleichmut (Seite 84) akupressieren.

Übergewicht

Das Eßverhalten ist in der Mehrzahl der Fälle Spiegel des seelischen Befindens. Heißhunger, der die meisten Übergewichtigen quält, ist häufig nichts anderes als das Verlangen nach Zuwendung, Zärtlichkeit, Geborgenheit. Dies ist schon bei der Fütterung des Säuglings und der Nahrungsaufnahme des Kleinkindes sehr wichtig – die Fettsucht (Adipositas) geht oft auf frühkindliche Erziehungsmuster im Eßverhalten zurück. In nur 1 bis 2 Prozent der Fälle ist die Fettsucht auf Hormonstörungen zurückzuführen! Übergewicht ist ein Hauptrisikofaktor für Herzinfarkt, Zuckerkrankheit (Diabetes), Hirnschlag, Gefäßleiden, Verdauungsstörungen.

Die Behandlung

▶ Mit Akupressur werden wichtige Steuerzentralen für das natürliche Hungergefühl aktiviert (siehe auch Vegetative Störungen, Seite 87).

● Auslöschender See: drükken (leicht), 30 Sekunden.

● Zentrum des Menschen (zwischen Oberlippe und Nasenöffnungen): drücken (leicht), 90 Sekunden.

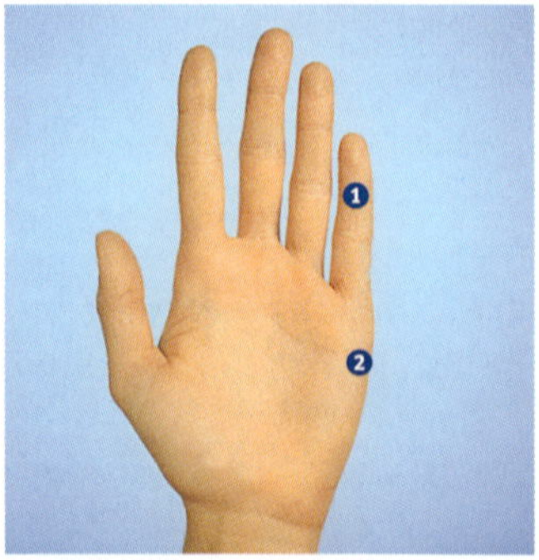

❶ Spezialpunkt für Ausscheidungsfunktionen am Kleinfinger (erste Gelenkfurche), im Pulsschlagrhythmus mit dem Daumennagel akupressieren: drücken (kräftig), 20 Sekunden.

❷ Hintere Furche: drücken (kräftig), 5 Minuten.

TIP!

● Hintere Furche und Tauender Bach (Seite 70) nur morgens behandeln (Anregungspunkte).

● Zentrum des Menschen und Auslöschender See bei Auftreten von Hungergefühl jeweils etwa 30 Sekunden lang leicht akupressieren.

● Göttlicher Gleichmut (Seite 45) zusätzlich akupressieren.

Vegetative Störungen, vegetative Dystonie

Darunter verstehen wir alle unbewußten Fehlreaktionen des vegetativen Nervensystems – unabhängig davon, in welchen körperlichen Symptomen sie ihren Ausdruck finden. Die Schulmedizin stellt die Diagnose »vegetative Dystonie« bei allgemeinen Befindlichkeitsstörungen wie Kopfschmerz, Schlafstörungen, Kreislaufbeschwerden oder Schwindelgefühle, ohne daß eindeutige organische Befunde zu erheben sind. Die Beschwerden sind zunächst harmlos, können aber, werden sie nicht ärztlich behandelt, zu bleibenden Störungen des Nervensystems führen.

Hinter vielen Formen von vegetativen Störungen steht ein gestörtes Verhältnis von Anspannung und Entspannung. Vermeiden Sie alles, was Sie zusätzlich belastet, und suchen Sie bewußt Möglichkeiten, sich zu entspannen, um wieder ruhiger und ausgeglichener zu werden!

Die Behandlung

▶ Die Akupressur verhilft zu größerer Gelassenheit Alltagsproblemen gegenüber und damit zu einem gestärkten Selbstvertrauen.

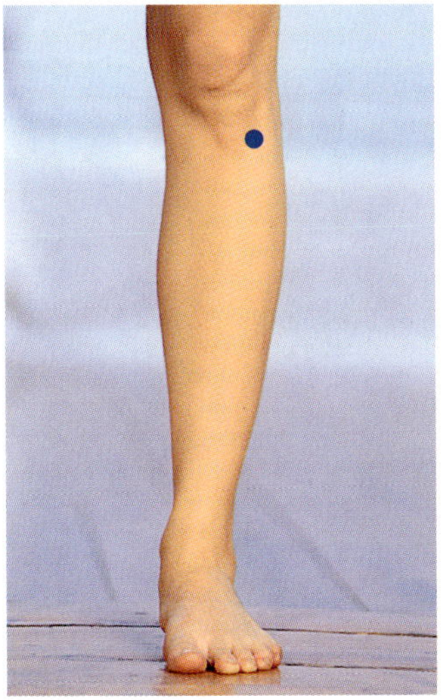

● Göttlicher Gleichmut (der Name des Punktes sagt in diesem Zusammenhang alles!): drücken (mittelstark), 10 Minuten.

● Große Vereinigung: drükken (sanft), 3–5 Minuten.

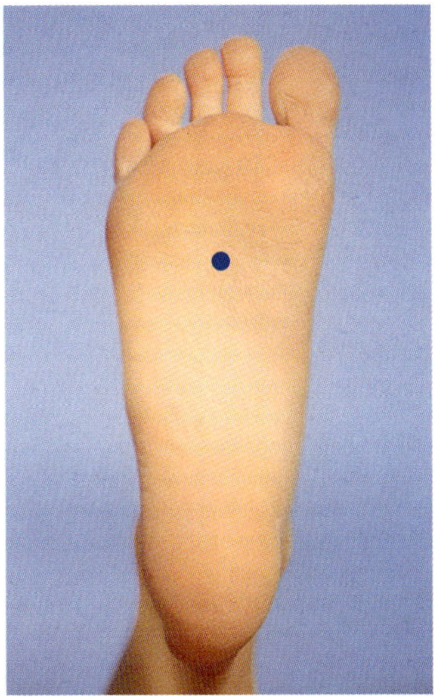

● Hervorströmender Frühling, wird in entspannter Lage vom Partner mit dem Daumenballen sanft akupressiert (Zone im Reflexbereich des Sonnengeflechts, wirkt reflektorisch direkt auf das vegetative Zentrum): drücken (sanft), 2 Minuten.

Verstopfung

Neben Darminfektionen, Funktionsstörungen der Nebenschilddrüsen, Ernährungsfehlern oder Kaliummangel kommen für die Verstopfung auch seelische Probleme als Ursache in Frage. Menschen, die an Verstopfung leiden, beschreibt die ganzheitliche Heilkunde als ordnungsliebend, zurückhaltend, geizig, stark leistungsorientiert und ängstlich. Der Verstopfung kann sowohl eine Darmträgheit als auch eine Darmverkrampfung zugrunde liegen. Bei einer gut funktionierenden Verdauung ist Stuhlgang einmal pro Tag normal.

■ Bewegen Sie sich viel, und passen Sie Ihre Ernährung den Erfordernissen des Stoffwechsels an, achten Sie auf ballaststoffreiche Kost. Abführmittel sollten am besten nicht ohne ärztliche Anordnung genommen werden, weil der Darm sich daran gewöhnt (siehe auch Magen-Darm-Störungen, Seite 69).

Die Behandlung

▶ Akupressur hilft, die Darmtätigkeit zu regulieren.

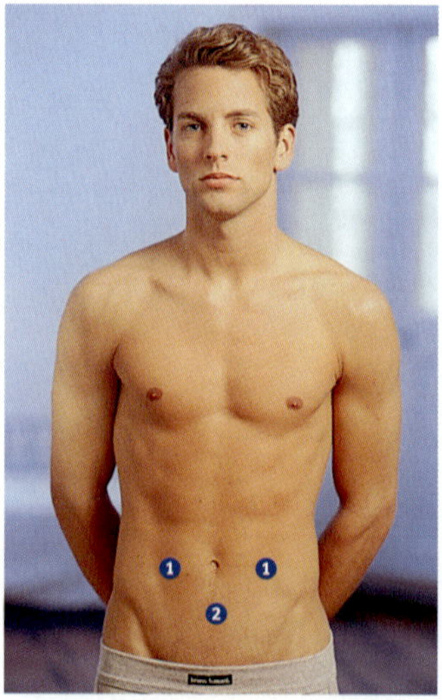

❶ Himmelsachse: drücken (leicht), 2–4 Minuten.
❷ Meer der Energie: drücken (mittelstark), 5 Minuten.

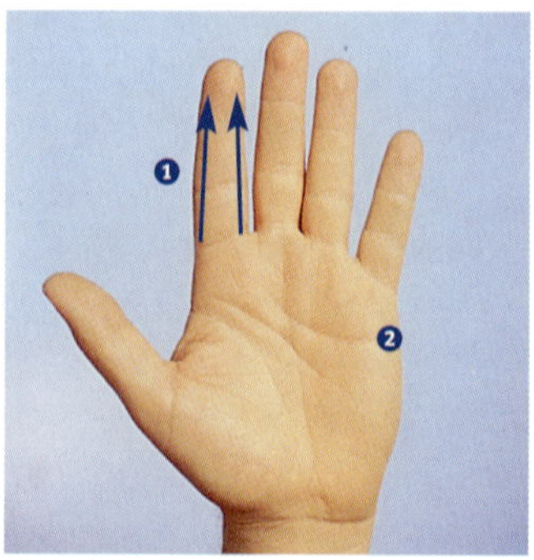

❶ Spezialzone am Zeigefinger, jeweils an linker und rechter Hand akupressieren: schieben (Richtung Fingerspitzen), je 10mal.
❷ Hintere Furche: drücken (kräftig), 5 Minuten.

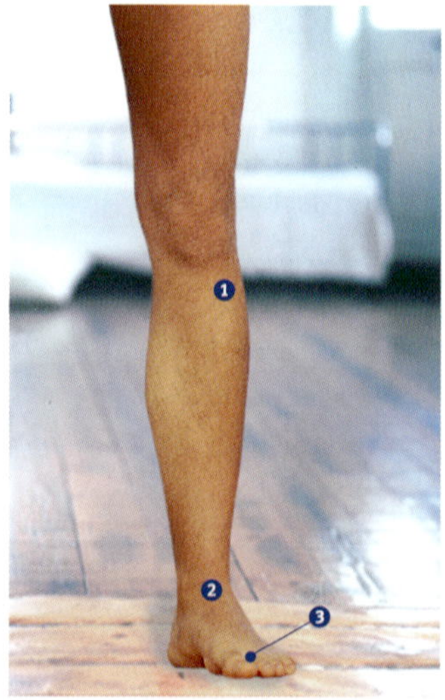

❶ Göttlicher Gleichmut, wirkt krampflösend auf die Darmmuskulatur (auch Biegung des Teiches, Seite 70): drücken (kräftig), 10 Minuten.
❷ Tauender Bach, wirkt anregend: drücken (mittelstark bis kräftig), 5 Minuten.
❸ Große Wahrheit, wirkt ebenfalls anregend: drücken (mittelstark), 5 Minuten.

TIP!

Zusätzlich können Sie den Punkt Talsenke (Seite 74) akupressieren.

Wechseljahr-Beschwerden

Körper und Psyche müssen sich im Klimakterium auf eine veränderte hormonelle Situation einstellen. Zeichen dieser Hormonumstellung sind innere Unruhe, Hitzewallungen, Labilität, Antriebsschwäche. Die Eierstöcke stellen etwa zwischen dem 47. und 53. Lebensjahr ihre Tätigkeit ein. Fällt die damit verbundene verminderte Hormonproduktion unter einen kritischen Wert, muß mit Hilfe von Medikamenten, nach einer gynäkologischen Untersuchung, ein stabiler Zustand erreicht werden.

WICHTIG

Neben einer vorbeugenden Behandlung der Punkte ist die Akupressur immer dann angezeigt, wenn eine der körperlichen Begleiterscheinungen spürbar wird.

Die Behandlung

▶ Der Veränderungs- und Anpassungsprozeß von Körper und Psyche in den Wechseljahren wird unterstützt durch Akupressur jener Punkte, die harmonisierende und stabilisierende Wirkung haben (Nervosität, Seite 75).

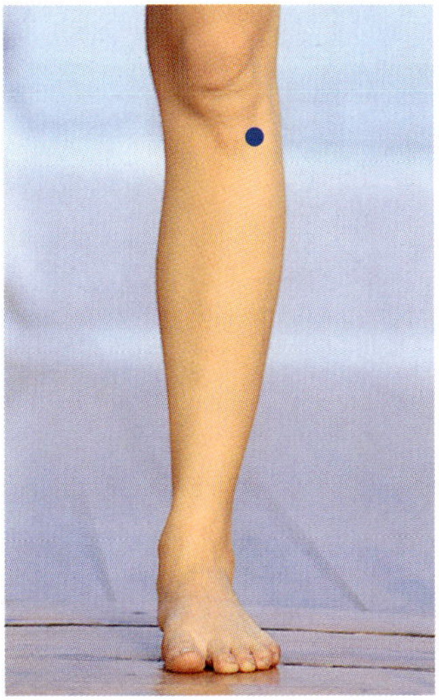

● Göttlicher Gleichmut: drücken (mittelstark), 5–10 Minuten.

● Spezialpunkt (direkt am Kinngrübchen): drücken (mittelstark), 3–5 Minuten.

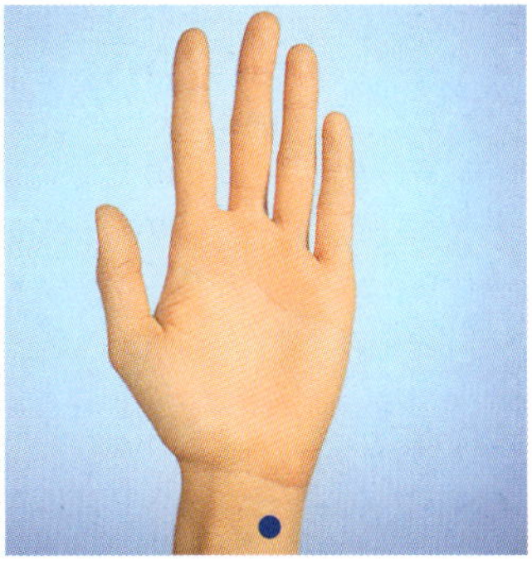

● Verbindung zur Innenwelt (eine Daumenbreite über dem Handgelenk in der Verlängerung des Kleinfingers): drücken (mittelstark), 3–5 Minuten.

Wirbelsäulenprobleme, Schulter-Arm-Schmerz

Die Wirbelsäule ist die wichtigste Bewegungsachse des Körpers, Störungen schränken die Gesamtbeweglichkeit des Menschen ein. Von einfachen, durch Massage zu behebenden Verspannungen der Muskulatur bis hin zu schweren Bandscheibenproblemen und Wirbelsäulenverkrümmungen reicht die Bandbreite der Störungen (siehe auch Rückenschmerzen, Seite 80, Schmerzen, Seite 83).

■ Um schweren Störungen vorzubeugen oder schon bestehende zu beheben, suchen Sie bitte einen Facharzt auf.

TIP!

Schwingen Sie sanft Ihre Wirbelsäule frei, indem Sie sie nach allen Richtungen biegen und dehnen, so wie eine Katze nach dem Aufwachen dafür sorgt, daß ihre Wirbel wieder einrasten.

Die Behandlung

▶ Beschwerden im Wirbelsäulenbereich können durch Akupressur spürbar gelindert werden.

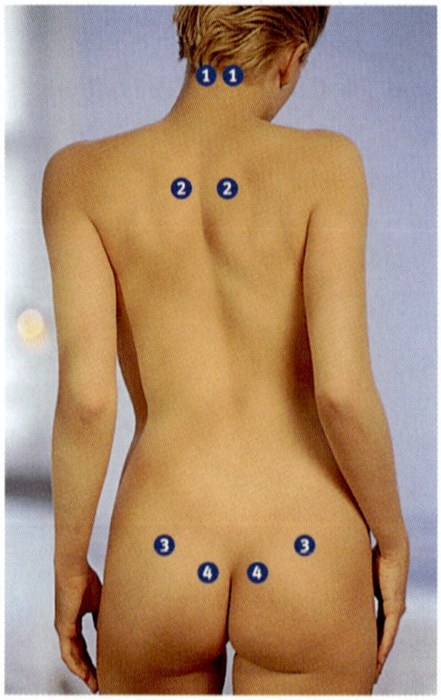

❶ Himmelssäule (am Haaransatz im Nacken, am äußeren Rand des Trapezmuskels): drücken/teilen/vereinigen (mittelstark), 5 Minuten.
❷ Gewundene Mauer (am inneren oberen Ende des Schulterblattes): drücken/teilen (mittelstark), 5 Minuten.
❸ Spezialpunkt KA-TE: drücken (leicht bis kräftig), 10–15 Minuten.
❹ Obere Grube (am oberen Kreuzbeinloch): drücken/teilen/vereinigen (mittelstark), 5–10 Minuten.

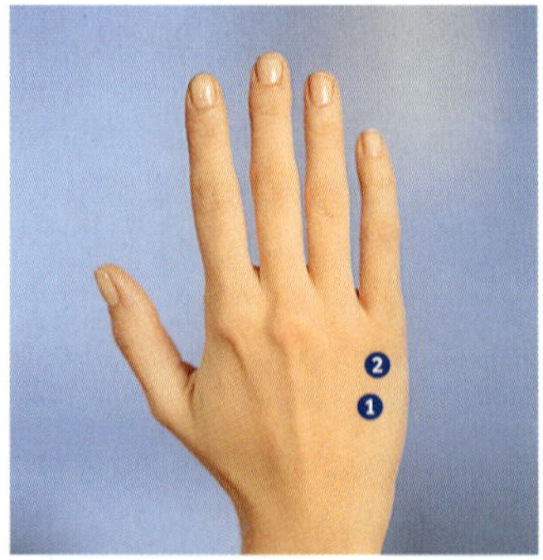

❶ Insel der Mitte und
❷ Spezialpunkt (auf dem Handrücken): drücken (kräftig), 5 Minuten.

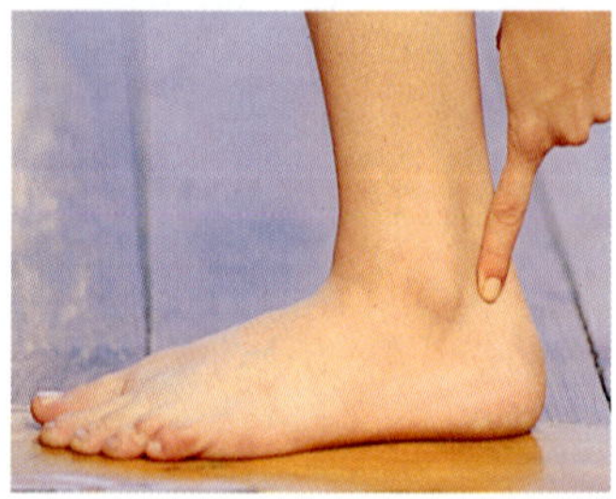

● Hochberg in Tibet (= Meisterpunkt des Schmerzes, Seite 49): drücken (kräftig), 5 Minuten.

■ Alle schmerzenden Punkte und Zonen unter sanftem Druck »zerreiben«; später den Druck verstärken. Zusätzliche Akupressur von Hochberg in Tibet und Spezialpunkt am Handrücken.

Zahnschmerzen

Neben Kopfschmerzen gehört der Zahnschmerz wohl zu den häufigsten Schmerzen.
Die Akupressur ersetzt selbstverständlich keine zahnärztliche Behandlung. Wenn die Schmerzen jedoch plötzlich oder zum Wochenende auftreten, kann man sie mit Akupressur lindern. Auch die manchmal lange Zeit des Wartens auf ärztliche Versorgung (vor allem nachts) kann mit Akupressur gut überbrückt werden.
Neuere energetische Meßmethoden (Elektro-Akupunktur) haben ergeben, daß es Zahnschmerzen gibt, die mit den Zähnen direkt wenig zu tun haben, vielmehr Organerkrankungen anzeigen. Insofern können Zahnschmerzen, wenn ihnen kein Zahnschaden zugrunde liegt, auch wichtige organdiagnostische Hinweise liefern.

Die Behandlung

▶ Mit Reizung von zwei Punkten (Zentrum des Menschen im Mund und Yang-Käufer am Zeigefinger) wird die Schmerzweiterleitung kurzzeitig unterbunden und die Produktion von körpereigenen Schmerzmitteln angeregt.

● Zentrum des Menschen (Seite 86), kann sowohl von außen (Druck auf die Oberlippe) als auch von innen (Druck direkt auf das Zahnfleisch) akupressiert werden: drücken (leicht bis mittelstark), 2–5 Minuten.

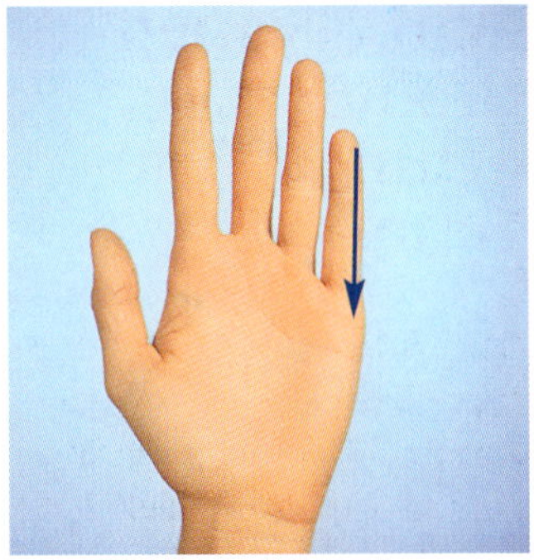

● Spezialzone an der Kleinfinger-Außenseite, vor allem bei Kindern wirksam: schieben, 5–7 Minuten.

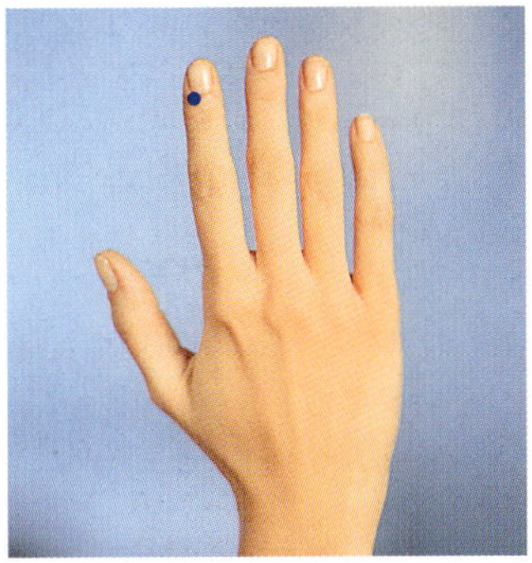

● Yang-Käufer (am Nagelbett des Zeigefingers), eignet sich sehr gut zur Schmerzlinderung während der Behandlung beim Zahnarzt; mit dem Daumennagel akupressieren: drücken (kräftig), bei Bedarf.

Zum Nachschlagen

Bücher, die weiterhelfen

Beck, Dieter, *Krankheit als Selbstheilung*; Insel Verlag, Suhrkamp Verlag

Brinkmann, Manfred / Franz, Michael (Hrsg.), *Nachtschatten im weißen Land – Betrachtungen zu alten und neuen Heilsystemen*; Mabuse-Verlag

Dethlefsen, Thorwald / Dahlke, Rüdiger, *Krankheit als Weg*; Bertelsmann Verlag, Goldmann Verlag

Flaws, Bob / Wolfe, Honora Lee, *Das Yin und Yang der Ernährung*; O. W. Barth-Verlag

Lowen, Alexander, *Bioenergetik als Körpertherapie. Der Verrat am Körper und wie er wieder gutzumachen ist*; Rowohlt Taschenbuch Verlag

Porkert, Manfred, *Die theoretischen Grundlagen der chinesischen Medizin*; Phainon

Temeli, Barbara, *Ernährung nach den Fünf Elementen*; Joy-Verlag

Wagner, Franz, *Homöopathischer Ratgeber*; Veritas Verlag, Linz

Titel aus dem Gräfe und Unzer Verlag, München:

Flade, Dr. Sigrid, *Allergien natürlich behandeln; Neurodermitis natürlich behandeln*

Johnen, Wilhelm, *Muskelentspannung nach Jacobson*

Koneberg, Ludwig / Förder, Gabriele, *Kinesiologie für Kinder*

Kraske, Dr. Eva-Maria, *Candida – natürliche Hilfe bei Darmpilzen*

Lackinger-Karger, Dr. Ingeborg, *Besser durch die Wechseljahre*

Langen, Prof. Dr. Dietrich, *Autogenes Training*

Lesch, Matthias / Förder, Gabriele, *Kinesiologie – Aus dem Streß in die Balance*

Lützner, Dr. Hellmut, *Wie neugeboren durch Fasten; Richtig essen nach dem Fasten*

Mansmann, Dr. Vinzenz, *Total erschöpft – Mit Naturheilmitteln zu neuer Energie*

Oberlack, Helmut, *Tai Ji Quan – beweglich, entspannt und gelassen*

Pahlow, Mannfried, *Heilpflanzen, meine besten Rezepte*

Rüdt von Collenberg, Dr. Irmhilt, *Natürlich durch die Wechseljahre*

Schmidt, Sigrid, *Immunsystem schützen und gezielt stärken*

Schneider, Dr. Avril, *Sanfte Medizin für Frauen*

Schutt, Karin, *Massagen – Wohltat für Körper und Seele*

Schwarze, Micheline, *Qigong. Gesund durch sanfte Bewegung*

Stellmann, Dr. H. Michael, *Kinderkrankheiten natürlich behandeln*

Stumpf, Werner, *Der große GU Ratgeber Homöopathie*

Uhlemayr, Ursula, *Wickel & Co. – Bewährte Hausmittel neu entdeckt*

Wagner, Dr. Franz, *Reflexzonen-Massage; Reflexzonen-Massage (Körper & Seele)*

Wenzel, Dr. Petra, *Hausapotheke*

Wühr, Dr. Erich, *Gesund durch Chinesische Heilkunst*

Adressen, die weiterhelfen

Deutschland:

Deutsche Akademie für Akupunktur und Aurikulomedizin e.V.
Feinhalsstr. 8
81247 München

Arbeitsgemeinschaft für klassische Akupunktur und Traditionelle Chinesische Medizin e.V.
Badallee 2
25832 Tönning

Deutsche Ärztegesellschaft für Akupunktur e.V.
Würmtalstraße 54
81375 München

Deutsche Volksgesundheitsbewegung e.V.
Verbraucherverband (Naturheilmethoden)
Herrenwiese 125
47169 Duisburg

Deutscher Verband für Physiotherapie
Deutzer Freiheit 72–74
50679 Köln

Internationale Gesellschaft für Chinesische Medizin
Franz-Josef-Straße 38
80801 München

Erste Deutsche Klinik für Traditionelle Chinesische Medizin
Ludwigstr. 2
93444 Kötzting

Zentralverband der Ärzte für Naturheilverfahren
Alfredstr. 21
72250 Freudenstadt

Österreich:

Academy of Reflexology, Austria
Achsengraben 12
4230 Pregarten
Homepage im Internet:
www.reflexology.at

Österreichische Gesellschaft für Akupunktur und Auriculotherapie
Hugelgasse 1–3
1150 Wien

Österreichische Gesellschaft für ganzheitliche Medizin
Gablenzgasse 7
1150 Wien

Schweiz:

Schweizerische Gesellschaft für Aurikulomedizin und Akupunktur
Postfach 176
8575 Bürglen

Verband diplomierter Masseure (VDMS)
Postfach 4242
CH-5001 Aarau

Beschwerden- und Sachregister

Impressum

Inhaltlich unveränderte Neuausgabe von *Akupressur, Heilung auf den Punkt gebracht,* Gräfe und Unzer Verlag GmbH 1998, ISBN 3-7742-4172-4

Redaktion: Reinhard Brendli M.A. (Neuausgabe), Doris Schimmelpfennig-Funke (Originalausgabe)
Lektorat: Dr. Dörte Otten (Neuausgabe), Michael Kurth (Originalausgabe)

Fotos: Markus Amon;
weitere Fotos: Christian Dahl: Seite 47 (rechts oben); Manfred Jahreiß: Seite 13, 27; Mauritius: Seite 6 (Mallaun); Okapia: Seite 19 (J. Watney); Reiner Schmitz: Seite 11, 21; Tony Stone: Seite 23 (Nick Vedros); Tausendblauwerk: Seite 14 (Michael Berwanger)

Umschlaggestaltung:
Independent Medien Design
Innenlayout: Heinz Kraxenberger
Produktion: Ina Hochbach
Satz: Verlagsservice G. Pfeifer/
EDV-Fotosatz Huber, Germering
Lithos: Fotolitho Longo, Bozen
Druck: Appl, Wemding
Bindung: Sellier, Freising

ISBN 3-7742-1479-4

Wichtiger Hinweis

Die von den Autoren der Reihe GU Ratgeber Gesundheit vertretenen Auffassungen weichen teilweise von der allgemein anerkannten medizinischen Wissenschaft ab. Jeder Leser ist aufgefordert, in eigener Verantwortung zu entscheiden, ob und inwieweit das in diesem Buch dargestellte Naturheilverfahren für ihn eine Alternative oder Ergänzung zur Schulmedizin ist. Wenn Sie eine medizinische Therapie mit Akupressur unterstützen wollen, sprechen Sie vorher unbedingt mit Ihrem Arzt. Prüfen Sie auf jeden Fall, ob alle Behandlungsvoraussetzungen (Seite 30 bis 37) erfüllt sind.
In diesem Buch sind ausschließlich in der Praxis bewährte Anleitungen gegeben. Es ist jedoch in einem Ratgeber nicht möglich, auf jeweils ganz persönliche Probleme einzugehen. Jeder Mensch reagiert etwas anders, auch hängt der Erfolg von dem Geschick und der Sorgfalt bei der Durchführung der Behandlung ab. Selbstbehandlung erfordert ein hohes Maß an Eigenverantwortung. Diese kann Ihnen weder der Autor noch der Verlag abnehmen.

Auflage	4.	3.	2.	1.
Jahr	02	01	00	99